Mine

新しい

ミネルヴ

はじめに

　本書でいう社会教育・生涯学習の多くは，学校・家庭以外での学びに着目するものである。多くの人々にとって学びについてのイメージは，学校を中心に作られているかも知れない。学校での学びについては，一方で，学校行事や芸術系科目において，個人あるいは集団の成果の「分かち合い」ともいえるような学びをイメージする人がいるかも知れない。他方では，競争や試験があり，椅子取りゲームのような「奪い合い」といえそうな学びをイメージする人もいるかも知れない。以下の章で使われている言葉遣いではないが，ここでは，便宜上，前者を「奪い合う学び」，後者を「分かち合う学び」としておきたい（なお，まったく同じ区別というわけではないが，第15章で扱うエーリッヒ・フロムの「持つ様式」と「ある様式」の区別も参照のこと）。

　奪い合う学びと分かち合う学びの区別は難しいところもあり，どこに重点をおいて理解するかによって，同じ現象であっても違ったものにみえる。学校行事や芸術系科目を通じた学びについても，内申書に記載される評価に基づく進学等が目的ならば，成果を分かち合うというよりは，進学希望先の椅子を奪い合うような学びにみえるだろう。また，クラスメートと点数を競い合う学びも，競争的な価値観を分かち合う学びと呼べなくもないが，その競争が極めて不平等なものであると考えるならば，分かち合いと呼ぶには躊躇せざるを得ない。

　本書でみていく社会教育・生涯学習のほとんどは，社会的地位といった椅子を奪い合うための学びではない。それは，日本では，とりわけ社会教育という名の下に各地域で行われてきた多くの諸実践にみることができるものだが，分かち合う学びに着目するものである。本書の場合，とりわけ，若者の居場所，高齢期，多文化，「障害」，ジェンダー・セクシュアリティ，ケアにかかわる章で，これまでの奪い合いの学びでは，不利な状況に追いやられてきた人たちの「ことば」（あるいは，語り）をより広く分かち合う学びに着目している。幅広く存在する分かち合う学びの中でも，とりわけ一人ひとりを尊重する社会の形

監修者のことば

　21世紀に入って，すでに四半世紀が過ぎようとしています。すべての子ども
たちにとって希望に満ちた新世紀を迎えることができたのかと問われれば，お
そらく，否と言わざるを得ないでしょう。かえりみてエレン・ケイは1900年に
『児童の世紀』を著し，「次の世紀は児童の世紀になる」と宣言して，大人中心
の教育から子ども中心の教育へ移行することの重要性を唱えました。それから
120年以上経過した現在，はたして真の「子どもの世紀」を迎えることができ
たでしょうか。今一度，子どもの教育を問い直し，いったい何が実現・改善さ
れ，何が不備なままか，あるいは何が劣化しているかが真摯に問われなければ
なりません。

　このような状況のもとで，教育の学びのテキストを刊行できることは喜ばし
いかぎりです。本書では，子どもだけでなく私たち大人の学びについても，基
本的な理論はもとより，最新の知見も網羅しつつ，新しい時代のあるべき姿を
懸命に模索しようとしています。

　執筆者は卓越した研究者，実践者で構成されています。初学者向けの教科
書・入門的概論書として，平易な文章で，コンパクトに，しかも教育的本質の
核心を浮き彫りにするよう努めました。監修者と教育的価値観をともにする編
者の幹から枝分かれして，各専門分野のすばらしい執筆者が集い，実践に役立
つだけではなく本質についても深く考察した内容が，きめ細かく解説されてい
ます。

　本書がみなさんに的確な方向性を与えてくれる書となることを，心から願っ
ています。

2025年3月

広岡　義之

成をめざすような価値観を，より多くの人たちが分かち合うことで，そのような社会づくりにつながるような学びを取り上げている。そして，本書では，そのような学びの支援を理解するためにも，社会教育・生涯学習にかかわる思想，発達，評価・方法に関する章のほか，施設，制度，歴史の章がある。

　社会教育・生涯学習の話に限らず，生きることは学びであるとはしばしば聞く話であろう。そのように，学びとは，どこにでも起きているものなのに，それらの学びのうち，政策や研究に携わる人たち等が理想とする特定の内容のものが，「教育」や「学習」と注目され，強調されがちであるといえる。しかも，それらの「教育」や「学習」は，「場所（学校や施設）」，「資格」や「能力」といったものと恣意的に結びつけられることで，誰かの立場を優位にしている。

　今日では，それらの結びつけられ方が，時代遅れになったり，不平等の温床であること等が明らかになったりしているにもかかわらず，学ぶことの意味が形骸化したまま奪い合いとしての側面がますます強くなってきたといえるだろう。そして，そのような奪い合いの学びの「弊害」が，社会・経済的な「格差」や労働環境の悪化をはじめ様々な現象を通じて明らかになってきた今日，一人ひとりを尊重する社会の形成をめざすような価値観を分かち合おうとする学びがますます必要となるのではないか。働く意味等に着目した第8章や，学校・家庭・地域の連携や協働に着目した第10章などをみれば分かるが，社会教育・生涯学習の観点からみることで，ますます必要となる学びの具体的な輪郭が浮かび上がってくることであろう。

　なお，分かち合う学びといえば，人によっては同調圧力や同化をイメージされるかも知れないが，私たちは違いを尊重するという価値観を分かち合うことができる場合もある。分かち合うことは，必ずしも全く同じ考えを持つことと同一ではない。その社会がどれだけ一人ひとりを尊重することができるかどうかは，違いを尊重するという価値観を，どの程度分かち合えるかにかかっている側面がある。付け加えれば，多数の執筆者からなる本書においても，各章によって「教育」や「学び」等についての考え方の違うところも，本文でそのことを言及している箇所もあるが，若干ながら存在する。若干とはいえ，それらの違いがあることを読者と分かち合うこともまた，一人ひとりが尊重される社会を考える上で意義あることだといえよう。

最後に，本書の作成については，ミネルヴァ書房の編集担当の深井大輔さんに多大なるお世話になった。この場を借りてお礼申し上げたい。

　2025年3月

編著者　林　美輝

新しい社会教育・生涯学習論　目　次

監修者のことば
はじめに

第1章　「社会教育」・「生涯学習」とは何か，という問いを
　　　　　めぐって………………………………………………………………… 1
　　　　　──様々な環境の変化を踏まえてどう考えるのか

　　1　法律やその背景とのかかわりからみた「社会教育」・「生涯学習」　1
　　2　教育や学習のゾンビ・カテゴリーとしての側面　5
　　3　ゾンビ・カテゴリーにはならない「社会教育」・「生涯学習」に
　　　　向けて　10
　　コラム　名前や定義は，誰が何のために決めるの？　16

第2章　生涯学習の理念………………………………………………………… 18
　　　　　──生涯教育／生涯学習とはどのような考え方か

　　1　生涯教育論の提唱と影響──本章の対象の限定　18
　　2　生涯教育の提唱──生涯教育／学習論の先駆者たち　19
　　3　ユネスコの「学習」論　22
　　4　リカレント教育の展開──OECDの動向　26
　　5　生涯教育／学習論の理念再考　29
　　コラム　イヴァン・イリイチ　32

第3章　社会教育政策の歴史…………………………………………………… 34
　　　　　──社会教育は何を目指してきたのか

　　1　戦前の社会教育政策　34
　　2　戦後教育改革と社会教育　40
　　3　新自由主義的改革と社会教育　48
　　4　社会教育政策の現在　55
　　コラム　社会教育政策はどのように形成されるか？　61

第4章　社会教育・生涯学習の施設と職員 ……………………… 64
　　　　──地域に学習拠点があることの意味とは

　1　公民館の概要と経緯　64
　2　様々な生涯学習・社会教育の施設と管理運営　67
　3　学習支援者としての職員の役割　71
　4　学習活動の実際──国立市公民館の事例から　73
　コラム　社会教育・生涯学習の施設とICTの活用　78

第5章　社会教育施設としての博物館・図書館 ………………… 80
　　　　──これまでとこれから

　1　博物館ってなに？　80
　2　博物館で見るものと見せるもの　87
　3　図書館ってなに？　90
　4　社会教育施設としての博物館・図書館　96
　コラム　博学連携の取組み──徳島県立鳥居龍蔵記念博物館の歴史文化フォーラ
　　　　　ム　101

第6章　人間の「発達」と学習 …………………………………… 103
　　　　──生きることとの関わりから

　1　発達とは何か　103
　2　経験による学習と変容的学習　108
　3　生きることと学ぶこと　112
　コラム　省察的実践を通して新たな実践を生み出していくこと　117

第7章　子ども・若者と社会教育 ………………………………… 119
　　　　──子ども・若者の「居場所づくり」を事例として

　1　子ども・若者の社会問題の解決策としての「居場所づくり」？　119
　2　地域における子ども・若者の「居場所づくり」　121
　　　　──日本の子どもの貧困対策を事例に
　3　子ども・若者の「居場所づくり」における学び　127
　コラム　「自己満足」としてのボランティア？　134

目 次

第8章　働く大人の生涯学習・社会教育 …………………………………136
──働く意味や仕事の意義を見つめ直す

1　生涯キャリアと社会人の学び直し　136

2　企業内人材育成と仕事を通した学び　139

3　労働問題と向き合う学び　142

4　企業の社会的責任と生活・暮らし　144

コラム　ブルシット・ジョブと時間どろぼう　150

第9章　高齢期と学習 …………………………………………………………152
──「自分ごと」として考える

1　現代社会における高齢期　152

2　高齢期におとずれる変化　155

3　高齢期と学習　158

コラム　イギリス U3A（The University of the Third Age）の活動理念　166

第10章　地域コミュニティのなかの学校と家庭 …………………………168
──誰がための連携・協働か

1　学校・家庭・地域の連携と協働をめぐる経緯　168

2　社会教育・生涯学習における地域人材の育成　171

3　地域学校協働活動の事例──「小学校区教育協議会─はぐくみネット─」事業（大阪市）　173

コラム　アニメ『スロウスタート』エンディング主題歌「風の声を聴きながら」ミュージックビデオ（三月のパンタシア）にみる成人教育の意味──純粋な知的好奇心の解放　180

第11章　「多文化共生」と社会教育・生涯学習 …………………………182
──グローバリゼーションの中で変化していく学習

1　グローバリゼーションと教育　182

2　グローバリゼーションとシティズンシップ　185

3　「多文化共生」に関する社会教育・生涯学習の課題　189

4　「多文化共生」と生涯学習　193

コラム　「多文化共生」社会──『子どもたちの階級闘争──ブロークン・ブリテンの無料託児所から』　199

第12章 「障害」(ディスアビリティ)からみる社会教育・生涯学習 ………… 202
──「障害の社会モデル」と学び

1 「当事者研究」という学びのスタイル──〈わたし〉を知るとは? 202
2 「障害」理解のリフレクション 206
　　──障害の個人モデルから社会モデルへ
3 グローバルな知から〈ローカルな知〉へ 213
コラム 二つのフランス映画(「音のない世界で」/「ヴァンサンへの手紙」)に見るろう者のコミュニティと学び 217

第13章 ジェンダーと社会教育・生涯学習 ……………………………………… 220
──「女性の学習」の歩みを考える

1 成人期の学びとジェンダー 220
2 「女性の学習」とジェンダー 222
3 法制度とジェンダー 224
4 学習のための施設とジェンダー 227
5 ジェンダー,セクシュアリティに立つ社会教育・生涯学習に向けて 229
コラム それはだれのため,なんのための学びなのか──リスキリングと「女性の学び」 233

第14章 教育とケア ………………………………………………………………… 235
──両者の共通点に注目して

1 教育という営み 235
2 ケアという営み 237
3 ケアする人に求められるもの 241
4 教育とケアに求められること 245
コラム ケアする人とされる人の距離感 249

第15章 社会教育・生涯学習における評価と方法 …………………………… 251
──それぞれのあり方を,根本的に問い続けて

1 社会教育・生涯学習における評価 251
　　──「異世界」ジャンル確立の社会的背景をもとに

viii

2　社会教育・生涯学習における方法　258
コラム　人間と空間をめぐるデモーニッシュな力──学習成果の活用とその適切な
　　　評価をおこなう場の再考　267

索　引　269

第1章

「社会教育」・「生涯学習」とは何か，
という問いをめぐって
──様々な環境の変化を踏まえてどう考えるのか──

　「社会教育」・「生涯学習」に関する教科書に限らず，大学の教科書の多くは，「○○とは何か」という定義にかかわる内容ではじまることが多い。しかしながら，そもそも「社会教育」・「生涯学習」の定義を決める権利があるのは，誰だろうか。

　自分自身の生き方に指針を与える大切な語りをYouTubeの動画で得たので，これも「社会教育」であると大学の授業のレポートで議論しても，それを「社会教育」として議論したこと自体があまり評価されない場合もあるだろう。

　何かのルールに従ったり，"学問"的な積み重ねや"研究者"でなかったりすれば，自分自身の大切な学びについても「社会教育」や「生涯学習」だということも認められないのだろうか。本章では，これらのことを念頭に「社会教育」「生涯学習」について，様々な環境の変化とともに一緒に考えてゆこう。

1　法律やその背景とのかかわりからみた「社会教育」・「生涯学習」

　誰もが共有すべき「社会教育」や「生涯学習」の内容を法律ならば規定できるし，しなければならないと思う人もいるかもしれない。「社会教育」の法律上の「定義」については，「社会教育法」の第2条で次のように規定されている（条文中，法令番号は省略している）。

　　社会教育法　第2条　この法律において「社会教育」とは，学校教育法又は就学前の子どもに関する教育，保育等の総合的な提供の推進に関する法律に基づき，学校の教育課程として行われる教育活動を除き，主として青少年及び成人に対して行われる組織的な教育活動（体育及びレクリエーショ

I

ンの活動を含む。）をいう。

　ただ，定義されているといっても，この条文では，この法律が定める国や地方公共団体の任務や，社会教育関係団体や公民館等にかかわる社会教育の定義を示しているだけである（この法律は「公民館法」といわれることがあるくらい公民館に関する条文が多い）。したがって，それ以外の「社会教育」の存在，すなわち法律が定めない範囲での「社会教育」の定義を禁止するものではない。また，この法律においては，「生涯学習」ということばは出てくるものの，その定義は「社会教育」のようには明確に書かれていない。

　そもそも，この社会教育法がその「精神」に則っているとされるのが「教育基本法」であるが，現行の教育基本法では，「社会教育」を定めた第12条第1項には次のように書かれている。

　　教育基本法　第12条第1項　個人の要望や社会の要請にこたえ，社会において行われる教育は，国及び地方公共団体によって奨励されなければならない。

　ここでは，組織的な教育活動としては規定されておらず，「社会教育」が広い意味のものとして書かれているといえる。また，教育基本法第3条では，「生涯学習」に関して，「生涯学習の理念」という見出しのついた条文があり，次のように書かれている。

　　教育基本法　第3条　国民一人一人が，自己の人格を磨き，豊かな人生を送ることができるよう，その生涯にわたって，あらゆる機会に，あらゆる場所において学習することができ，その成果を適切に生かすことのできる社会の実現が図られなければならない。

　ここにおいても，組織的な教育活動としては書かれていない。もしも条文にあるような人格を磨いたり豊かな人生を送ったりするために寄与する，学習を考えるならば，様々な人や事物との出会いや，ツールの使用等を通じたものが

ある。したがって，ここでは，広い意味での学習を含むような記述となっている。また，「生涯学習」をこのようなものとして理解するならば，教育基本法においては，「生涯学習」と「社会教育」というものが，学習主体，学習方法，場所等においてどのように異なるかという点について，条文そのもので考えるならば不明瞭であるといえる。

なお，「生涯学習」に関する法律としては，1990年に制定された，いわゆる生涯学習振興法（「生涯学習の振興のための施策の推進体制等の整備に関する法律」）があるが，同法においては特に「生涯学習」の定義がなされているわけではない。

以上みてきたように，法律上での「社会教育」の定義等は，その法律にかかわる範囲での「社会教育」であり，「生涯学習」との区別が明確になっているわけではない。そして，私たちが「社会教育」や「生涯学習」をこのように考えなければならないというような条文も存在しない。

そもそもこういった法律の背景には，「教育」を，「家庭教育」「学校教育」「社会教育」といった大まかであれ，場所に即して整理していく考えをみることができる。その場合，「生涯学習」はそれらすべてにおいて生じているものとして理解できるであろう。ただ，日常生活のことば遣いにおいては，幼稚園や小学校に通っている子どもが，「生涯学習」をしているといえば違和感を持つ人もいるだろうし（逆に，違和感を持たない人もいるだろう），また，「社会教育」と「生涯学習」を同じ意味で使っている人も少なくない。ただし，本章の冒頭の問いにもかかわるが，それらのことば遣いが，日常生活のことば遣いとして「間違い」などという根拠は，希薄である。

なお「生涯学習」を考える場合に，それと類似したことばに「生涯教育」ということばがある。法律ではなく，あくまで審議会の答申として出された文書であるが，両者の関係については，1981年中央教育審議会「生涯教育について（答申）」がわかりやすく説明している。

この答申の名称は「生涯教育について」となっているものの，本文では，次にみるように「自発的意思」に基づく学習としては，「生涯教育」というよりは「生涯学習」と呼ぶほうが適切だとしている。

　　今日，変化の激しい社会にあって，人々は，自己の充実・啓発や生活の

向上のため，適切かつ豊かな学習の機会を求めている。これらの学習は，各人が自発的意思に基づいて行うことを基本とするものであり，必要に応じ，自己に適した手段・方法は，これを自ら選んで，生涯を通じて行うものである。その意味では，これを生涯学習と呼ぶのがふさわしい。（中央教育審議会　1981：19）

　これに対して，「生涯教育」は，一人ひとりが「生涯学習」をしていくことを，制度的に働きかける際の基本的な理念として考えられている。

　　この生涯学習のために，自ら学習する意欲と能力を養い，社会の様々な教育機能を相互の関連性を考慮しつつ総合的に整備・充実しようとするのが生涯教育の考え方である。言い換えれば，生涯教育とは，国民の一人一人が充実した人生を送ることを目指して生涯にわたって行う学習を助けるために，教育制度全体がその上に打ち立てられるべき基本的な理念である。（中央教育審議会　1981：19-20）

　「生涯学習」と「生涯教育」をこのように区別する理解の背景の一つには，「学習」が一人で行うことに重点を置いて考えられているのに対して，「教育」はそういった「学習」を行う他者への意図的な働きかけとして理解されているといえるだろう。「教育」と「学習」の区別については，本書の第14章においても検討されており，同章においても，そういった観点から両者を区別している。
　しかしながら，そもそも「教育」と「学習」の区別も論者によって異なり，「教育」が他者への意図的な働きかけを伴わない場合もけっして少なくない。教育には例えば「自己教育」や「無意図的教育」という考え方や本章で後ほどみるインフォーマルな教育もあるほか，第6章で詳しくみるデューイ（J. Dewey）は，日本語では多くの場合「教育」と訳される"education"というものを「経験の意味を増加させ，その後の経験の進路を方向づける能力を高めるように経験を改造ないし再組織すること」と定義している（Dewey［1916］2008=1975（上巻）：127）。経験を中心的に位置づけたこの教育の定義そのものには，意図的に働きかける教員といった狭義での教育者が明確に位置づけられておらず，

その限りにおいては狭義の教育者が必須のものとなっていない（ただし，定義ではなく，デューイの教育をめぐる多くの議論においては，教育者の役割は明確に位置づけられている。これについては本書第6章参照のこと）。以上のことから，少なくとも定義上，「学習」は一人でできるが，「教育」には他者からの意図的な働きかけが必要である，とは必ずしもいわれてこなかったといえる。

2　教育や学習のゾンビ・カテゴリーとしての側面

　前節でみたような法律やその背景で想定されている，「家庭教育」「学校教育」「社会教育」「生涯学習」は，日本国内である程度共有されてきたことば遣いを踏まえているといえる。しかしながら，今日の社会で，人の成長や発達にかかわる教育的なコミュニケーションのあり方を念頭においた場合に，前節でみた法律などで想定されている教育や学習を考える際に前提，あるいはモデルとされてきた人間や社会をとりまく環境の変化を意識せざるを得ないのではないだろうか。

　そのことを，意識しやすくするためにここでは，表現としては過激に思われるかもしれないが，ベック（U. Beck）のいう「ゾンビ・カテゴリー」という概念を援用しながら考えてみよう（Beck and Beck-Gernsheim 2002=2022）。「ゾンビ」とは，一般的に死んでいるにもかかわらず，生きているかのようにみえる死体を指す。ある「カテゴリー」がゾンビになった，つまり，死んだとは，端的にいえばそのカテゴリーが「時代遅れ」になったことが主な理由であるが，そのカテゴリーを通して現象や物事を理解したり，政策をデザインすれば，生じている変化を見落としたり，以前のような成果が期待できなかったりすることが多くなるということである。この関連で，「家庭教育」「学校教育」「社会教育」という概念をカテゴリーとしてみた場合には，「個人化」（ベック）の進展の影響を受けやすい。ここでいう「個人化」とは，家族形成や職業選択などでの個々人の決定が，（家族も含め）特定の社会集団等によって少なくとも建前上は制約されないし，自分の人生を自分で選択していく余地が広がっていくことを指す（Beck and Beck-Gernsheim 2002=2022）。その進展とともに，従来，これら3つのカテゴリーを使用する際にモデルとされてきた人間や社会をとりま

く環境も次のように変化しており，程度の差はあれどもそれぞれゾンビ化している側面があるといわざるを得ない。

　第一の変化は，個人化の進展とともに，「教育」における国家の地位が相対的に低下することである。なるほど国家という制度そのものは，個人の権利保障の基盤となりうる限りは，今後も必要とされ続けていくが，個人化が進展していくに伴って，個人と国家の利害が一致する側面がますます小さくなっていく。そのため，国家の利益になる場合でも，価値観が多様化している個々人の教育のあり方や内容を決めていくことは「家庭教育」や「社会教育」はもちろんのこと，「学校教育」においても困難な面が増えてきているだろう。多くの人たちが一生使わないにもかかわらず中学校で学習することになっている教科の単元をいくつか思い出してみよう。国家の側からみれば少数であっても一定数の人口がその単元での学習内容を今後の人生で活用しなければならないものがあるだろうし，その単元の学習ができたかどうかという試験の存在は，広く社会における選抜にも利用できる。しかしながら，個人化が進展していく中にあって，個人の側からすればたとえそれらの単元の学習が，自己の幸せにつながるものであったとしても，強要されるべきものではなくなっている。ましてや，「学校教育」とは異なり，「社会教育」，そして「生涯学習」といった学習主体の年齢の幅がさらに広く，学習方法も様々な形のものが考えられている教育の場合には，個々人の学習へのニーズはさらに多様化しているため，国家が内容面で影響を与えることはきわめて限定的になっているといえる。

　このような個人化の趨勢にあって，「何のための学習・教育か」という問題についても，個々人の状況や価値に応じて多元化していかざるを得なくなる。なるほど，多くの読者は，教育基本法がその第1条で規定しているような「教育は，人格の完成を目指し，平和で民主的な国家及び社会の形成者として必要な資質を備えた心身ともに健康な国民の育成を期して行われなければならない」ということに賛同するだろう。しかしながら，そこで規定されている教育の目的は，国家が制度的にかかわるものを中心とした学習・教育についての規定であって，実際に個々人が何を目指して学習・教育を考えるかは，それぞれの個々人に委ねられている。個人化の趨勢を前提とした場合，個々人が何を目的に学習・教育を考えて，実践していくかについて，国家も含め他者が決めて

6

第1章 「社会教育」・「生涯学習」とは何か，という問いをめぐって

しまうことは，その個々人の生きる目的を決めてしまったり，奪ってしまったりすることになりかねない。

　第二の変化は，メディア環境の変化であるが，従来の「教育」というカテゴリーに含まれていた内容や方法を念頭においた場合，そのような「教育」をますますゾンビ・カテゴリーにしかねない側面がある。このメディア環境の変化については二つの側面において顕著であるといえる。ひとつにはメディア環境における技術，あるいは教育の方法面の変化による，集団的，組織的な学びの意義の相対的な低下である。今日，インターネットを通じた双方向的な動画通信が圧倒多数の人口にとって容易なものになっており，すでに日常生活に定着している。かつてならば，学校や公民館等で対面でなければ学ぶのが困難だった内容も，スマートフォンやタブレット等を使用することで，先にみた教育基本法第3条の文言通り「あらゆる機会に，あらゆる場所において」，個々人にとって学ぶことが可能な状態に近づいてきた面もある。もちろん，実技をはじめ学ぶ内容によっては，対面による集団的，組織的な学びの意義は（少なくとも現代社会において）低下しているとはけっしていえないことはいうまでもないものの，今後の機器の進化が，それらの意義をそのままにしておくことはないだろう。

　もうひとつは，グーテンベルク以来の紙に印刷された活字メディアの地位の大幅な低下による，知のあり方，そして，学ぶ内容と手段の根本的な変化である。そのような活字メディアは，長きにわたって，われわれの学ぶ方法を大きく規定するものであった。歴史的には，活字メディアの登場によって，中央集権的な政府やナショナリズムの誕生が容易なものとなるとともに（McLuhan 1962=1986など），多くの社会科学自体も「国家」という枠組みで「知」を恣意的につくりあげていく動向を後押ししてきたといえる（cf. Bourdieu 1994=2007：130）。それとともに，日本における医療や「学校教育」等の各種資格をみれば理解しやすいが大学で学ぶ「知」こそが国内で正統なものとして語られる傾向もあった。

　しかし，そのような「知」のあり方は大きく変化してきている。もともと活字メディア自体が，集団ではなく一人で読書をすることができる形で，個人化を推進してきた側面があったが，文字ならず音声や画像，動画メディアの双方

向的な伝達を個々人が自由に行うことができる今日のスマートフォンの普及は十数年の間に個人化をいっそう推し進めて，人々の生活を根本から変えることになった。しかも，いわゆる VUCA（Volatility（変わりやすさ），Uncertainty（不確定さ），Complexity（複雑さ），Ambiguity（曖昧さ））ともいわれることもある，予測不可能な時代にあって，大学をはじめ学校で学ぶ「知」は，これまでもずっと指摘されてきた通り，つねに更新される必要があるとともに，「知」を獲得するツールの多様化も重なり，ますますその「知」への信頼は揺らいでこざるを得ない。そこでは，確かに活字メディア同様に「文字」が重要な役割を果たしているが，動画や画像の果たす役割は圧倒的に大きくなっている。

　石田英敬（2010）は，文字や書物を基礎としつつも生じているこのようなメディア環境と「知」の変化をさして「ポスト・グーテンベルク状況」としている。その象徴的な動向の一つをあげるならば，国家という「想像の共同体」（Anderson［1983］2006＝2007）を大いに支えてきた新聞メディアの凋落があるといえよう。かつての新聞に象徴的にみられるように，同じ言語を使用する「われわれ」が，同じ出来事を共有することで同じ時間や「日本」という空間を生きるという語り方は，メディアの多元化によって，SNS を巻き込んだ大規模な炎上時を除けば，ますます困難なものとなっていく。

　以上，「個人化」の進展とともに変化していく，教育や学習を考える際の前提，あるいはモデルとなる人間や社会をとりまく環境の変化をみてきた。これらの変化の及ぼす影響の仕方は，先にみた「家庭教育」「学校教育」「社会教育」「生涯学習」にそれぞれ異なった仕方で影響を与えてきているといえる。例えば，「学校教育」と「社会教育」に与える影響は対照的ともいえる面がある。「学校教育」では，学習指導要領を中心にみた場合には，依然として，国家がもたらす影響は大きいといえる。また，文字への依存度も相対的に高く，ポスト・グーテンベルク状況にあって，（活字ではないとしても）文字が社会で引き続き果たし続ける重要性から考えた場合に，多くの子どもにとって少なくともある年齢までは読み書きが必要なトレーニングであると位置づけられ，この点については今後も同様の傾向を維持する側面はある。したがって，この点においては，「学校教育」というカテゴリーが「ゾンビ・カテゴリー」としてみなされることは少ないかもしれない。ただし，文字をはじめ国家が求める学

習内容を児童生徒が習得する必要性があると位置づけられるにせよ，これまで従来型の学校組織で行われてきた一斉授業形式や学級などが，その習得のためにどのくらいふさわしい形態なのかは，ますます疑問に付されていくであろう。今日における不登校児童生徒の増加，インターネットを大いに活用した通信制の学校，フリースクールやオルタナティヴスクールへの期待の高まりは，そういった従来型の「学校教育」のあり方を見直す契機となるに違いない。

　これに対して，社会教育法でいわれる「組織的な教育活動」としての「社会教育」をはじめ，法制度で規定されてきたものを中心とした「社会教育」に，以上みてきた人間や社会をとりまく環境の変化が与える影響はきわめて大きいといえる。そのためには，まずは，そこで想定されがちな「社会教育」のモデルを確認しておく必要がある。簡潔なものとしては，例えば，長浜功が従来の「社会教育」の理論に批判的あるいは懐疑的な立場から定式化したものであるが，「従来の社会教育理論は，（一）公的に保障された教育を，（二）公民館を中心とする学級・講座等の教育事業により，（三）社会教育主事，公民館主事等のいわゆる専門職員が，（四）住民の参加を求めてすすめてゆく，というものである」（長浜 1987：235）とされている。（一）～（四）に基づく実践そのものが問題なのではない。しかし，このような理論は，今日における多くの人たちの学びのモデルとしては，ごく少数の人口にしか当てはまらないものとなるだろう。

　ただし，いわゆるポスト5Gともいわれる通信環境が進展していく中で，対面での学びへのニーズが減少した後でも，「社会教育」とよばれる実践で，対面による組織的にしか実現できない学びや学ぶ悦びは今後も存在し続けるであろう。また，物理的な空間としての「地域」における問題を，住民が全てオンライン上での対話や学びを通じて解決していくというのも，少なくとも現在の多くの「地域」では想像しにくい。そして，たとえ利用人口が少数であっても，一部の高齢者や「障害」のある人たちに限らず，その他，機器の使用が困難なために対面による学びが必要な場合もある。したがって，対面での学びというものが，単純に利用者が少なくなったり，時代遅れになったりしたので不要になるということはけっしてない。

3 ゾンビ・カテゴリーにはならない「社会教育」・「生涯学習」に向けて

　では，そもそも，対面であろうとオンラインであろうとも，集団的あるいは組織的な学びに参加しない人たちは，何も学んでいないのだろうか。そう考える人は少ないだろう。われわれは生活の様々な局面で学んでいるといえる。この問題を整理する際には，クームスらによる教育の3つの様態の分類が役立つであろう（Coombs et al. 1971）。クームスらは，「教育」を「学習」と同義のように扱った上で，①フォーマルな教育，②ノンフォーマルな教育，③インフォーマルな教育の様態に分類している。クームスらによる分類の説明に，現代日本の状況を加えれば，次のように説明できるであろう。なお，特に②と③の意味内容は，論者によって異なって使われているので，他の文献でこれらのことばをみた場合には，それぞれの論者の定義に即して内容を理解していく必要がある。

　①フォーマルな教育とは，「学校教育」を思い浮かべるとわかりやすいが，初等教育から高等教育まで学年ごとに段階があり，制度化された構造をもつような教育を指すものである。

　②ノンフォーマルな教育とは，日本の例でいえば，公民館をはじめとする各種施設や組織における，講座の学びを思い浮かべるとよい。識字教育や農業，健康など特定の学びのために組織化された教育活動を指す。本書の多くの章や，「社会教育」や「生涯学習」の教科書の多くは，この教育を中心に書かれているといえる。

　③インフォーマルな教育とは，①・②のような集団的かつ組織的な教育以外の日常生活そのものを通じて，人々が知識や技能などを学んでいくことを指す。アルバイトやボランティア活動，友達や家族との語らい，読書やテレビ，各種の広告のほか，今日でいえばスマートフォンの使用等を通じて私たちは新しい知識や技能だけでなく，日々の生活の中で，新たなものの見方や考え方を獲得したりしながら学んでいる。

　いずれにせよ，これら3つの教育の様態の分類からわかることは，①の学校

にも通わず，また，②のような教育・学習活動にも参加していない人であって
も，③のようなインフォーマルな教育という観点からみた場合には，日々教
育・学習活動に参加しているということになる。そこでは，感性を研ぎ澄まし
たり，身体を動かしたりなど様々な学びがあるが，自分らしく生きたり，自己
及び他者の幸せそのものを考えることにかかわる学びの中心としては，「こと
ば」を得る（あるいは「語り（ナラティヴ）」を獲得する）という学びがあるとい
える（cf. 林 2023）。例えば，日々の疑問や悩みを整理したり，解決に導くため
のてがかりとなることばを得たり，SNS の投稿や流行している曲の歌詞のフ
レーズ，あるいは友達との語らいからことばを得たりするといった学びもある。
その他，ニュース記事や動画に接して，何がどのような点から問題なのかを，
（「文字」と表現するよりは）「ことば」を得ることで学ぶこともある。

　アルバイト先で他のスタッフの助言からことばを得るという学びもあるし，
誰かとことばが伴わない態度によるコミュニケーションが生じた場合であって
も，自分自身はことばにすることによって学びは深まることも多いだろう。先
にみたデューイは，「社会生活は，コミュニケーションと同一であるだけでな
く，すべてのコミュニケーション（したがって，すべての真性なる社会生活）は，
教育的なのである」と議論している（Dewey［1916］2008=1975（上巻）：17，ただ
し訳文は筆者）。

　近代以降，「学び」というものが主として国家とのかかわりで議論され，教
育政策やその政策にかかわる学問としての「教育」が語られる時代にあっては，
「家庭教育」／「学校教育」／「社会教育」の区別を語る際にも，「学校教育」を
中心にみられる知の上下関係が前提とされ，「教育」にもそれらの上下関係が
あると理解されてきたといえる。同様の発想が多少なりとも残っている現代社
会においても，フォーマルな教育／ノンフォーマルな教育／インフォーマルな
教育の様態の分類についても，フォーマルな教育が例えば卒業資格等にもつな
がりやすいため，フォーマルな教育，ノンフォーマルな教育，インフォーマル
な教育の順で，知の上下関係があるように思われるかもしれない。

　しかしながら，「教育」というものを社会生活やコミュニケーションそのも
のに見いだしていこうとする場合，個人化していく社会の趨勢の中で，「教育」
や学びを語る際の上下関係は流動的なものにならざるを得ない。もはや国家が

国策として大切にしている教育上の目的と，個々人が学びあるいは教育の目的
としているものは，必ずしも一致せず，グローバリゼーションと個人化の進展
により，それぞれの目的が，一致しない傾向はますます大きくなっていかざる
を得ないだろう。また，本章では，個人化を国家との関係に重点をおいてみて
きたが，地方自治体や家族ほか様々な単位における学びとの関係においても個
人化が進展していることはいうまでもない。なお，個人化の進展を全面的に
「利己的」な社会への変化と同一視する必要はない。他者と幸せを分かち合う
こと自体が，自分らしく生きる個人化の進展につながることもある。そして，
様々な社会活動の中にも個人化を前提としながらも「利他的」ともいえるコミ
ュニティ形成をみいだすこともできる。

　このような趨勢において個人の側から大切なのは，多くの場合何らかの学び
が自己や他者の利害や幸せにつながるかどうかということになる。したがって，
その学びが，「学校教育」を通じたものなのか，公民館などの講座を通じて得
たものなのか，その他の社会で得たものであるかは，多くの場合，それほど重
要ではなくなってくる。

　そして，歴史的にみた場合，近代初頭や戦後直後に，教育をめぐる議論に影
響力のある人たちが考えていた「社会教育」とは，そのような自由のあるもの
であった。そもそも日本語でいう「社会教育」ということばは，例えばそのま
ま英語に "social education" と訳したところで，諸外国では同じような意味
理解がなされることは難しく，日本独自の用語ともいわれる。このことばを歴
史的に早い段階で使ったのは，福澤諭吉だとされている。福澤の場合には，
「人間社会教育」ということばを用いて「人間社会教育（学校の教育のみを云ふ
に非ず）の要は，一事にても人をして早く実事に当らしむるに在り」としてい
る（福澤 [1879] 1970：474）。その意味するところは，学校教育以外においても，
講義で学ぶことは，実際に現場で仕事をしたりすることで学ぶことにかなわな
いことなどを意味している。

　また，戦後，社会教育施設としての公民館を提唱した（しばしば寺中構想とも
呼ばれる）ことでも知られている人物に，寺中作雄という人がいる。彼は，先
に述べたように公民館法とも呼ばれるくらいに公民館に関する規定が多い社会
教育法の策定に中心的にかかわっていた。その彼自身が，本来的には「社会教

第1章　「社会教育」・「生涯学習」とは何か，という問いをめぐって

育」が自由で広い範囲のものとして考えていた。

　　　まことに社会教育は社会の中にある教育であり，生活の中にある教育で
　　あり，家庭，職場，団体等人間の至るところ起居，勤務，衣食等について
　　まわる教育なのであるから，法制では規制しきれない教育活動の分野であ
　　って，下手にこれを法制のわく内に閉じ込めることは，自由を生命とする
　　社会教育を却って圧殺する結果となることを恐れるのである。（寺中
　　［1949］1995：13。ルビは引用者による）

　以上，福澤や寺中などが言及していた「社会教育」（福澤の場合には厳密には
「人間社会教育」）という概念は先にみたデューイがコミュニケーションや社会
生活に教育的なものを見いだしたものに近かったといえる。インターネットや
スマートフォンの使用を通じて，従来よりもさらに広い範囲に拡大したコミュ
ニケーションや社会生活を含めて，福澤や寺中が使ったような広い範囲を指す
「社会教育」という学びとして捉え直すことで，これまでの対面による集団的
あるいは組織的にしか実現できない学びも含めた，より多くの学びをカテゴ
リーに入れることができる。個人化していく社会を前提にそのように捉え直せ
ば，冒頭でみた自分自身の生き方に指針を与える大切な語りを YouTube の動
画で得たので，これを「社会教育」と語り，あなたが学びの当事者として定義
する権利を奪うことは誰にもできなくなる。

　ただ，読者が，国や自治体の政策として「社会教育」を議論したり，特定の
意味で「社会教育」ということばを使う人と議論したりする場合には，自分の
考える「社会教育」の意味と，議論の相手が考える「社会教育」の意味との違
いを明確にした上で，議論する必要が生じるであろう。全体的な傾向として，
「生涯学習」ということばについては各自が自由に使っても批判されることが
少ないものの，「社会教育」ということばについては，何らかの「本質」があ
ると考えて，その「本質」から外れた用法について批判的な人たちがいること
は確かであろう。しかしながら，多くの読者にとっては，自分の学びが「社会
教育」なのか「生涯学習」なのかといった事柄よりも，その学びが自己や他者
の幸せ等につながるのかということが重要であろう。したがって，このような

立場からすれば，これからの「社会教育」や「生涯学習」という概念の意義や価値は，それらの概念が，特定の時代の学びをモデルにした（狭く意味内容が限定された）ゾンビ・カテゴリーではなく，現代に生きる一人ひとりの生きた学びを捉えやすいものとなっているかということにかかっているだろう。言い換えれば，「『社会教育』・『生涯学習』とは何か」という議論だけでなく，様々な環境の変化を踏まえ「私たちが，どのように『社会教育』・『生涯学習』を語れば，一人ひとりを大切にしながらより多くの人々の幸せにつながる学びになるのか」という議論にも重点を置いていくことが必要ということになる。[*1]

課　題

1．あなたは，「社会教育」や「生涯学習」とはどのようなものだと思いますか。
2．社会教育についての授業のレポート課題で，ある学生のＡさんが，「社会教育の場としてのショッピングモール」について，日常的な買い物や食事，映画鑑賞などをする家族連れや，若者，高齢者などの学びについて，一生懸命書きました。しかし，その授業担当のＢ先生は「ショッピングモールは社会教育の場ではないので，このままでは，この授業のレポートとして受理することができません。書き直して下さい」と言われたとします。あなたは，Ａさんのレポート課題の内容が不適切なテーマ設定だと思いますか。その理由とともに意見を述べてください。
3．本書以外の「社会教育」や「生涯学習」にかかわる教科書をいくつか参照し，それらの教科書において，どのような内容と根拠で「社会教育」というものが定義あるいは説明されているか論じてください。
4．様々な電子メディアが発達していくなかで，今後の「社会教育」や「生涯学習」はどのように変化していくか，具体例を挙げながら論じてください。

文献

赤尾勝己（2012）『新しい生涯学習概論――後期近代社会に生きる私たちの学び』ミネルヴァ書房。

石田英敬（2010）『現代思想の教科書――世界を考える知の地平15章』筑摩書房。

＊1　類似した観点から，これからの社会教育のあり方を提言としているものに，堺市社会教育委員会議（2017）がある。

第1章　「社会教育」・「生涯学習」とは何か，という問いをめぐって

上杉孝實・前平泰志編（1999）『生涯学習と計画』松籟社。

堺市社会教育委員会議（2017）『「つながり」がこれからの堺を変える～堺が考える社会教育～（提言書）』堺市教育委員会事務局地域教育支援部地域教育振興課。

中央教育審議会（1981）「生涯教育について（答申）」文部省編『生涯教育――中央教育審議会答申』大蔵省印刷局，13-47頁。

寺中作雄（［1949］1995）『社会教育法解説／公民館の建設』国土社。

長浜功（1987）「社会教育の彷徨と地平」長浜功編『社会教育と自己形成――「終焉」論を超えて』明石書店，229-254頁。

林美輝（2023）『語りを生きる――ある「障害」者解放運動を通じた若者たちの学び』晃洋書房。

福澤諭吉（［1879］1970）「空論止む可らず」『福澤諭吉全集　第4巻』岩波書店，474-476頁（引用の際，旧漢字を新漢字に変更し，旧仮名遣いはそのままにした）。

Anderson, Benedict（［1983］2006）*Imagined communities: reflections on the origin and spread of nationalism*, London and New York: Verso.（白石隆・白石さや訳（2007）『定本　想像の共同体――ナショナリズムの起源と流行』書籍工房早山。）

Beck, U. and Beck-Gernsheim, E.（2002）*Individualization: institutionalized individualism and its social and political consequences*, London: Sage Publications.（中村好孝ほか訳（2022）『個人化の社会学』ミネルヴァ書房。）

Bourdieu, Pierre（1994）*Raisons pratiques: sur la théorie de l'action*, Paris: Éditions du Seuil.（加藤晴久ほか訳（2007）『実践理性――行動の理論について』藤原書店。）

Coombs, P. H. and Ahmed, M.（1974）*Attacking Rural Poverty: How Nonformal Education Can Help*, Baltimore: Johns Hpkins University Press.

Dewey, John（［1916］2008）*Democracy and Education*, in *John Dewey: The middle works*, vol.9, edited by Baysinger, P. and Levine, B. Carbondale: Southern Illinois University Press.（松野安男訳（1975）『民主主義と教育』（上・下）岩波書店。）

Lyotard, J.-F.（1979）*La condition postmoderne: rapport sur le savoir*, Paris Éditions de Minuit.（小林康夫訳（1986）『ポスト・モダンの条件――知・社会・言語ゲーム』水声社。）

McLuhan, M.（1962）*The Gutenberg galaxy: the making of typographic man*, Toronto: University of Toronto Press.（森常治訳（1986）『グーテンベルクの銀河系――活字人間の形成』みすず書房。）

（林　美輝）

コラム　名前や定義は，誰が何のために決めるの？

　ルイス・キャロルの作品『鏡の国のアリス』（邦訳名）では，本章でみたような，ことばの定義を考える際に示唆を与える場面が散見される。ルイス・キャロルという名前は，ペンネームであり，作者の本名は，チャールズ・ラトウィッジ・ドジソンという数学者で，記号論理学に関する著書も著している。

　中でも，有名なものに，ことば（引用での訳書では「言葉」）というものを，自分の思い通りに定義できると考えるハンプティ・ダンプティと主人公のアリスとの次のようなやりとりがある。本章でみた「社会教育」の定義をする権利の話も思い出しながら，読んでみてほしい。

> 「わしが言葉を使うときは」ハンプティ・ダンプティはかなり軽べつした調子で言いました。「言葉はわしが意味させようとしたものを意味する──それ以上でも以下でもない。」
> 「問題は」とアリス。「言葉にそんなにいろんなものを意味させられるかどうかということです。」
> 「問題は」とハンプティ・ダンプティ。「言葉とわしのどっちがどっちの言うことをきくかということ──それだけだ。」（キャロル 2010：120）

　ハンプティ・ダンプティのように，何でも自分の思う通りにことばの意味を使ってしまうと，他人とコミュニケーションをすることが困難になってしまうだろう。もしも，ハンプティ・ダンプティが「詐欺のテクニックを教えるのも社会教育だ」と言い出せば，あなたはどう考えるだろうか（cf. 赤尾 2012：4）。ことばと，その意味内容の関係は，恣意的なものであり，ことばの意味は，そのことばを使用する共同体のメンバーが，その意味を共有するかどうかに大きく依存している。「社会教育」ということばの意味も，社会的状況や人によって意味が異なってくるが，このことばを共有するとすれば，どのような意味内容で共有することがよいか，考え続けていく必要があるだろう。

　また，虫の苦手なアリスとカ（Gnat）の次のようなやりとりもみてほしい。

コラム　名前や定義は，誰が何のために決めるの？

「もちろん，虫は名前を呼ばれたら返事をするよね？」カは何気なく言いました。

「そんなことしないわ。」

「呼ばれても返事をしないなら」とカが言いました。「なんのために名前があるんだい？」

「虫にとっては意味はないのよ」とアリス。「それを呼んでいる人にとって意味があるんだと思うわ。そうでなきゃ，そもそも物に名前なんてついてないでしょ？」（キャロル 2010：59）

　例えば公民館等の社会教育施設での活動が，特に「社会教育」と学習者に呼ばれていないこともあるだろう。しかしながら，その活動が「社会教育」と呼ばれなくてもよいのだろうか。あえていえば，もしも多くの人がこれを「社会教育」と呼ぶことで，公民館等の制度を使って生きがい作りや健康につながると考える場合には，そのような制度を今後も維持するために，「社会教育」と呼ぶことに意味があるといえるだろう。

　それならば，本章でみたインフォーマルな教育も含めた意味での，日常生活そのものにある学びを「社会教育」と呼ぶことには，どのような意味があるのだろうか。こちらについても，そのことばで呼ぶ人が判断すべきことではある。しかしながら，あえて例をあげるならば，学校型の学びにある種の限界があると考える人々にとっては，自分の学びを，学校型の学びに対比して，日常生活そのものにある自由な「社会教育」として呼んで生きていくことには一定の意味があるのではないだろうか。

（林　美輝）

文献

赤尾勝己（2012）『新しい生涯学習概論——後期近代社会に生きる私たちの学び』ミネルヴァ書房。

ルイス・キャロル（2010）『鏡の国のアリス』（河合祥一郎訳），角川書店。

第 2 章

生涯学習の理念
──生涯教育／生涯学習とはどのような考え方か──

　生涯学習という概念はどのようにして誕生し，拡がったのだろうか。また，それは元々どのような理念を持って作られた概念だったのだろうか。本章では，特に1960年代以降のユネスコと OECD の動向を跡づけながら，このような問いについて考える。そして，今やすっかり知名度を得ながらも，実は内実のよくわからないこの概念が持ち得る可能性について，そもそもの理念を振り返りながら，一緒に考えてみよう。

1　生涯教育論の提唱と影響──本章の対象の限定

　本章では，「生涯教育／学習[*1]」という概念がどのように生みだされ，拡がっていったのかということについて述べていく。その前に，用語の説明と限定をしておく必要がある。生涯教育／学習を字義通り「人が生涯にわたって学ぶ（べき）」というような思想と捉えるのであれば，おそらくそれは全時代・全世界的に存在したものと思われるからだ。近代学校制度が子どもを主たる対象として成立する前には，あるいは成立していない社会では，人が生涯にわたってあらゆる場所で学ぶということは自明のことでさえあり，それを懸命に行うこ

＊1　生涯学習と今日一般に呼ばれる概念は，すぐ後にも述べるように，元を辿れば，ポール・ラングランによる「life-long integrated education」の提唱をその嚆矢としている。これは直訳すれば「生涯統合教育」であり，日本に当該概念が紹介されたときには「生涯教育」と訳された。このことからもわかるように，そもそもは「生涯にわたる学び」を表す用語としては，生涯「教育」の語が使われることが一般的であった。現在のように「生涯学習」という日本語が一般化するのは早くとも1980年代の事である。
　そこで本章では，混乱を避けるために，特に断らない場合には，現在の「生涯学習」の基底を為す諸概念を，「生涯教育／学習」と併記することとする。ただし，資料用語として用いられている場合は資料に準じる。

とを推奨する思想や訓話がどれほど存在していたかなど，想像も及ばない。

ここで扱うのは，今日の教育学や教育政策の中で用いられる「生涯教育／学習」という用語が影響を受けてきた，「生涯教育／学習」に関する諸説である。近代学校制度が西欧近代社会を中心に定着し，その問題点が浮き彫りになる状況を踏まえて，教育政策や教育研究に影響を及ぼし得る立場から提唱された「生涯教育／学習」思想が，ここでの記述の対象になる。

具体的には，国際連合と経済協力開発機構（Organization for Economic Cooperation and Development：以下 OECD）それぞれの教育担当部局である，国際連合教育科学文化機関（United Nations Educational, Scientific and Cultural Organization：以下ユネスコ）と教育研究革新センター（Centre for Educational Research and Innovation：以下 CERI）に関する諸思想について，その誕生と拡がりの様相を描いていく。

2　生涯教育の提唱——生涯教育／学習論の先駆者たち

（1）Life-long Integrated Education の提唱——ポール・ラングラン

現在「生涯学習」と呼ばれる概念の嚆矢は，1965年にユネスコが開催した第3回成人教育推進国際委員会においてポール・ラングラン（P. Lengrand）が提出したワーキングペーパー "Éducation permanente" にみられる。その中で展開された「life-long integrated education」という概念が，現在の生涯教育／学習概念の基礎をなしている。

ラングランの思想は日本にも紹介され，日本の教育学や教育政策にも影響を及ぼすことになった。以下，ラングランの著作のなかから彼の教育観をみてとることができる箇所を引用しよう。

　　一般にいう教育とくにせまい意味での知育には，その機能のひとつとして過去の遺産を伝えるという明白な伝統的機能がある。［中略］

　　しかしこの共通の遺産が，価値と意味と真の影響力とを持つのには，それが，現代人がいま受けている挑戦のすべてに満足に対処するために行な

わなければならない労苦や企てや闘争に没頭している人々，［中略］この
ような人々の生きた経験と統合されなければならない。教育の第二の機能
は，人が工夫するのを助けること，人に想像力を付けること，危機に立ち
向かわせること，あらゆる種類の探求を行なわせること，信念や態度や知
識は常に不確かなものであるということを受入れさせることである。（ラ
ングラン　1971：33-37）

　ラングランは「人口増加」や「科学技術の進歩」によってもたらされる社会
の変化を「現代人への挑戦」と捉えたうえで，「挑戦」に対処する術を教育と
いう営みに見いだした。しかしラングランによれば，教育は「障害が多く進歩
が立ち遅れた」領域であり，「学校や大学は昔と同じ性格を保持して」いるが
ために，「具体的現実からかけ離れて」いるのである。
　このような膠着した状況に対して，ラングランは「懐疑の精神」の重要性を
強調する。今日の学校や大学は「神話」や「信念」を「真理として信じるタイ
プ」の人間を育成するためにつくられており，「懐疑の精神」を恐れる権威は
教育機関を国民としての一体感を涵養するためのものとしてしか位置づけてい
ない。しかしこの「懐疑の精神」こそが「自律的人間」「民主主義的市民」を
形成するという。「懐疑の精神」をもった大人の形成が，ラングランが信じる
「挑戦」への対抗策としての教育の力の基礎に置かれている。
　そのうえで，彼は教育の目的や構造の改革を構想している。「一度えた一組
の知識と技術だけで自己の全生涯をまっ［と］うしうるという考え方」は消滅
しつつあり，その代わりとなる教育の「責務」が明らかになりつつあるという
のだ。それは次のようなものである。

　　第一に，人が生涯を通じて，教育訓練を継続するのを助ける構造と方法を
　　提供することである。
　　第二に，人が，いろいろな形態の自己教育を通して，真のかつ最高度の自
　　己発達の客体となり手段となるために用意をさせることである。（ラングラ
　　ン　1971：51）

このようなラングランにおける教育の「責務」は、「学ぶことを学ぶ」という表現によく表れているように思われる。彼は、教育目的を「知識の蓄積」から「学ぶことを学ぶ」ことへと移行しようとした。

そのためにラングランは、教育の機会が人生の前半期にのみ享受することができる学校教育にとどまるのではなく、「教育が、学校という枠組から抜け出し、人間活動の領域全体を占める」ことが必要であると主張する。教育という営みを学校に限定するのではなく、時間的にも空間的にも拡張することを目指すのが、ラングランの教育構想の骨子であった。そのためにラングランは、企業や図書館、博物館に教育機会としての期待を寄せている。

ここまでみてきたように、ラングランが目指したのは、人間の生涯のあらゆる時点において（時間的次元）、また人間が生活するあらゆる場所において（空間的次元）教育機会を提供することであった。さらに重要なことは、ラングランは二つの拡張された次元で経験される教育機会を「統合」することをも目指していたということである。単に教育機会を増加させるだけにとどまらず、教育機会を有機的に連関させることができるような教育制度、教育思想の構築をラングランは目指していたといってよいだろう。ラングランがはじめに提唱した概念に含まれる「integrated」という用語には、この教育機会の有機的な連関の構築を目指すというニュアンスが含まれている。

（2）「抑圧」・「解放」と生涯教育——エットーレ・ジェルピ

ポール・ラングランからユネスコ生涯教育部門の責任者「成人教育長」のポストを引き継いだエットーレ・ジェルピ（E. Gelpi）は、「生涯教育は政治的に中立ではない」という文言をもって生涯教育概念に「抑圧」の観点を持ち込み、「教育の目的、内容、方法」を「個人」が「統制」する「自己決定学習（self-directed learning）」という学びのあり方を重視する議論を展開した。以下は日本で紹介されたジェルピの著作集『生涯教育』第一章からの引用である。

　　生涯教育は政治的に中立ではない。このことは、生涯教育を考察していく上で、あらゆる意味での出発点である。生涯教育の、ほとんどトータルな国際的コンセンサスは、われわれをこの結論に導かしめる。とりわけ、

生涯教育の実践が自己決定学習へと徐々に移行する場合は，なおのことである。われわれの生きている現代社会の抑圧的な諸勢力が，学習時間と学習空間の増加を人々に許容するのは，人々の自立への闘いの強化をもたらさないようにするという条件においてのみである。

諸個人や諸集団による自己決定学習は，あらゆる抑圧的な力にとって脅威となる。したがって，われわれが重視しなければならないのは，この自己—志向性なのである。(ジェルピ 1983：17)

引用箇所からわかるように，ジェルピは生涯教育の思想に非「中立」，すなわち「抑圧」という観点をもち込んだ。ジェルピは，生涯教育／学習は人々の文化的要求に応える「理想的なアプローチ」としてつねにあるわけではなく，生涯教育／学習には「抑圧的な力」をもつ者が支配的な世界観への「適応」を，生涯にわたって促進し得る可能性があることを指摘したといえる。これによって，ユネスコの生涯教育は「第三世界」や「労働者階級」などの被抑圧者への関心を深めていく。

ジェルピは教育の実践や制度が置かれる政治的な非中立性に向き合うことで，抑圧—適応と「自己決定学習」という対立構図を描き出し，生涯教育／学習に関する議論に新しい地平を開いた。さらに彼は二項対立を提示するにとどまることなく，生涯教育の理論・実践がその両者のせめぎあいの中でつねに更新されるべきものであることをも提起した。ジェルピは，「生涯教育」という概念や学習する個人，抑圧の構図などをきわめて動的に捉えた生涯教育論者であるということができるだろう。

3　ユネスコの「学習」論

ジェルピが生涯教育部門の責任者として活躍した1970年代以降，ユネスコは生涯教育に関する報告書・宣言をいくつか発表している。主だったものを3つみていこう。

（1）フォール報告書

　一つ目は，1972年に発表された，"Learning to be" と題された報告書である。これはユネスコ教育開発国際委員会によって報告されたものだが，委員長がフランス元首相のエドガー・フォール（E. Faure）であったことから「フォール報告書」と通称される。

　フォール報告書は，生涯教育の観点から（学校）教育の歴史を概観し，その課題を指摘したうえで，教育の将来像に関する具体的な提起を行った。まず報告書においては，形成すべき人間像として "the complete man（「完全な人間」）" という概念を提起している。それは，「身体的，知的，情緒的，倫理的統合」が成し遂げられた人間のことを指している。一方報告書は，上のように「完全な人間」を定義しつつ，人間の「未完成」性にも言及している。そこでは「人間の全生涯が，自己自身を生み出していく過程にほかならない。真実われわれは死ぬときにおいてのみ，完全に生まれるのである」というエーリッヒ・フロム（E. Fromm）の言葉が引用され，人間が「未完成」に生まれ，またつねに「未完成」であるがゆえに，「完全」であろうとする＝教育されることをやめないという，動的な教育観が語られている。ここからは人間が本来的に有する可塑性に対して，報告書が大きな期待を寄せていることが窺い知れる。

　そしてこの「完全な人間」の形成に向けて必要な営みが生涯教育であり，生涯教育を万人が受けることを可能にする「学習社会（learning society）」の建設が必要であるとされる。「学習社会」とは，ラングランによる生涯教育思想の提唱を受けて，ロバート・ハッチンス（R. M. Hutchins）が1968年に提唱した概念であるが，すべての成人がいつでも教育を受けられるという目的に向かってあらゆる制度が構築されるように価値が転換された社会，というこの一種の未来社会論に対して，フォール報告書は具体的な指針を与えてもいる。

　さて，この報告書は，生涯教育を「to have」（もつために）から「to be」（あるために）へと人間の存在様式を転換するためのものとして位置づけたことでも知られている。フォール報告書は，何かをより多くもつための学び（「learning to have」）から自身の能力をよりよく発揮し，生きることを喜びにするための学び（「learning to be」）へと価値を転換することを主張しているといえるだろう。このような世界観のもとに，完全な人間，生涯教育，学習社会といった

概念を体系立てて位置づけたことに，この報告書の意義がある。

（2）学習権宣言

　二つ目は1985年に採択された「学習権宣言（The Right to Learn）」である。採択当時のユネスコは識字教育や初等教育の完全普及を課題としており，アフリカや南米，アジアの発展途上国——ジェルピの言葉でいえば「第三世界」——の人々が教育を受ける機会を得ることを権利として捉え，宣言することで，教育機会の保障に向けた援助の必要性を提起したものであった。ジェルピのいうように，教育機会は「適応」に向けた権力性をはらむ可能性をもち得るものだとしても，学ぶ機会をあらゆる人に保障する必要性それ自体は否定すべきものではないし，その方法については議論を重ねる必要がある。以下に宣言の一部を引用しておこう。

　　　学習権を承認するか否かは，人類にとって，これまでにもまして重要な
　　課題となっている。
　　　学習権とは，
　　　　読み書きの権利であり，
　　　　問い続け，深く考える権利であり，
　　　　想像し，創造する権利であり，
　　　　自分自身の世界を読みとり，歴史をつづる権利であり，
　　　　あらゆる教育の手だてを得る権利であり，
　　　　個人的・集団的力量を発達させる権利である。
　　　　成人教育パリ会議は，この権利の重要性を再確認する。
　　　学習権は未来のためにとっておかれる文化的ぜいたく品ではない。
　　　それは，生き残るという問題が解決されてから生じる権利ではない。
　　　それは，基礎的な欲求が満たされたあとに行使されるようなものではない。
　　い。
　　　学習権は，人間の生存にとって不可欠な手段である。
　　　もし，世界の人々が，食糧の生産やその他の基本的な人間の欲求が満たされることを望むならば，世界の人々は学習権をもたなければならない。

第2章　生涯学習の理念

　もし，女性も男性も，より健康な生活を営もうとするなら，彼らは学習
権をもたなければならない。

　もし，わたしたちが戦争を避けようとするなら，平和に生きることを学
び，お互いに理解し合うことを学ばねばならない。（第4回ユネスコ国際成
人教育会議［1985］2005：118）

（3）ドロール報告書

　最後は1996年に提出された，"Learning: The Treasure within" と題された
報告書である。ユネスコ「21世紀教育国際委員会」によって提出されたこの報
告書は，同委員長ジャック・ドロール（J. Delors）の名にちなんで「ドロール
報告書」と通称される。

　ドロール報告書に示されている教育観・教育目的は，次のようなものである。

　　教育に課せられた伝統的な要求である知識量を増大させるだけでは，も
　はや適切とはいえなくなっているのである。子供の一人ひとりに早いうち
　から知識を詰め込んで，長じるに及んでそれを小出しに利用するというこ
　とでは済まなくなっており，個々人が自らの知識や技能，あるいは意見を
　豊かに拡げ，転変きわまりなく複雑で相互依存的な世界に適応できるよう，
　生涯を通じて学習する機会を得なければならない。（天城監訳 1997：66）

　ここで強調されていることは，やはり社会の急速な変化に対して，子どもの
頃の学校教育だけでは不十分だという問題意識である。そのうえで，ドロール
報告書はその複雑な世界への「適応」を目指す。そのためには，教育を「四つ
の基本」の上に再構築しなければならないという。この「四つの基本」は，
「生涯を通じた学習のための四本柱」として知られる。

　四本柱とは，①「知ることを学ぶ」（learning to know），②「為すことを学ぶ」
（learning to do），③「共に生きることを学ぶ」（learning to live together），（先の
三本の柱から必然的に導かれるものとしての）④「人間として生きることを学ぶ」
（learning to be）を指している。それぞれ内容をごく簡単に概観しておこう。

　①「知ることを学ぶ」（learning to know）とは，「知識の獲得の手段そのもの

25

を習得する」ということを指す。知識というものは複雑さを増しており、かつ移り変わりが激しいので、「全方位的知識」などというものを身につけさせることは到底できない。そのため、絶えず知識を獲得するという能力を獲得しなければならないとする。

②「為すことを学ぶ」（learning to do）は、「知識をいかに実践に結びつけるか」という学びのあり方である。また、「学習をいかに将来の仕事と結びつけるか」という意味で、職業訓練と密接に関係してもいる。

③「共に生きることを学ぶ」（learning to live together）は、「暴力の世界」と化した「現代社会」において、「他国民やその文化、あるいは価値観に対する敬意を助長」するような学びを指している。

そして④「人間として生きることを学ぶ」（learning to be）は、「個人の全面的な発達」を促し、「自主的で批判的な思考発達」を遂げることを目指すような学びのあり方である。その名前にも暗示されているように、先述のフォール報告書の問題意識を受け継ぐものであり、自己と他者の、あるいは自己と社会の絶え間ない「対話的過程」として生涯教育を捉えている。

以上三つの報告書・宣言をみてきたが、これらの文章が書かれた時点よりも、現在は知識の変動が激しくなり、また「暴力の世界」と化した社会であるといっていいだろう。これらの文章による提起は——その提起が未解決だからこそ——今なお読み返す意味をもっている。

4 リカレント教育の展開——OECD の動向

（1）1973年報告書「リカレント教育——生涯学習のための戦略」

ユネスコが生涯教育論を提唱し、報告書や宣言を発表してその理論的・実践的な発展を目指し始めるのと並行して、1970年代にはもう一つ、学齢期以外の時間、学校以外の場所に着目した教育概念が提唱されていた。それが、OECD の CERI が概念を整理し、定着させた「リカレント教育」である。

1973年に発表された "Recurrent Education: A Strategy for Lifelong Learning" の邦訳から、その定義を引用しておこう。

第2章　生涯学習の理念

　　リカレント教育というのは，義務教育あるいは基礎教育以後のあらゆる
　　教育にかかわるもので，その主要な特徴は，血液が人体を循環するように，
　　教育を個人の全生涯にわたって循環させようとするものである。（OECD
　　1974：44）

　学齢期を過ぎた人々に対して教育機会を提供することを重視した概念という
点では，リカレント教育はラングランが提唱した生涯教育の思想に類似してい
る。その中でもリカレント教育概念に特徴的なのは，それが教育機会（特に
formal education）における「学び直し」に焦点を当てた概念であるということ
である。

　　　成人教育は伝統的な感覚でいうならば，訓練，再訓練，補習家庭などの
　　あらゆる種類を含むインフォーマルな教育のタイプである。［中略］大部
　　分はパートタイム制である。
　　　これに対してリカレント教育は，フォーマルでむしろフルタイム制であ
　　り，さまざまの理由から中断した比較的初期の教育をやり直そうという大
　　人のためのものである。（OECD 1974：25）

　同報告書は，青少年期にフルタイムの教育を受け，そこで得た知識を用いな
がら残りの生涯を過ごすという従来の教育モデルを「フロントエンドモデル」
と呼び，その限界を指摘した。技術革新や社会変動が激しくなる1970年代にお
いては，青少年期に学んだ知識がすぐに有効性を失ってしまう。リカレント教
育はこうした認識のもとで，人々が何度も教育機会に戻ることができるような
社会制度を展望したのである。
　こうした認識に関わって，リカレント教育概念に特徴的なのは，労働と教育
を結びつける概念であるということである。上に引用した文献でも，「職業的
柔軟性」，「教育」と「特に労働」との循環，などが主要な目的として提唱され
ている。CERIは，学齢期を過ぎてすでに働いている人＝労働者が，労働の中
で必要になる知識を絶えず更新するための仕組みを作ろうとしたといってよい
だろう。

そのためには，教育システム内にとどまらないいくつかの改革が必要とされた。それは何よりもまず，リカレント教育に対する企業の理解を得，学んでいる間の給与や身分の保証（有給教育休暇制度）を導入させることであった。教育機会が充実しようとも，学び直すために失職しなければならないのであればリカレント教育は活発にならない。CERI はリカレント教育の提唱段階において，すでにその最大の障壁を認識していたといってよいだろう。だが結局，現在に至るまで有給教育休暇制度などは全世界的に実現するには至っていない。

　こうした流れの中で，1990年代後半になると OECD は，新たな学力・能力の定義と測定に力を入れるようになる。

（2）「能力の定義と選択」（DeSeCo）プロジェクトと「キー・コンピテンシー」

　1997年，OECD は「能力の定義と選択」（DeSeCo）プロジェクトを開始し，知識基盤社会において求められる学力・能力に関する考察を深め，新たな能力・学力観を提起しようとした。2003年にはその成果として「キー・コンピテンシー」を提案した。以下は，3つのカテゴリー，9つの能力から構成されるその全容である（ライチェンほか 2006：210-218）。

> カテゴリー1　相互作用的に道具を用いる
> 　　　　　　　1 - A　言語，シンボル，テクストを相互作用的に用いる能力
> 　　　　　　　1 - B　知識や情報を相互作用的に用いる能力
> 　　　　　　　1 - C　技術を相互作用的に用いる能力
> カテゴリー2　異質な集団で交流する
> 　　　　　　　2 - A　他人といい関係をつくる
> 　　　　　　　2 - B　協力する，チームで働く
> 　　　　　　　2 - C　争いを処理し，解決する
> カテゴリー3　自律的に活動する
> 　　　　　　　3 - A　大きな展望の中で活動する
> 　　　　　　　3 - B　人生計画や個人的プロジェクトを設計し実行する
> 　　　　　　　3 - C　自らの権利，利害，限界やニーズを表明する

生涯教育／学習と関わって重要なのは，OECD が上のような学力・能力観，指標を提案したうえで，成人の能力を測定・比較する事業を開始したことであろう。2000年から始まった子どもの学力調査である「国際生徒学力調査」(PISA)に続き，2011年からは「国際成人力調査」(PIAAC) が実施されている。

ここで提案されている能力観や，能力を定義して測定・比較するという営みは，OECD もその影響を受けてきた生涯教育論との関係の中でどのように位置づくのだろうか。言い換えれば，ラングランやジェルピの視点からみたとき，OECD のこうした事業はどう分析することができるだろうか。生涯教育の理念と，生涯教育／学習事業の成果評価や測定との関係は，今なお問われ続けられなければならない問題だろう。

5　生涯教育／学習論の理念再考

本章の最後に，生涯教育／学習論の今日的な意義について考えてみたい。1960年代に提唱された生涯教育／学習論は，そもそもどのような意図のもとに生まれたのだろうか。先に述べたジェルピの著書『生涯教育』を解説する中で，前平泰志は以下のように述べている。

> 生涯教育の思想は，ほとんどすべての伝統的な教育学が前提としていた原理へのラジカルな挑戦であり，部分的にせよ近代公教育体系に対する破砕を意図したものであったということは，もう一度思い出してもよいと思う。(ジェルピ 1983：258)

ここで「挑戦」され，「破砕」されようとしている「教育学」や「近代公教育体系」は，なぜそうされなければならないと考えられているのか。言い換えれば，生涯教育という思想が乗り越えようとした従来の教育はどのような隘路に立っていると考えられていたのか。

それは第一に，学校教育における教育のあり方（ならびにそれをモデルとする成人教育の場など）は，教える者と教えられる者の関係性を固定化するために，教える者＝教師に専門性という名の独占的な権力を与え，それを子どもや青年

に行使することを正当化してきたということである。

この権力は，教えることの内容をより多く知っていることに由来するものである。こう考えたとき，ラングランが教育の目的を「知識と技術の蓄積」から「学ぶことを学ぶ」へと移行しようとしたことや，ジェルピが「自己決定学習」の重要性を称揚したことは，確かに伝統的な教育のあり方へのアンチテーゼであると読み取ることができるだろう。

第二に，伝統的な教育のあり方は，教えられる側の均質化と画一化を強制してしまうということである。より多くを知っている教える者（教師・大人）が，無知な教えられる者（生徒・子ども）に既知の情報を伝播することが教育であるならば，教えられる者は可能な限り均質であるほうが効率的である。

こうした学習者観は，まず人生の前半期＝学齢期にある青少年のみに学びの機会を付与し，それを過ぎた人々を教育機会から排除するということを自明にした。

また，均質化はそれを行う際，かならずそこから漏れる周縁部を生みだしてしまう。前平が挙げている近代日本社会における例では，男子に対する女子，労働者階級を中核とする被支配階層，被差別部落の人々，在日朝鮮人，障害者などがそれに当たるだろう。

第三に，こうした均質な人々に均質な知識を伝播するという教育のあり方は，現在の社会・価値観を再生産することに寄与する傾向があるということである。異質な者が学びあうことによって生じるかもしれない新たな価値や文化，学問，社会体制などが育まれる可能性を，教育の社会再生産機能は封じ込めてしまう。

近代学校教育を中心とした近代公教育体系は，誕生して百数十年を経る中で，これらの弊害を生みだしかねない存在になってしまったと生涯教育論者たちはみた。こうした生涯教育思想の「初心」──「ラジカルな挑戦」としての生涯教育思想──は，現在の生涯教育／学習政策や実践を顧みるためにも，今一度思い出されてよいだろう。

課題

1．(1) 学校生活で一番印象に残っている出来事は？
　　(2) 授業や部活のほかに，学校で学んだことは？

（3）　学校で一番「役に立った」授業は？
2.．（1）　現在の学校教育システムは，どのような良い点と悪い点を持っている
　　　　　でしょうか。「生涯教育」または「生涯学習」という言葉を使って，あ
　　　　　なたが考えたことを説明してください。
　　（2）　ユネスコで提起された生涯教育概念と，リカレント教育という概念と
　　　　　の，似ている点と異なる点について考察してください。

文献

天城勲監訳（1997）『学習──秘められた宝　ユネスコ「21世紀教育国際委員会」報
　告書』ぎょうせい。

OECD編（1974）『生涯教育政策──リカレント教育・代償教育政策』（森隆夫訳），
　ぎょうせい。

ジェルピ，エットーレ（1983）『生涯教育──抑圧と解放の弁証法』（前平泰志訳），
　東京創元社。

社会教育推進全国協議会編（2017）『社会教育・生涯学習ハンドブック　第9版』エイ
　デル研究所。

第4回ユネスコ国際成人教育会議（2005[1985]）「学習権宣言」（国民教育研究所訳）
　社会教育推進全国協議会編『社会教育・生涯学習ハンドブック』第7版，エイデル
　研究所，118-119頁。

前平泰志（1989）「学校の時間・生涯学習の時間」『教育学研究』56（3），231-240頁。

────（2008）「序〈ローカルな知〉の可能性」『日本の社会教育』52，9-23頁。

ユネスコ教育開発国際委員会編著（1976）『未来の学習』（国立教育研究所内フォール
　報告書検討委員会訳），第一法規。

ライチェン，ドミニク・Sほか編著（2006）『キー・コンピテンシー──国際標準の
　学力をめざして〈OECD DeSeCo（コンピテンシーの定義と選択）〉』（立田慶裕監
　訳），明石書店。

ラングラン，ポール（1971）『生涯教育入門』（波多野完治訳），全日本社会教育連合
　会。

（奥村旅人）

コラム　イヴァン・イリイチ

　このコラムでは，イヴァン・イリイチ（Ivan Illich 1926-2002）の研究を，な
るべく本書の内容に引きつけながら紹介する。イリイチはクロアチア人の父と
ユダヤ人の母の間にウィーンで生まれ，イタリア，アメリカ，プエルトリコ，
メキシコを移動しながら多くの著作を残した人物である。

　本書を手に取られた方々の中には，イリイチの名を『脱学校の社会』を書い
た「脱学校論」者として耳にしたことがある人も多いだろう。だが実は，彼の
研究は狭い意味での学校批判に収まるものではなく，近代社会あるいは産業社
会総体を批判的に考察するものである。実際のところ，イリイチの著作は教育
に関心がある人のみならず，医療や労働，ジェンダー研究など，多様な研究分
野に影響を及ぼしている。他の著作も，「シャドウ・ワーク」など多くの重要
な論点を含んでいるので，是非手に取っていただきたい。

　さて，上でも述べたが，イリイチの思想は「学校」批判の域にはとどまらな
い。イリイチの学校に関する言説は，「学校化」批判と言う方が正確であると
思われる。まず，彼の「学習（学ぶこと）」に関する考えがよく表れている一節
を『脱学校の社会』から引用しよう。

　　　実際には学習は他人による操作が最も必要でない活動である。学習のほ
　　とんどは必ずしも教授された結果として生じるものではない。それはむし
　　ろ他人から妨げられずに多くの意味を持った状況に参加した結果得られる
　　ものである。たいていの人は「参加すること」によってもっともよく学習
　　する。（イリッチ 1977：80）

　イリイチは，学習（学ぶこと）という営みは本来，人間の活動の中でも「操
作が最も必要でない活動」だとしている。しかし学校という制度に慣れた我々
は，「専門家」によって保障された学習，つまり先生から教授され，「成績や証
明書」によって測定され，卒業証書や入学許可書と交換できる学習にのみ価値
を見いだすようになる。上の記述は，次のように続く。

　　　しかし彼らは，自分たちの人格や認識能力は学校で念入りな計画や操作を

受けた結果向上すると思い込まされるのである。

　一度学校の必要性を受け入れてしまうと，人々は学校以外の制度の必要性をも容易に受け入れるようになる。（イリッチ 1977：80-81）

　本来「学習（学ぶこと）」という営みは，人が生活するうえで必要な知識を，「状況への参加」等を通して獲得するような自然で自律的な営みであり，そこで得られた知識は使用するための具体的な価値をもっていたはずだ。だが学校への慣れを通して，専門家が保障する制度に則った「学習（学ぶこと）」によって得られた知識にのみ価値——多くの場合具体的に使うことはできず，学歴などと交換するための価値——を見いだすようになる。このような構えを一度獲得してしまうと，人々は"学校—知識"以外の場面でも，専門家的な制度にのみ価値を見いだすようになってしまう。イリイチが批判する社会の「学校化」はこのようなものだ。

　イリイチの「学校化」批判は，単に学校制度を批判しているだけではなく，産業的生産性を最重視する近代社会に対する批判の重要な一部分をなしている。あらゆるものが商品化し，かつその商品への需要をも生産する近代社会では，「知識」や「学習」も何か（学歴など）と交換するための——あたかも貨幣のような——価値を帯び，「商品」であるかのように扱われる。そのような「知識」「学習」が，本来自律的に行われ，生活の中で具体的な意味や価値をもっていたはずのそれらを駆逐していく。この作用は教育にとどまらず，すべての活動が他律的に与えられる「商品」と化していく。こうしたメカニズムを人々に植えつけ，慣れさせる根本的な要因が学校にほかならない。イリイチの「脱学校論」は，このような近代社会のメカニズムを批判するものなのである。

　他律的な，「商品」としての教育やそれによって引き起こされる「学習（学ぶこと）」の全面的な拡充という趨勢に対して，本来の自律的な「学習（学ぶこと）」の存在を思い出し，生活の中に取り戻すこと——これが，イリイチが「脱学校論」「学校化」批判論に込めた願いではないだろうか。　　　　　　（奥村旅人）

文献
イリッチ，イヴァン（1977）『脱学校の社会』（東洋・小澤周三訳），東京創元社。

第**3**章

社会教育政策の歴史
──社会教育は何を目指してきたのか──

　本章では，社会教育の歴史を政策に注目して検討していく。その過程で社会教育政策は当初，社会統制の役割を期待されてきたことがわかるであろう。終戦直後には社会教育のあり方も転換した。そして1980年代から生涯学習という言葉が導入されると社会教育の位置づけも変化してきており，特に90年代からの行財政改革は社会教育のあり方を大きく変容させたといえる。また，改正された教育基本法のもと社会教育は新たな展開をみせている。学校教育とのかかわりに注目すれば，社会教育法に地域学校協働活動が位置づけられるなど学校教育を支援する社会教育が着目されている。そのような状況のなか，改めて社会教育のあり方を考えてみてほしい。

1　戦前の社会教育政策

（1）明治期の社会教育政策
「社会教育」及び「通俗教育」の誕生
　社会教育という言葉は，society と education の 2 つの訳語の組み合わせで成立した。この社会教育の初出としては福澤諭吉（[1879] 1970）の「人間社会教育（学校の教育のみを云ふに非ず）の要は，一事にても人をして早く実事に当たらしむるに在り」が紹介されることが多いが，久木幸男は「社会教育」を構成する「社会」「教育」の二つの翻訳語の定着過程を分析し，社会教育という語の成立を1875年以降であろうと推測している（久木 1991：7）。このような形で成立したと思われる初期の社会教育という言葉は学校教育・家庭教育・社会教育という 3 分法で広く用いられており，山名次郎の『社会教育論』において一定の理論化が図られた。その山名は国家教育を「補翼」するものとして社

会教育を捉え，学校教育との関連で社会教育を論じている（山名 1982）。

また，当時の学校以外の教育を意味する言葉として広く知られたものとして「通俗教育」という言葉がある。

それ以外にも『教育報知』などの雑誌においては「一般ノ教育」という言葉が用いられて，現在の社会教育に該当する様々な実践が紹介されている（佐藤2015）。

いずれにせよ，学校教育制度の創設及び展開の過程で社会教育や通俗教育という言葉が用いられたことは間違いがない。とするならば，おおよそ近代学校教育制度が形成されるころから検討を始めるのが適切であろう。

社会教育政策の開始

明治維新政府が成立すると維新政府は新しい国家の方針を定め，それを伝達する必要が生まれた。維新政府の方針は「天皇親政」に端的にあらわされる「復古」という側面と新しい国民国家というアイデアや殖産興業に結び付く西洋の知識などの「啓蒙」という2つの要素を接合したものであった。

維新政府は1868年に「五箇条ノ御誓文」，「億兆安撫国威宣揚ノ御宸翰」，「五榜ノ掲示」等を出し，新しい国家の方針などを示したが，それ以外の方針も含めて積極的に広報し，知らしめる取り組みが必要となった。そこで開始されたのが大教宣布運動であった（倉知 2014）。大教宣布運動では神官や僧侶などを教導職という教育担当者として養成・任用し，「三条教則」という教育原則やそれに基づいた細目に該当する「十一条謙題」「十七条謙題」を定めるなど，国家的に組織化された本格的な教育政策であった。そこでは天皇親政という復古的な精神が定められるだけではなく，法令遵守等の近代国家の国民としての心構えも説かれていた。

1872年には日本最初の近代的な学校制度である「学制」が公布された。同時に出された「学事奨励ニ関スル被仰出書」や府県を中心に作成された「就学告諭」では新しい教育が宣伝されたが，その方針は能力主義・実学主義・個人主義であった。学制では「男子18歳女子15歳以上ノモノニ生業ノ間学業ヲ授ケ」（第33条）る「諸民学校」という成人を対象とするような学校も構想されていたが，社会教育に関係する条文は定められてはいなかった。学制において学校制

度が定められたがすぐに就学率が向上することもなく，就学への意識づけは成人に対する重要な教育課題でもあった。

一方で，学校外の教育施設の設置も同時期には始まった。図書館は1872年の段階で書籍館という名称で公開されて以降，制度化が進められた（詳細は第5章参照）。博物館は，関連する博覧会まで視野に入れると，殖産興業・勧業政策の観点から明治初期から多数開催され，こちらも様々な意図を含みながら展開する（詳細は第5章参照）。

1879年には学制が廃止され，教育令が公布された。教育令は翌年早くも改正された。その後，内閣制度発足に伴い1885年に森有礼が初代文部大臣に就任した。同年には文部省達「学務二局処務概則中改正」で文部省の所掌事務として初めて「通俗教育」が事務章程に記載された。学務局第三課は「師範学校小学校幼稚園及通俗教育ニ係ル事」と学校教育と並んで通俗教育を規定した。一方で第四課では「専門学校其他諸学校書籍館博物館及教育会学術会」が所掌事務として挙げており，当時の社会教育は2つに分かれて展開していたことが示される。1887年「文部省官制中改正」では「図書館博物館及教育会通俗教育等」が普通学務局の所掌事務と定められた。この規定を受け，地域では教育会などによる通俗教育の実践が行われていく。

1889年には大日本帝国憲法が公布され，日本も立憲君主制の仕組みが整えられた。しかし，教育政策については国会による立法ではなく勅令によって政策を決定，実行する勅令主義がとられることになった。そして，1890年には「教育ニ関スル勅語」（教育勅語）が渙発され，以後戦前の教育目標を規定することとなる。

1890年代には勤労青年を対象とする実業補習学校（1893年）が制度化された。実業補習学校は農工商水産商船と産業ごとに設立されたが，設立件数は農業補習教育が圧倒的に多く，農村における青年層の学習要求を満たすためのものと位置づけられていく。

1894〜1895年の日清戦争以後は様々な地域の団体が結成されるようになり，地域における社会教育実践に多様な主体が参画するようになる。それらの多くは半官半民の団体であり，この時期に徐々に全国的に組織化された。加えて，労働運動及び労働者教育も盛んとなっていく。また，日清戦争以降は各府県で

徴兵検査時に検査対象者の学力状況の調査（壮丁教育調査）を実施していた。その結果，「我が国の青年の学力が予想以上に低いことが明らかになっ」ていた。この調査の成績を高めるために学校などでの学習がすすめられたところもある（国立教育研究所　1974a：596）。

さて，1904〜1905年の日露戦争は戦前から続いていた非戦論や労働争議等の多発など「思想問題」を引き起こすとともに，戦費を賄うための増税や戦後の不況は特に農村部に大きく影を落とした。これらの状況に対応するために本格的に開始されたのが前者に対応する「通俗教育政策」であり，後者に対応する「地方改良運動」であった。

1905年には「通俗教育調査会」が設けられ，それに基づいた「青年団体の誘掖指導に関する通牒」（1905年）「通俗講談会，幻灯会等の開催奨励の通牒」（1906年）等が出された（国立教育研究所　1974a：418）。

地方改良運動は内務省が主導し，文部省や農商務省も関わった官制の運動である。この運動では産業の振興も行われたが，一方で勤労意欲や貯蓄意欲の向上などを図る教化運動でもあった。そのため，図書館の設立や巡回文庫活動，青年団の組織化，学校を中心とした自治民育活動等，社会教育的活動が積極的に行われた（国立教育研究所　1974a：462-471，53-546等）。

1910年には大逆事件が発生した。1911年には「通俗教育調査委員会官制」を制定し，「通俗教育ニ関スル事項ヲ調査研究」し，通俗教育に関する資料等を収集及び作成する通俗教育調査委員会を発足させた。同委員会では「通俗教育調査及ヒ施設ニ関スル件」を可決したが，その後府県で通俗教育を奨励するように指示する普通学務局通達が出された。その結果，各府県で通俗教育が積極的に行われるようになった（国立教育研究所　1974a：499）。また，同委員会は「通俗図書審査規程」「幻燈映画及活動写真フイルム審査規程」を定めた。これは何よりもまず社会主義思想への対応を主眼とするものであった。

青年団に対しては1915年には内務省・文部省訓令を発し，青年団に対してより積極的な方策の実施を進めた。その訓令には「本旨トスル所ハ青年ヲシテ健全ナル国民善良ナル公民タルノ素養ヲ得シムルニ在リ随テ団体員ヲシテ忠孝ノ本義ヲ体シ品性ノ向上ヲ図リ体力ヲ増進シ実際生活ニ適切ナル智能ヲ研キ剛健勤勉克ク国家ノ進運ヲ扶持スルノ精神ト素質トヲ養成セシムル」と述べられて

いる通り，国家の発展のために尽くす国民養成であった。この通牒と同時に次官通牒も発出された。この訓令及び次官通牒以降は青年団体の組織化がすすめられ，全国を統括する組織も設立された。

（2）大正期の社会教育政策

　1914～1919年の第1次世界大戦を経て産業構造が大きく変化し，民衆運動の台頭，都市文化の成立など新しい教育課題が生成したが，社会主義思想によるロシア革命が勃発し，ソビエト連邦が成立したことは日本にも多大な影響を与えた。また後の時代に大正デモクラシーと呼ばれる動きへの対応も愁眉の課題となったが，この時代において社会教育行政は本格的な確立の時期を迎える。

　その契機となったのが，それまでの教育制度のあり方全体を見直す内閣直属の臨時教育会議であった。臨時教育会議は1917～1919年にかけて9つの答申と2つの建議を作成した。臨時教育会議で出された諸答申は1919年以降の教育政策を規定するものであった。なかでも1918年には通俗教育の改善に関する答申は，①通俗教育に関する事項を審議するため文部省に調査会を設置，②通俗教育を担当する主任官を文部省に置くこと，③教育会やその他の「公益団体」の協力を促進し，なるべく地方にも通俗教育を担当する主任官を置くこと，④通俗教育の担当する者を養成する施策を設けること，⑤「善良ナル読物」の供給促進及び出版物の取り締まり，⑥通俗図書館，博物館の促進，⑦通俗講演会の奨励，⑧活動写真の取り締まり，⑨健全な音楽の奨励及び俗謡の改善，⑩劇場寄席等の改善，⑪学校の体育場の施設の改善を示した。この答申を受けて，1919年には通俗教育を担当する文部省普通学務局第四課が設置された（課長は乗杉嘉寿）。第四課の管掌事務となったのは通俗教育，図書館・博物館，盲唖教育及特殊教育，青年団体，教育会であった。また，同年には地方長官あてに社会教育の事務を担当する吏員を特設することも指示している。

　1920年には第四課内に社会教育研究会を設け，調査研究の成果を『社会と教化』で発表し，社会教育の振興の助けとした。1921年には「通俗教育」が「社会教育」へと変更され，1924年には正式に普通学務局内で，課の番号制が廃止され，第四課から社会教育課が設置された。社会教育課の所掌事務は，図書館・博物館，青少年団体・処女会，成人教育，特殊教育，民衆娯楽の改善，通

俗図書認定，その他の関係事項とされた。1925年には地方社会教育職員制が設けられ，社会教育主事，社会教育主事補が管制化された。1929年には文部官制の改正に伴い，社会教育局が誕生した。社会教育局には青年教育課，成人教育課，庶務課がおかれ，青少年団体・青年訓練所・実業補習学校・図書館・博物館その他の観覧施設・成人教育・社会教化団体・図書認定などが所掌事務に挙げられた（国立教育研究所　1974a：810）。さて，この時期の第四課及び社会教育課の所掌事務に障がい児への教育を意味した「特殊教育」が含まれていることは，社会教育という言葉が持つ意味を考えるうえで重要である。当時の社会教育には学校外教育以外にも広い意味が与えられていたことが示唆される。

（3）昭和初期の社会教育政策

　昭和時代に入る1926年以前のことであるが，1920年代に入ると第１次世界大戦後の恐慌や1923年に発生した関東大震災の影響で生活不安・社会不安から労働運動・学生運動の激化してくる。そのような事態に対処するため，1923年11月「國民精神作興ニ關スル詔書」が発された。この勅語の精神を具体化するための内閣直属の諮問機関として設置されたのが文政審議会である（1924～1935年）。文政審議会では合計で12件の答申を出したが，なかでも社会教育に大きな影響を与えたのが，青年学校の制度化である。勤労青年の教育機関としてはすでに実業補習学校が制度化されていたが，1926年に同年代を対象とした軍事教練施設である青年訓練所が設立されたため，実業補習学校との重複が問題となり，文政審議会が２つの青年教育機関を統合することを求めた。この方針は1935年の青年学校の制度化として実現された。青年学校は，後に教育審議会（1937～1942年）によって義務化が答申され，1939年に青年学校義務化が成立し，男子のみであるが勤労青年の教育が義務化された。なお，この時期には教化団体の組織化が進み，それが活用された。教化団体を組織化するために教化団体を取りまとめる教化団体連合会（1924年）及びそれを母体とした中央教化団体連合会が設立された。

　また，1929年に発生した世界恐慌に端を発する昭和恐慌などの影響で広がっていた社会不安に対応するために国体概念を明確にし，国民精神を高め，経済生活の改善を国家主導で行おうとする教化総動員運動が実施された。その実施

の際に青年団などの教化団体が積極的に用いられた。この時期教育政策は教学刷新評議会（1935〜1937年），文教審議会（1937年），教育審議会（1937〜1942年）といった審議会の議論を経て実行され，教育の戦時体制が構築されていく。社会教育は特に思想統制の面で大いに活用された。

　この時期の社会教育の特徴としてまず教化団体の組織化があげられる。内務省が進めたものだが，1932年には当時の不況で国民の自力救済を求める国民更生運動では，中央教化団体連合会などの教化団体が地域における教化活動で積極的な役割を担った。1937年には挙国一致，忠君愛国などをスローガンとする国民精神総動員運動が展開されるが，その際には青年団をはじめとした多様な団体が国民精神総動員中央連盟として組織され，教化活動を実施した。1941年には青少年団体が大日本青少年団に統合され，1945年には大日本教化報国会が組織された。

　それ以外にも，1941年には教育審議会から答申「社会教育ニ関スル件」が出された。そこでは社会教育について特に学校との連携を通じた国民文化の発展や社会教育を国民の修養体制として位置づけ，指導方法の一元化などを求めた。そして，社会教育指導者の養成や研究機関の設立などを求めた。成人教育の講座の充実や図書館の振興が主張され，さらに博物館の普及も議論された。これらは当然国民の教化のためのものではあったが，全国民を社会教育で捉える必要性から多様な教育機会の整備が主張された。しかし，社会教育局は行政簡素化の過程で1942年に廃止され，宗教局と統合した教化局が新設された。教化局はさらに1943年教学局へ統合された。

2　戦後教育改革と社会教育

（1）終戦直後の教育改革と社会教育

　1945年8月に終戦を迎えた日本は，はやくも9月の段階で文部省により「新日本建設の教育方針」が示されたが，「教育ハ益々国体ノ護持ニ努ムル」とされていた。社会教育に関連して「国民道義ノ昂揚ト国民教養ノ向上ハ新日本建設ノ根底ヲナスモノデアル」として社会教育の振興を図ること，戦前組織化された青少年団体などは「原則トシテ郷土ヲ中心トスル青少年ノ自発能動，共励

切磋ノ団体タラシムルモノ」への転換が定められた。さらに11月には学校長と地方長官それぞれに向けて「社会教育振興ニ関スル件」を発した。学校長に向けたものは学校施設・職員を社会教育に活用することを，地方長官向けのものは社会教育の専門部署を設置し，青少年団体や婦人団体の設置勧奨，学校開放，社会教育関係団体の奨励，公民教育講座の実施などを求めるものであった。同月には「一般壮年層ニ対スル社会教育実施要領」を示し，「個性の完成と国家社会への奉仕を目途として」道義の昂揚と教養の向上を図るための社会教育の在り方を示した。「婦人教養施設ノ育成強化ニ関スル件」では「我が国伝統の婦徳を涵養」するために「母婦会」「母ノ会」「婦人文化会等」の育成強化などを求めた。占領政策を実行するために連合国軍総司令部（GHQ）が置かれると，その中に民間情報教育局（CIE）が置かれ，占領下の教育政策をリードするようになる。

　1946年には米国教育使節団が日本の教育の現状を調査し，新しい方針を示した第1次『米国教育使節団報告書』を提出した。その内容は多岐にわたるが，社会教育に関しても民主主義国家における成人教育の重要性を強調し，学習の場所として図書館の有用性を主張している。また，CIE は後述の様々な教育制度の成立に関わるのみならず，ナトコ映写機のような教育方法の導入も進めた。

　それに対して日本は「公民館」の設置を進める方針を示した。公民館に関する「寺中構想」で知られる寺中作雄が，文部省社会教育局社会教育課長在任中の1946年には文部次官通牒「公民館の設置運営について」及び「公民館設置要綱」が出された。この通牒により公民館の設置が奨励され，戦後の混乱などもあり「青空公民館」等施設の条件は必ずしも良かったわけではないが，急速に設置が進められていった。1946年には日本国憲法が公布されたが，この憲法の公布施行を受けて1947年に社会教育庁通知「新憲法公布記念公民館設置奨励について」が示され，公民館の設置がより積極的に進められることとなった。

（2）社会教育法制の整備

　米国教育使節団を迎えるために組織された委員会をベースとして教育刷新委員会が設置され，日本の新しい教育政策について積極的な議論を展開した。教育刷新委員会では様々な分科会が設けられたが，社会教育に関する議論は第七

特別委員会で実施された。

　教育刷新委員会ではまず，新しい教育の方向性を議論して，第1回建議事項（1946年12月27日建議）として教育基本法を策定すること，同法に取り入れる教育理念等を建議した。その建議を一つのきっかけとして，制定されたのが旧教育基本法である。

　旧教育基本法では「個人の尊厳を重んじ，真理と平和を希求する人間の育成を期するとともに，普遍的にしてしかも個性ゆたかな文化の創造をめざす教育を普及徹底しなければならない」（前文），「教育は，人格の完成をめざし，平和的な国家及び社会の形成者として，真理と正義を愛し，個人の価値をたつとび，勤労と責任を重んじ，自主的精神に充ちた心身ともに健康な国民の育成を期して行われなければならない」（第1条）と教育の目的を定めた。そのうえで，「教育の目的は，あらゆる機会に，あらゆる場所において実現されなければならない。この目的を達成するためには，学問の自由を尊重し，実際生活に即し，自発的精神を養い，自他の敬愛と協力によつて，文化の創造と発展に貢献するように努めなければならない」（第2条）としたが，ここの「あらゆる機会」「あらゆる場所」は学校以外の場所の教育機会の方針を示したものと解することができる。社会教育に関しては「家庭教育及び勤労の場所その他社会において行われる教育は，国及び地方公共団体によつて奨励されなければならない」「国及び地方公共団体は，図書館，博物館，公民館等の施設の設置，学校の施設の利用その他適当な方法によつて教育の目的の実現に努めなければならない」（第7条）と規定された。

　1948年には「教育委員会法」において教育委員会の事務の一つとして「社会教育」があげられ，同法施行令には「社会教育主事」の規定も存在していたが，社会教育法の制定は1949年のことであった。同法において社会教育を「学校の教育課程として行われる教育活動を除き，主として青少年及び成人に対して行われる組織的な教育活動（体育及びレクリエーションの活動を含む。）」（第2条）と定義し，施設の運営などにより「すべての国民があらゆる機会，あらゆる場所を利用して，自ら実際生活に即する文化的教養を高め得るような環境を醸成する」ことが国及び地方公共団体の努力義務であるとし（第3条），具体的な事務事項を定めた（第4条・第5条）。特に具体的な事業実施は市町村の教育委員会

によるものとした点は注目される（社会教育の市町村主義）。また，社会教育関係団体を「法人であると否とを問わず，公の支配に属しない団体で社会教育に関する事業を行うことを主たる目的とするもの」（第10条）と定義し，文部大臣や教育委員会は求めに応じて「専門的技術的指導又は助言を与えることができる」（第11条）とした。ただし，物質の確保に対して援助はすることができるとしたものの，「国及び地方公共団体は，社会教育関係団体に対し，いかなる方法によつても，不当に統制的支配を及ぼし，又はその事業に干渉を加えてはならない」（第12条），「国及び地方公共団体は，社会教育関係団体に対し，補助金を与えてはならない」（第13条）と社会教育関係団体への干渉の禁止・金銭的な支援の禁止を定めた。戦前の社会教育関係の団体が全国的な統制のための手段に用いられたことから考えれば大きな方向転換であり，学習の自由を尊重する方針を定めたものでもあった。また，住民が参与できる社会教育委員や公民館運営審議会を定めるなど住民参加の原則も定めている（社会教育の住民参加の原則）。ただし，同法においては社会教育の重要な施設である図書館や博物館については社会教育施設であることを規定するのみであり，大半の条文は公民館に関する規程であった。とはいえ，ここに社会教育に関する基礎的な法令や支援の方法が定められたことで本格的な社会教育行政の基本的な仕組みが構築された。

（3）日本の主権回復と政治体制・社会情勢の変化

　しかし，戦後まもなく東西冷戦構造が成立すると，アメリカから西側諸国に入った日本は反共産主義の砦とみなされ，占領政策も反共産主義の性質を露にする（いわゆる逆コース）。例えば，1950年に出された『第2次米国教育使節団報告書』では「極東に於いて共産主義に対抗する最大の武器の一つは蒙を啓かれた日本選挙民である」と示していた（第二次米国教育使節団 1950：36）。1951年にサンフランシスコ講和条約及び日米安全保障条約（1952年発効）が締結され，日本の主権回復がなされるとGHQのもとで行われた改革の見直しの機運が高まった。1955年に自由民主党が誕生し長期政権が成立する（いわゆる「55年体制」）と自由民主党対日本社会党のイデオロギー対立が激化する。その対立は教育現場にも表れ，いわゆる「偏向教育」が問題視され，学校に対する政治

的中立が争点となった。1956年には教育委員会について規定していた教育委員会法が廃止となり，新たに「地方教育行政の組織及び運営に関する法律」（地教行法）が制定されたが，教育委員の公選制が廃止され任命制に代わり，条例制定権や予算提案権が奪われ，教育長も上位機関からの任命承認制となるなど地方自治や教育の自治の観点が大きく失われたと批判されている。このように1950年代になると教育政策全体で統制的な側面がみられるようになってくる。

　また，1950年に始まる朝鮮戦争による特需景気から1973年頃まで続く経済成長を高度経済成長と呼ぶが，この時期において教育に対する要求も大きな変化をみせる。それはなによりも高度経済成長を支える人材養成の要求として現れた。日本経営者団体連盟（日経連）は「新教育制度再検討に関する要望書」（1952年）をはじめとして，「当面の教育制度改善に関する要望」（1954年），「新時代の要請に対応する技術教育に関する意見」（1956年），「科学技術教育振興に関する意見」（1957年）などを発表し，工業にかかわる技術者養成の充実を強く主張した（寺崎ほか 2000）。

　社会教育の重要な担い手とされた市町村自体も行政処理の効率化を図るため合併がすすめられ，その結果，1961年までには市町村は当初のほぼ3分の1まで減少した。

　このような教育政策の流れを受けて，社会教育も大きな変化をみせる。その一例としてあげられるのが青年学級振興法の成立である。戦後まもなく地方の青年たちによる自主的な学習活動が盛んとなった。教育刷新委員会の「青少年の社会教育の振興について」（1948年）でも「青少年の補完的教育機関として，定期の青年講座又は社会学級青年部等の開設」といわれるように，社会教育の事業として重要な事業の一つとして捉えられるようになっていた。1951年には文部省による予算獲得もなされ，法制化が議論されるようになった。当初は「日本青年団協議会」（日青協）も法制化を求めていたが，統制的な行政への変化のもとでの法制化は，自主性・自立性がおびやかされるとのことから，反対に転じた（国立教育研究所 1974b：805-808）。そのような経緯を経て1953年に青年学級振興法が制定されたが，「青年学級は，勤労青年の自主性を尊重し，且つ，勤労青年の生活の実態及び地方の実情に即応して，開設し，及び運営しなければならない」（第3条）と定められた方針に基づいて，青年学級主事などを

置く事業として公民館や学校で実施されるものと定められた。法制後は急速に発展をみせるが，高等学校の進学率の向上や他の教育機会の充実などを背景に徐々に数を減らした。

　また，1959年には社会教育法の大改正が行われたが，そこでは社会教育の充実に寄与すると考えられる面も見られたが，統制的な側面も見られた。市町村教育委員会に社会教育主事・主事補が必置となったのは前者の例といえるだろう。一方で，社会教育関係団体への条件付きではあるが補助金の支出が可能になったことは補助金を通じたコントロールにつながる可能性が否定できない。加えて社会教育委員は青少年教育の特定事項については社会教育関係団体に指導助言ができるとされたことも注意が必要だろう。さらに，公民館の設置運営基準が定められ，社会教育施設への国庫補助規定が定められたことは，水準の確保などが期待できる反面，統制にもつながりかねない面も持っている。

　なお，職業教育に関しては「労働者に対して，必要な技能を習得させ，及び向上させるために，職業訓練及び技能検定を行うことにより，工業その他の産業に必要な技能労働者を養成し，もつて，職業の安定と労働者の地位の向上を図るとともに，経済の発展に寄与することを目的とする」（第1条）と謳う職業訓練法（1958年）が制定された。同法においては公共職業訓練，事業内職業訓練が法制化されるとともに，職業訓練指導員という専門職制や技能検定という資格及び諮問機関である職業訓練審議会が定められた。

1960年代の社会教育

　1960年代に入ると経済成長に資する人材養成の声がよりいっそう強くなってくる。1960年に閣議決定された「国民所得倍増計画」では人的能力の向上のために「中等教育の普及，向上，科学技術教育の充実，職業訓練の拡充を図らねばならない」（経済審議会 1960：204），あるいは「産業の高度化につれて既存労働者に対する専門的な知識，技能を与えるための再訓練とともに，新規労働力に対する」養成訓練の拡充強化を図らなければならない」（同上：206）と述べられている（経済審議会 1960，国民所得倍増計画）。1962年の教育白書『日本の成長と教育——教育の展開と経済の発達』では教育投資の観点からの「長期総合教育計画」の必要性が述べられ，教育政策を経済発展のための手段として位置

づけている。

　また，1950〜60年代の高度経済成長期の中で社会教育の重要な対象であった青年の状況も変わってきた。1947〜1949年に生まれたいわゆる「団塊の世代」の青年がこの時期に高等学校進学の時期を迎えた。加えて，高等学校への進学要求も高くなった。進学率は60年には60％に届かなかったが70年には80％を越えた。このことは必然的に青年対象の社会教育のあり方を変えていくことになる。

　1960年代には都市への人口流入が激しくなり，農村は過疎に悩まされるようになる。加えて，急速な工業化の進展は日本全国に公害問題を発生させた。地域社会では公害問題に対する学習や運動が展開された。また，経済発展は確かに生活水準の向上をもたらしたものの格差の拡大も招いた。そのような中，様々な大衆運動が盛んとなり，いわゆる革新自治体と呼ばれる自治体がみられるようになってきた。また，社会教育行政の現場においても，大衆運動を積極的に社会教育として捉えようとする視点が現れた。例えば，1963年に大阪府の枚方市教育委員会が発行した冊子『枚方の社会教育』には後に「枚方テーゼ」と呼ばれる6つの指針が示されたが，そのなかに「社会教育は大衆運動の教育的側面である」と記され，京都府教育委員会が実施した「ろばた懇談会」（1967〜1978年）は，町内会にまで職員が出向き，地域の学習課題を話し合い，地域での運動に繋げようという意図を持った事業であった。また，1965年に「公民館主事の性格と役割」が長野県飯田下伊那公民館主事会によって作成されたが，公民館主事は教育の専門家と自治体労働者として「大衆の運動から学んで学習内容を編成」し，「社会教育行政の民主化を住民とともにかちとっていく」ことが仕事と主張した（飯田下伊那公民館主事会 1965）。

　一方で格差などで分断された社会を是正するための教育政策として1966年に中央教育審議会は「後期中等教育の拡充整備について」の別記として「期待される人間像」を答申した。これは当時の利己主義・享楽主義の拡大，機械化・国際化の進展，国際情勢などを「当面する日本人の課題」として掲げた上で，「日本人に特に期待されるもの」を述べたものであり，社会秩序の維持を重んじ，統合のための天皇制を擁護し，愛国心をもつように仕向けようとするものであった。

第3章　社会教育政策の歴史

　さらに都市化が進み，従来の農村社会が衰退し地域社会のあり方が変容した
ことを受け，都市化に対応する社会教育のあり方が問われるようになった。例
えば，小川利夫は都市社会教育活動のあり方を「公民館三階建論」として示し
た。それによれば，公民館の1階は「体育，レクリエーションまたは社交を主
とした活動」，2階は「グループ・サークルの集団的な学習，文化活動」，3階
は「社会科学や自然科学についての基礎講座や現代史の学習についての講座が
系統的におこなわれる」という公民館活動のイメージである（小川 1999：173）。
また東京都教育庁が研究者などに依頼して作成した「新しい公民館像をめざし
て」（1973年）は公民館の果たすべき4つの役割として「住民の自由なたまり
ば」「住民の集団活動の拠点」「住民にとっての『私の大学』」「文化創造の広
場」をあげ，7つの原則として「自由と均等」「無料」「学習機関としての独自
性」「職員必置」「地域配置」「豊かな施設設備」「住民参加」を掲げた（東京都
公民館資料作成委員会 1973）。これは三多摩テーゼと呼ばれる。

　以上のように公民館の役割を住民視点から再確認・再構築しようとする動き
がみられる一方で，従来の社会教育のあり方を転換するような考え方も政府か
ら示されるようになってきた。1969年に国民生活審議会「コミュニティ——生
活の場における人間性の回復」がだされた。この答申はコミュニティを「生活
の場において，市民としての自主性と責任を自覚した個人および家庭を構成主
体として，地域性と各種の共通目標をもった，開放的でしかも構成員相互に信
頼感のある集団」（国民生活審議会調査部会 1969：2）と定義したうえで，崩壊し
た地域共同体に代わるコミュニティ形成のための手段として社会教育等を行う
コミュニティリーダーの養成などとともに「シビルミニマムとしてのコミュニ
ティ施設」（同上：24）を提唱している。このコミュニティ施設は多目的に利用
できる小規模のものとされ（同上），住民の自主管理及び住民自体の能力形成
による施設の質の向上がうたわれた。このコミュニティセンターの構想は社会
教育施設としての公民館との間で競合関係を生み出すため，論争の的となった。

47

3　新自由主義的改革と社会教育

（1）新自由主義的改革とは

　1970年代の第1次オイルショック以後は日本はいわゆる安定成長期に入るが，その時期には赤字国債の発行が常態化していた。このような状況で1980年に首相に就任した鈴木善幸は「増税なき財政再建」を目標に掲げ，第二次臨時行政調査会（第二臨調）を設置し，行政改革に乗り出そうとした。この第二臨調の路線は，鈴木内閣に続く中曽根康弘内閣にも受け継がれ，推進された。これは当時欧米諸国で広がっていた新自由主義の考え方をもとにしたものであった。新自由主義とは，「政府による過度な市場への介入を批判し，個人の自由と責任に基づく市場原理を重視する思想」（社会教育・生涯学習辞典編集委員会 2012：320）である。また，福祉国家の拡大に伴って増大した国の借金を抑制することを目的とするものでもあった。行政が担ってきた様々な役割を「民間」に移行し，行政内部に競争原理を導入することを求めるものであった。その結果，民営化や市場原理による企業活動の活性化及びそれを可能とする規制緩和が進められることとなった。

　この流れは1990年代のいわゆるバブル経済崩壊後の「失われた30年」といわれる長期にわたる不況のもと現在も継続しており，社会教育行政にも大きな影響を与えている。

（2）生涯学習政策の誕生

生涯教育思想の受容

　1965年ラングランが国際成人教育会議において『生涯教育について』と題されたワーキングペーパーを発表すると，波多野完治が『社会教育の新しい方向──ユネスコの国際会議を中心として』（1967年）でラングランの生涯教育論を紹介した。タイトルからもわかる通り，社会教育変革の方向性の示唆として紹介されたものであった。生涯教育の受容に対する対応は様々であったが，経済界は「新しい産業社会に発展しつつあるわが国の人間形成のあり方」（日本経済調査協議会 1972：14）と肯定的に捉えたのに対して，社会教育の研究者などか

らは生涯教育の政策化が生涯にわたる管理と繋がることに対する批判がよせられることとなった。

　しかし，教育政策においては積極的に受容されることとなる。1971年の社会教育審議会「急激な社会構造の変化に対処する社会教育のあり方について」においては生涯教育を社会教育の問題として把握したうえで，ライフサイクル論に基づいた生涯教育論を提起するとともに，生涯教育の個人主義的な解釈を広めることとなった。また同年の中央教育審議会答申「今後における学校教育の総合的な拡充整備のための基本的施策について」では，生涯教育論を学校教育改革の総合的な施策の視点として取り入れていくスタンスを示している。

教育改革のアイデアとしての生涯学習政策

　以上のように生涯教育の発想は新自由主義的改革を背景としながら，教育政策として取り入れられるようになり，以後日本においても生涯学習が教育政策の基軸となっていく。1981年中央教育審議会答申「生涯教育について」では国際化，高齢化を視野に文教政策の中心に生涯教育が位置づけられることとなった。ここで，本格的な政策理念として「生涯学習」が取り扱われることとなる。すでに，第1章でもみたが，そこでは生涯学習を個人が自己の選択において実施する学習活動であり，それを支援するのが生涯教育であると区別した。同答申は年齢段階で区切られた学習課題を提起するなどライフサイクル論を基盤としており，適応主義的，個人主義的教育観をもつものであった。また，盛んになりつつあった民間教育産業を生涯教育の担い手として位置づけた。学校を成人教育の場として活用することや家庭教育を重要視する視点を示したが，職業能力の向上などを図るためのリカレント教育やそのための有給教育休暇制度の取り入れを提言し，高齢者に対する生涯教育として生きがいや社会参加を示した。

　より生涯学習が教育政策の中心であることを主張したのが，臨時教育審議会（臨教審，1984〜1987年）であった。臨教審は4次にわたる答申を作成したが，当時の教育を画一的，硬直的，集権的と批判し，今後の教育改革の基本的な考え方として，①個性重視の原則，②生涯学習体系への移行，③変化への対応をあげた。③は特に，国際化と情報化が重視されていた。臨時教育審議会答申の

内容は教育制度全般に及ぶ広範なものであった。生涯学習という理念を導入することで学歴社会の是正を図ろうとする方針のもと，「評価の多元化」を唱え，公的職業資格などについて提言を行っている。臨時教育審議会は経済界の人材が多く含まれていたこともあり，転職などにおける採用の際の成果の活用にまで踏み込んだ提言を行っている。また，教育の機会提供については多様なニーズに効率的に対応するために「民間活力」（民間教育産業等）の活用が提言されている。そのうえで第三セクターの活用，民間委託などの民営化手法についても触れている。この臨時教育審議会の答申はその後の教育行政の方向性に大きな影響を与えることになる。特に学習機会の提供主体としての教育産業（カルチャーセンター等）を重視したことはこの審議会が産業振興（経済政策）としての側面をもつことを明確にあらわすものであった。

　上記の臨時教育審議会の答申を受け，文部省は1987年10月に「教育改革に関する当面の具体化方策について――教育改革推進大綱」を閣議決定し，その冒頭に「生涯学習体制の整備」をあげ国民の生涯にわたる学習を支援するための体制整備や社会教育関係法令の改正，スポーツの振興などを掲げた。その閣議決定を受けて1988年には社会教育局を改組する形で生涯学習局が設置された。生涯学習局は生涯学習の観点から関係政策について調整する権限を与えられていた。なお，同局は2001年に生涯学習政策局となり，2018年に総合教育政策局となっている。

「社会教育の終焉」論

　このようななか，松下圭一の『社会教育の終焉』が発表された（松下 1986）。彼は「基礎教育を終えた日本の成人市民は，生涯，日本型文脈で教育されつづけなければならないのか」（松下 1986：11）と問いかけ，都市型社会が成立した段階において，農村型社会に適応した社会教育を成立させる条件が崩壊し，市民による自由な学習活動（市民文化活動）にとって代わられるべきであると主張した。そして，三多摩テーゼにみられる都市型公民館の構想を退けて，コミュニティセンターこそが「市民文化運動」を支え，市民の学習を支えるものであるとして重要視した。公民館を廃止し，コミュニティセンターを重視すべきという議論は公民館や社会教育活動が住民の多様な学習要求をくみ取り，支

援してきたこと等が抜け落ちており，社会教育論が作り上げてきた学習権保障としての公的社会教育の意義が捉えられていないともいえる。しかし，市民参加による社会教育が前面に出てきた現在においてその意味が改めて問われるべきなのかもしれない。

　また，同じ時期に「社会教育の歴史的使命は終った」（高梨 1987：59）と述べたのが高梨昌であった。彼は，社会教育が必要であったのは進学率が低かった時代であり，進学率が高まった現在は「ますます青少年に対する社会教育需要はない」（同上：60）として成人の職業訓練ニーズにいかに答えるかが重要であると，資格制度を含めた議論を展開した。しかし，社会教育実践が"労働者"を対象として教育を行っていたという事実や，労働者の教育として保障されるべきは職業能力開発だけでよいのかという点は議論すべき点であろう。

　以上生涯学習政策の誕生までをみてきたが，80年代に主に展開される生涯学習論は，学習を個人の意思で行われる学習活動と定義し，学習者をサービスの購入者とみなし，公的な学習機会ではなく，民間の教育事業者などを巻き込んだ機会提供に委ねるべきという構想であった。その意味では新自由主義的改革ともいえるものであった。また，生涯学習は社会教育と密接にかかわりながらも何よりも学校教育の相対化を期待するものであったといえる。

（3）90年代行財政改革と社会教育
生涯学習推進体制の整備

　生涯学習推進政策という観点からみたとき，1990年は生涯学習局の新設（1988年）に伴い新たに生涯学習審議会が設置，中央教育審議会答申「生涯学習の基盤整備について」の発表，「生涯学習の振興のための施策の推進体制等の整備に関する法律」（以下，生涯学習振興法）の施行という３つの事象が重なる重要な年となった。

　「生涯学習の基盤整備について」ではまず「学習意欲の高まりに加え，科学技術の高度化や情報化・国際化の進展などの要因により」新たな学習をする必要があること，そして「学校教育への過度の依存に伴う学歴偏重の弊害」の是正が求められていること，さらに民間教育事業者による学習機会の増大等学習機会の多様化が進んでいると現状を指摘する。その現状に対処するために学習

情報提供，学習相談の充実，潜在的な学習ニーズへの対応，啓発，学習成果の評価，生涯学習施設の連携等を政策課題として挙げ，国・都道府県・市町村における連絡調整組織の制度化，地域の生涯学習の中心機関として「生涯学習センター」（仮称）及び都道府県に設置する「生涯学習推進センター」の設置，生涯学習活動重点地域の設定，民間教育事業の支援が提言された。さらに，中央教育審議会は翌1991年には「新しい時代に対応する教育の諸制度の改革について」を出し，「生涯学習社会への対応」としての学校の役割と課題を示すとともに学校を生涯学習施設として用いること（社会人に対する教育機会の提供などを視野に入れる）や生涯学習の成果を社会での活用へと繋げることなどを提言した。

　生涯学習の名を関した初めての法律である生涯学習振興法（1990年公布・施行）では，今までの生涯学習の考え方を踏まえて，都道府県に生涯学習振興事業実施の努力義務を定め（第3条），そのための審議会として「都道府県生涯学習審議会」の設置を可能とし，「地域生涯学習振興基本構想」（第5条）が策定できることを定めた。基本構想は「社会教育に係る学習（体育に係るものを含む。）及び文化活動その他の生涯学習に資する諸活動の多様な機会の総合的な提供を民間事業者の能力を活用しつつ行うことに関する基本的な構想」と，民間事業者の活性化を図る産業振興策としての側面を持つものであった。

　生涯学習審議会の最初の答申「今後の社会の動向に対応した生涯学習の振興方策について」（1992年）は生涯学習振興法の成立を受けて，その具体的内容を提示していこうとするものであった。そこでは生涯学習社会が「人々が，生涯のいつでも自由に学習機会を選択して学ぶことができ，その成果が適切に評価されるような社会」と定義された。また，取り組むべき施策として，①リカレント教育（大学開放に向けた教職員の意識改革，公開講座等の充実，大学開放のための専門機関として「生涯学習教育研究センター等」の設置等），②ボランティア活動の支援・推進，③青少年の学校外活動の充実（体験活動の充実），④現代的課題に関する学習機会の充実があげられた。ボランティア活動については「自己開発・自己実現」「ボランティアのための学習と学習成果の活用・深化」「生涯学習を支援するボランティアによる生涯学習の振興」という3つの視点が示された。また，「現代的課題」を「社会の急激な変化に対応し，人間性豊かな生活

を営むために，人々が学習する必要のある課題」とし，具体例として「地球環境の保全，国際理解等の世界的な課題をはじめ，高齢化社会への対応，男女共同参画型社会の形成」を掲げた（生涯学習審議会 1992）。

90年代以降の行財政改革の進展と社会教育

　90年代はバブル経済の崩壊がもたらした不況が継続し，その対応のため80年代から継続していた行財政改革が大きく進展するようになった時期でもある。1998年に定められた中央省庁等改革基本法では行政改革の基本的な理念は国の行政組織や事務，事業運営を簡素化・効率化し，総合性・機動性・透明性の向上を図る（第2条）ため内閣の機能強化，首相の指導力強化や省庁再編，国と地方自治体の役割分担の見直し，企画立案部門と実施部門を切り離すこと，政策機能の評価，説明責任の全うなどを行うことを定めた。その方針に基づいて地方分権改革，実施事業の独立行政法人化，民間への委託，市場への委譲を行う民営化が推し進められ，様々な規制緩和が唱えられた。行政機関としては2001年に文部省と科学技術庁が統合されて文部科学省となり，様々な文部科学省に設置されていた審議会を統合し，中央教育審議会とした。さらに内閣総理大臣主導の政策実施を行うために内閣府が設立された。

　民営化及び民間への委託の手法としては「民間資金等の活用による公共施設等の整備等の促進に関する法律」（1999年）で実現したPFIや2003年の地方自治法の改正で成立した「指定管理者制度」などがあげられる。これらの制度により公的組織が担ってきた様々な事業・役割がマーケットの対象となり，経済の活性化に繋がると期待された。この制度を活用したものとしては図書館の民間委託がある（参入企業としてはカルチュア・コンビニエンス・クラブ（CCC）が著名である）。また，民間の委託としては職員のアウトソーシングなども例として挙げられる。

　地方分権化ついてみると，まず1999年から進められた「平成の大合併」により1999年には3,232あった市町村が2010年には1,730まで減少した。また，自治体が決定し自治体が責任をもつ体制を作るという方針のもと実施された三位一体の改革といわれる国から地方への税源移譲，地方交付税交付金の見直し，国庫補助金の減額・廃止は地方自治体の財政状況を悪化させ，市町村の競争をあ

おるものとなっていると批判された。財政の悪化は，公的事業の縮小や社会教育の条件悪化に直結するものだからである。

1998年にはこの行政改革下での社会教育のあり方を問い直すものとして中央教育審議会より「社会の変化に対応した今後の社会教育行政の在り方について」が出された。学習ニーズの多様化や高度化，行政改革，地域の変容，民間教育産業の活性化等を理由として学校や首長部局，民間の活動との連携をしたほか，社会教育施設の運営等を弾力化するために様々な規制を廃止・緩和することで地域や地方公共団体の自主性を生かした生涯学習支援活動を行うことを目指して，社会教育主事の必置規定や図書館長の司書資格の必要性などを廃止することを提言した。その後，1999年の地方分権一括法などにより青年学級振興法の廃止，公民館運営審議会の必置規定の削除，公民館長選任時の公民館運営審議会への意見聴取義務の廃止，図書館長の司書資格所持規定の削除など社会教育の専門性や地域住民の意思反映機会の削減などがなされた。これに対しては社会教育施設における学びの水準を下げるものであるという批判もある。

生涯学習審議会答申にみる生涯学習推進政策の動向

生涯学習審議会は1996年には「地域における生涯学習機会の充実方策について」を出し，特に地域レベルでの生涯学習推進に対する提言を行った。同答申では多様な教育機関の充実策を示したが，特に社会人入学や地域との連携といった大学の開放，施設の開放と地域の人材の学校教育への活用の両側面をもった小中高の地域への開放，他省庁や企業などの多様な研究施設の開放，社会教育関係施設の住民のニーズへの対応のための多様化，高度化，ボランティアの受け入れ，有料化等が示された。

1995年には阪神淡路大震災が発生したが，その際に集まった多くのボランティアが震災からの復興に大きな役割を果たした。このこともあり，ボランティアに対する支援のあり方が問われ，その過程で成立したのが特定非営利活動促進法（1998年）であった。この法律は市民活動に対して比較的簡単な方法で法人格を与えるものであったが，その活動領域の一つとして「社会教育の推進を図る活動」（別表第2条関係）が掲げられていた。

世紀変わりが近くなると新しい世紀にふさわしい教育のあり方を志向する答

申もみられる。「21世紀を展望した我が国の教育の在り方について（第一次答申）」（中央教育審議会，1996年）は学校教育にかかわる答申であったが「いかに社会が変化しようと，自分で課題を見つけ，自ら学び，自ら考え，主体的に判断し，行動し，よりよく問題を解決する資質や能力であり，また，自らを律しつつ，他人とともに協調し，他人を思いやる心や感動する心など，豊かな人間性」と「生きる力」を提起しており，ここにも生涯学習社会を想定した学力観を見ることができる。

1999年には生涯学習審議会から「学習の成果を幅広く生かす——生涯学習の成果を生かすための方策について」と題された答申が示された。生涯学習の成果の活用側面として個人のキャリア開発，ボランティア活動，地域社会の３つをあげてそれぞれについて論じたものであった。個人のキャリア開発として，定年退職後の雇用などの少子高齢化社会における雇用問題を取り上げ，大学の開放や社会人の学習に対する補助金の給付，インターンシップなど個人のキャリア開発を支援するためのシステムの構築を提言した。また，様々な社会教育施設へのボランティアの導入事例を紹介し，生涯学習を支える一機関としての社会教育施設の役割を改めて指摘し，ボランティアの人間相互の関係性がまちづくりに大きな影響を与えることを論じた。そして，生涯学習に基づく地域社会の創造・再生への視点を改めて評価したうえでボランティアグループとの連携促進を提言している。

4　社会教育政策の現在

（1）教育基本法の改正と社会教育・生涯学習

教育基本法改正までの過程

2000年には当時の小渕恵三首相のもと教育改革国民会議が設置され，教育改革に関する議論が行われた。その結果は，「教育改革国民会議報告——教育を変える17の提案」としてまとめられた。その内容は，主に学校教育改革にかかわるものであったが，教育行政の基本理念を定めた教育基本法の改正及び国主導による教育振興を推し進めるための「教育振興基本計画」策定を打ち出した。この提言をもとに2001年に中央教育審議会に新しい教育基本法についての諮問

が行われ，中央教育審議会答申「新しい時代にふさわしい教育基本法と教育振興基本計画の在り方について」が2003年に提出された。答申は，旧教育基本法に定められた「個人の尊厳」「人格の完成」の理念を残しつつ変化の激しい社会にふさわしい，「新しい時代を切り開く日本人の育成」のために教育基本法の改正を求めた。「公共の精神」「道徳心」「郷土や国を愛する心」「伝統・文化の尊重」などを教育の目標として定め，旧教育基本法制定時からの教育にかかわる変化を踏まえた生涯学習の理念などを取り入れることなどが述べられた。その後，自民党内での議論の報告などに基づいて教育基本法の議論が国会において行われ2006年に成立，公布・施行された。

教育基本法における社会教育関係条文

新しい教育基本法では「教育は，人格の完成を目指し，平和で民主的な国家及び社会の形成者として必要な資質を備えた心身ともに健康な国民の育成」（第1条）を目的とし，その目的達成のため5つの目標を達成すべきものとした（第2条）。そのうえで，「国民一人一人が，自己の人格を磨き，豊かな人生を送ることができるよう，その生涯にわたって，あらゆる機会に，あらゆる場所において学習することができ，その成果を適切に生かすことのできる社会の実現が図られなければならない」（第3条）と「生涯学習の理念」を定めた。社会教育は「個人の要望や社会の要請にこたえ，社会において行われる教育」（第12条第1項）とされ，国や地方公共団体が奨励しなければならないものとされた。また，「図書館，博物館，公民館その他の社会教育施設の設置，学校の施設の利用，学習の機会及び情報の提供その他の適当な方法によって社会教育の振興に努めなければならない」（第12条第2項）とした。直接的に生涯学習・社会教育について述べたもの以外でも家庭教育支援（第10条第2項），学校と地域社会との連携（第13条）を定めたが，第10章でみるように学校と地域社会との連携において社会教育の果たす役割が大きい。

教育基本法の改正を受けて社会教育法も改正された。2008年の社会教育法改正では国及び地方公共団体の任務として「生涯学習の振興に寄与すること」，「学校，家庭及び地域住民その他の関係者相互間の連携及び協力の促進に資することとなるよう努めるものとする」（第3条）と任務に規定され，教育委員会

の役割として「社会教育における学習の機会を利用して行つた学習の成果を活用して学校，社会教育施設その他地域において行う教育活動その他の活動の機会を提供する事業の実施及びその奨励に関すること」「社会教育に関する情報の収集，整理及び提供に関すること」等が加えられた。

（2）行財政改革のさらなる進展と生涯学習・社会教育

　長期にわたる不況や増え続ける政府の赤字は行財政改革をさらに進展させる要因ともなっている。2014年には社会教育施設を含む「公共施設等総合管理計画の策定等に関する指針」が作成され，自治体に公共施設等総合管理計画の作成が要請された。これは「どのように公共施設等を管理していくか」の「基本的な考え方」を記載し，「将来的なまちづくりの視点から検討する」とともに，PPP/PFI の活用などの民間企業の活用を視野に入れて公共施設活用を求めるものである。加えて，公共施設の削減を求めている。この結果，老朽化が進んだ社会教育施設の廃止や複合化などが進められる可能性も高い。なお，同指針は2018年，2022年，2023年に改訂されているが，基本的な方針に変わりはない。

　さらに2019年の第9次地方分権一括法（地域の自主性及び自立性を高めるための改革の推進を図るための関係法律の整備に関する法律）では，それまで教育委員会が所管することとされていた公立公民館・図書館・博物館のような社会教育機関を首長部局に移管できるとされた。移管した際には，教育委員会の関与の余地をもたせたものの，首長部局に配置されることにより社会教育施設が他の行政に埋もれてしまったり，自治体の政治に社会教育施設がより巻き込まれやすくなったりする可能性がある。これは2018年の中央教育審議会答申「人口減少時代の新しい地域づくりに向けた社会教育の振興方策について」において，社会教育に関する事務は原則教育委員会の所管を基本としながらも，「社会教育の適切な実施の確保に関する制度的担保が行われることを条件に」特例として認められるとしたものを受けたものといわれる。しかし，答申が社会教育は教育委員会所管を原則であるように述べたのとは異なり，法制では教育委員会の関与を述べたのみにとどまっており，社会教育行政の後退を招きかねないものという批判もある。

（3）学校中心の生涯学習・社会教育

　近年の社会教育行政を特徴づけるものとして学校教育支援のための社会教育の重視があげられる（詳細は第10章）。その傾向は教育再生会議などでも示されていたが，近年はその傾向がより強くなっている。

　2015年に出された中央教育審議会答申①「チームとしての学校の在り方と今後の改善方策について」，②「新しい時代の教育や地方創生の実現に向けた学校と地域の連携・協働の在り方と今後の推進方策について」，③「これからの学校教育を担う教員の資質能力の向上について」はすべて地域社会との連携も含んだ「チームとしての学校」というアイデアを共有したものであり，特に②では「これからの学校と地域の目指すべき連携・協働の姿」として「地域とともにある学校への転換」「子供も大人も学び合い育ち合う教育体制の構築」「学校を核とした地域づくりの推進」を掲げている。学校を協働のための結節点としておき，学校を中心とした地域創生をめざそうという構想を示した。2016年には，「次世代の学校・地域」創生プラン（馳プラン）が示され社会教育法の改正という形で地域学校協働活動の制度化が行われた。

　しかし，本章でもみてきたように社会教育は必ずしも学校教育に準じて発展してきたわけではない。その意味では，学校教育にとらわれない「社会教育」独自の領域をいかに定義できるのかが改めて問われている。

（4）市民参加の促進

　2010年には鳩山由起夫首相が第174回国会の施政方針演説で「新しい公共」という理念を示し，ボランティア活動をはじめとする市民らによる「共助」を活用した「公共」の実現を政策方針として打ち出した。この発想は，市民の力を活用した行財政改革の促進を図るものであった。このような発想は「共助」による公共の運営を志向するものであるといえる。「生涯学習審議会答申に見る生涯学習政策の動向」のところからもわかるように，ボランティア活動に代表される地域人材の育成や活動場所の保証は生涯学習政策の主目標でもあった。ただし，ここで改めて注目しなければならないのは，これらの提言が財政の圧縮を前提としたものであるという点である。本来ならば，政府や自治体の責任において正規の雇用で賄うべきとされる行為までボランティア活動で担うよう

な運営体制が当たり前に作られていくとしたらどうであろうか。それは望ましい社会なのであろうか。改めて考えてほしい点である。

　以上，社会教育政策の歴史を概観してきた。社会教育は学校以外の教育活動として確かに捉えられてきた。しかし，生涯学習という言葉の誕生及び浸透や行財政改革の流れの中でその位置づけはより周縁的なものになってきているように思われる。また，学校教育に改革の主眼が置かれる中で，社会教育はその補助役であるかのように扱われることも多くなってきている。しかし，本来，戦後の社会教育は学校以外での自由な学習を保障するための枠組みでもあった。政策化すると教育内容の力点などを置かざるを得ないのも事実であるが，本当に現在の力点でよいのか改めて考えていただきたい。

課　題

1．「社会教育」という言葉が存在する前（例えば，日本の江戸時代）には，社会教育は存在したでしょうか。
2．図書館に所蔵されている市史や都道府県教育史を探して，地域の教育の歴史を調べてみよう。どのような地域に学校や社会教育施設が建てられたのか，どのような実践が行われたのかをみてみることで地域の教育力が作られてきた過程が明らかになるだろう。その際，気になる施設や実践がみつかるとより学習が進むだろう。

文献

飯田下伊那公民館主事会（1965）「公民館主事の性格と役割」小川利夫編『現代公民館論』日本社会教育学会年報第9集，東洋館，176-187頁（本論では横山宏・小林文人編著（1986）『公民館史資料集成』エイデル研究書，571-582頁を用いている）。

碓井正久編（1971）『戦後日本の教育改革10　社会教育』東京大学出版会。

小川利夫（1965）「都市社会教育論の構想」東京都三多摩社会教育懇談会『三多摩の社会教育』三多摩社懇研究集録第1集，19-26頁（横山宏・小林文人編著（1986）『公民館史資料集成』エイデル研究書，582-586頁に抄録が掲載されている）。

――――（1999）「都市公民館（社会教育）論の構想――三多摩に学び期待するもの（公民館三階建論）」小川利夫『小川利夫社会教育論集第6巻　公民館と社会教育実践――地域社会教育論』亜紀書房，164-174頁。

教育改革国民会議（2001）「教育改革国民会議報告――教育を変える17の提案」日本学生支援機構編『大学と学生』434号。

倉知典弘（2014）「初期社会教育における『職業観・勤労観』——大教宣布運動を中心に」『吉備国際大学研究紀要（人文・社会科学系）』第24号，107-123頁。

経済審議会（1960）『国民所得倍増計画』大蔵省印刷局。

国民生活審議会調査部会編（1969）『コミュニティ——生活の場における人間性の回復』大蔵省印刷局。

国立教育研究所編（1974a）『日本近代教育100年史』第7巻。

————（1974b）『日本近代教育100年史』第8巻。

佐藤三三（2015）「社会教育の誕生——時期・意味・歴史的事情の検討を中心に」『社会教育学研究』第51巻第2号，35-43頁。

社会教育・生涯学習辞典編集委員会編（2012）『社会教育・生涯学習辞典』朝倉書店。

生涯学習審議会（1992）「今後の社会の動向に対応した生涯学習の振興方策について」。

第二次米国教育使節団編（1950）『第二次米国教育使節団報告書』誠文堂新光社。

髙梨昌（1987）「臨教審と生涯学習——職業能力開発をどうすすめるか」エイデル研究所。

寺崎昌男・小川利夫・平原春好編（2000）『日本現代教育基本文献叢書　戦後教育改革構想　Ⅰ期7　新教育制度再検討に関する要望書　当面の教育制度改善に関する要望　他』日本図書センター。

東京都公民館資料作成委員会編（1973）『新しい公民館像をめざして』東京都教育庁社会教育部振興課（本論では小川利夫・寺崎昌男・平原春好編（2001）『日本現代教育基本文献叢書　社会・生涯教育文献集Ⅴ　50　新しい公民館像をめざして　公民館入門』日本図書センターを用いている）。

日本経済調査協議会（1972）『新しい産業社会における人間形成』東洋経済新報社。

久木幸男（1991）「『社会教育』遡源」『教育学部論集』第3号，佛教大学学会。

福澤諭吉（[1879] 1970）「空論止む可らず」『福澤全集』第四巻，岩波書店。

松下圭一（1986）『社会教育の終焉』筑摩書房。

山名次郎（1892）『社会教育論』金港堂。

※史料引用の際，旧漢字は新漢字に変更している。

※関係法令などについては現行のものはe-govポータル（https://www.e-gov.go.jp/）を用いている。廃止された法令や旧法令は衆議院webサイトにおける立法情報（https://www.shugiin.go.jp/Internet/index.nsf/html/rippo_top.htm）を利用した。なお，戦前の法律などは主に『明治以降教育制度発達史』などを用いている。

※中央教育審議会答申については特に指定がない場合は，文部科学省webサイト内の審議会情報のものを参照した。

（倉知典弘）

コラム　社会教育政策はどのように形成されるか？

　第3章においては，社会教育政策の史的展開を述べている。この社会教育政策は，当時の様々な状況に合わせて政策として実現した，あるいは表現されたものである。

　政策が形成され実行される過程は「政策過程」と呼ばれるが，基本的には「課題の設定」⇒「政策立案」⇒「政策決定」⇒「政策実施」⇒「政策評価」の5段階が想定される。この政策過程には各々多様なアクターがそれぞれの理念（アイデア）に基づいて，それぞれの段階に参与する。しかし，社会における課題全てが政策上の課題として捉えられ，その政策が立案されるのではない。では，どのように政策の対象とする課題が選択されるのであろうか。

　辞書による定義によれば「政策」は目的を達成するための方針・手段のことを指すとされているが，我々が日常的に使う政策という言葉は，主に政府などが実施する「公共政策」をさすことが多い。「公共」という言葉が示すように，公共政策の対象とすべきものは個人の対処を超えて社会において対処が求められる課題という認識がある。そのため，まず当該課題が社会的に重要であり，社会的に対処が必要であるという認識を社会において共有することが求められる。例えば，「キャリア教育」についてみてみよう。もし身近な人が何らかの理由で働いていない状況に陥っているとする。それが個人や家庭の問題としてのみ捉えられているとき，それが当人たちにとっては困難な状況であったとしても，あくまで私的な問題として捉えられ，公共政策の課題とは捉えられないだろう。しかし，その状況が多くの人たちに起こっており，そのことが新聞・テレビ・SNS等のメディアによって，あるいは失業率のような社会的指標によって社会全体の問題であることが理解されるようになると，政策として対策を求める声（「公衆アジェンダ」）が形成されることとなる。その声を受けて，政策担当者が政策として対処すべき課題として認識し，政策の対象リスト（「政策アジェンダ」という）に載せることとなる。そこでは，当時の社会状況のみならず，政策担当者のもつ理念や様々なリソースなどによって「公衆アジェンダ」から「政策アジェンダ」への絞り込みを行っている。また，上記のような公衆アジェンダを経由しない場合でも，様々な指標や裁判所の判断，政権交代

61

などが「政策アジェンダ」を形成する。さらにいえば，様々なアクターの対立などの結果，アジェンダに載せることが抑制されることもある。この政策アジェンダから実際に政策立案・政策決定が行われていくのである。なお，上記の過程で生み出された政策アジェンダや政策そのものが報道されることによって新たな公衆アジェンダが形成されることもある。

　ところで，政策過程は“言説”によって展開される。その言説は，様々な物事の見方によって支えられている。「公衆アジェンダ」形成の過程においては，問題の定義を巡る言説上の争いが社会の中では行われることとなる。先ほど例に挙げた「キャリア教育」の事例をみると，失業率の増加は終身雇用制の崩壊，非正規雇用の増加など社会制度や経済状況の悪化によってもたらされたものという言説がある一方で，そのような状況に陥ったのは，個人の努力が足りなかったことや仕事に対する考え方の甘さがあるといった言説も存在している。「ニート」という言葉の定義の仕方をみても，本来は社会福祉の領域で状況を表す言葉として用いられていた言葉が，日本では就業しようとしない迷惑な存在といったような意味で捉えられ，日常的に用いられるようになるなど，言葉をめぐる対立は政策決定以前に社会全体の中で行われている。加えて，一つ一つの言葉だけではなく，「就職しないでニートになっている人たちが親の年金で悠々自適の生活をしている」といったような物語やそれに対抗的な物語も生成され，広がっている。かつては，このような物語を流布する源はマス＝メディアの役割であったともいえるが，現代社会における SNS の拡大は，一人ひとりが情報の発信者となり，多様な物語・ライフストーリーを発信することを可能にしている。その意味では社会における言説による争いはより激しいものとなっているといえる。特に，SNS をはじめとするインターネット社会は，多様な言説や物語に触れ，考え方をみつめなおすことが可能になっている社会ともいえるが，一方で自身と同一の考え方の人のみと繋がり，自身の考え方を強化する環境（エコーチェンバー）となっている。さらに，fake news が社会において問題とされているように，根拠のない虚偽の情報が拡散され，その情報による言説がさらにあふれる社会においては，意図せざる結果として“誤った”政策形成がなされていく可能性もある。このような状況下における政策決定は，かつてより難しいものになっているといえるのかもしれない。

コラム　社会教育政策はどのように形成されるか？

　以上のように前決定過程について言及してきたのは，政策決定の初期段階に
おいて改めて「学習」することが政策を変えていく可能性を示唆するためであ
る。多様な言説が政策過程にはあふれており，その意味を改めて問うという学
習が求められている。本書でも紹介される多様な実践は政策形成を左右しうる
言説や物語を生み出そうとする取り組みでもある。「生涯教育は政治的に中立
ではない」（ジェルピ 1983：17）というのはジェルピが述べた言葉ではあったが，
日々の学習こそが政策にかかわる言説や物語を生み出し，社会を変えていく力
をもちうるのである。　　　　　　　　　　　　　　　　　　　（倉知典弘）

文献

縣公一郎・藤井浩司編（2007）『コレーク政策研究』成文堂。

秋吉貴雄・伊藤修一郎・北山俊哉（2020）『公共政策学の基礎〔第 3 版〕』有斐閣。

ジェルピ，エットーレ（1983）『生涯教育──抑圧と解放の弁証法』（前平泰志訳），
　　東京創元社。

宮川公男（2002）『政策科学入門』東洋経済新報社。

第 4 章

社会教育・生涯学習の施設と職員
──地域に学習拠点があることの意味とは──

　あなたは，地域の社会教育・生涯学習の施設を利用したことがあるだろうか。具体的な施設としては，公民館や生涯学習センター，コミュニティセンター等が挙げられる。その中でも，公民館は代表的な社会教育・生涯学習の施設であり，地域住民にとって身近な施設である一方で，変動する社会においてその機能や役割について改めて問われている。また，これらの施設の管理運営体制も多様化しており，地域の実情によってその施設のあり方は様々である。本章では，これらの社会教育・生涯学習の施設の背景や現状・課題について整理し，具体的な実践事例を通して，地域に学習拠点があることの意味について考えてみたい。

1　公民館の概要と経緯

（1）公民館の特色

　公民館は，最も身近な社会教育・生涯学習の施設の一つであり，戦後社会教育の原点ともいわれる。2021（令和 3 ）年度社会教育調査によれば，2021年時点で公民館は13,798か所あるとされる[*1]。これは，社会体育施設を除くその他の社会教育・生涯学習の施設と比較すると圧倒的に多く，中学校の数よりも多い[*2]。

　社会教育法第20条「公民館の目的」をみると，「公民館は，市町村その他一定区域内の住民のために，実際生活に即する教育，学術及び文化に関する各種

＊1　文部科学省「令和 3 年度社会教育調査」https://www.mext.go.jp/content/20230323-mxt_chousa01-000023559_1.pdf（2023年10月26日閲覧）。

＊2　中学校は2022年時点で10,012校ある（令和 5 年版文部科学省統計要覧　https://www.mext.go.jp/b_menu/toukei/002/002b/1417059_00008.htm（2023年10月26日閲覧））。

の事業を行い，もつて住民の教養の向上，健康の増進，情操の純化を図り，生活文化の新興，社会福祉の増進に寄与することを目的とする」と書かれている。さらに，同法第22条には，公民館の事業として次の6つが掲げられている。

> 第22条　公民館は，第20条の目的達成のために，おおむね，左の事業を行う。但し，この法律及び他の法令によつて禁じられたものは，この限りではない。
> 一　定期講座を開設すること。
> 二　討論会，講習会，講演会，実習会，展示会等を開催すること。
> 三　図書，記録，模型，資料等を備え，その利用を図ること。
> 四　体育，レクリエーション等に関する集会を開催すること。
> 五　各種の団体，機関等の連絡を図ること。
> 六　その施設を住民の集会その他の公共的利用に供すること。

このように，公民館は人々の実生活に即して様々な学習活動が行われる場として規定されている。具体的には，各種の講座・学級や講演会等の行事・イベントが開催されるほか，公民館の施設を広く開放することによってサークル活動等の自由な学習活動を行う場として利用されている。

なお，同法第23条において，公民館を単なる営利目的や，特定の政党・宗派のために利用することは禁止されている。ただし，同法第23条の趣旨は，特定の営利事業者，宗教，政党などに偏った運営を禁じるものであることに留意する必要がある。

また，社会教育法に基づき市町村が設置する公立公民館（条例公民館と呼ぶこともある）の他に，主に自治会や町内会等の地縁的な組織が管理・運営する自治公民館も存在する。自治公民館は法的根拠がなく，職員もほとんど常駐していないが，全国に約7万館あるといわれる（公民館のしあさって出版委員会 2021：144）。公立公民館も，後述する指定管理者制度によって民間が運営している場合があり，その設置形態は多様化している。

（2）公民館の歴史的経緯

　公民館は，第二次世界大戦後の復興の原動力として，当時の文部省社会教育課課長の寺中作雄によって構想された。1946年7月に文部次官通牒によって公民館の理念が提示され，1949年には全国の公民館数は1万館を突破するなど（公益社団法人全国公民館連合会 2022：27），急速な広がりをみせている。寺中の構想した公民館とは，民主的で平和な国家を目指して，町村民の自主的な力によって荒廃した自分たちの故郷を復興するための基盤となる施設だったのである。

　公民館の設置を説明する『公民館図説』（小和田 1954：8-11）では，公民館について「民主的社会教育機関」の機能の他に，「村の茶の間」「親睦交友を深める」「産業振興の原動力」「民主主義の訓練場」「郷土振興の機関」「文化交流の場」といった説明がされている。すなわち，初期公民館は，人々の生活の様々な側面に対応した総合的機関として構想されていたことがわかる。実際に，初期の農村の公民館においては，人々が農作物の育て方を学んだり，公民館図書室を活用したりする他，余暇活動に加えて歯医者や美容院，パン屋として活用したりする記録が残っている。[*3]

　1949年に規定された社会教育法によって，公民館は明確に社会教育機関として位置づけられた。その後，高度経済成長期において日本社会が構造的に変容し，人々の生活が安定していく中で，公民館は文化活動や個人の趣味・娯楽の場を提供する市民サービス提供機関へと重点を移していった。1970年代に入ると，都市化と農村の過疎化の進行によって，公民館の都市化への対応が議論されるようになった。1980年代にかけては，高度経済成長が終焉し，消費社会が到来する反面，不登校や校内暴力といった社会問題が表面化する中で，公民館は誰もが学び続ける生涯学習時代において住民に学習活動を動機付け，参加するように促す公教育の場として位置づけられてきた。同時に，都市化以降の様々な社会問題に対応し，教育機関として自立するために，公民館を支える専

＊3　1950年に製作されたナトコ映画「公民館」は，公民館についての周知・普及を図る内容であり，初期公民館の活動の様子が記録されている。Youtube「ナトコ映画【公民館】（1950年）月刊公民館ちゃんねる特別配信」https://www.youtube.com/watch?v=JBELzfnbq-4（2023年8月27日閲覧）。

第 4 章　社会教育・生涯学習の施設と職員

門的職員のあり方についても模索されてきたといえる。

（3）公民館の機能——「つどう」「まなぶ」「むすぶ」

　公民館の基本的な機能として，「つどう」「まなぶ」「むすぶ」の 3 点がよく挙げられる。

　公民館では様々な「まなび」があるが，特に住民同士のコミュニケーションを通した相互学習が重視されている。公民館における学習は，必ずしも個々人の知識の習得や技術の向上だけが目的とは限らず，人々が共に学び合い，一緒に学習活動をつくっていくことが特色の一つとされてきた。住民自身による自主的で自律的な学習のための機会や場を提供するといった，住民主体の「まなび」を支援することが鍵とされる。

　人々が「つどう」機能としては，集会所としての利用のみならず，単にロビーでくつろいだり，人に会いにきたりするなど，居場所やたまり場としての機能もある。人々の「つどい」が多くなると，住民同士の繋がりができ，人と人との「むすび」つきが広がっていく。

　公民館における「むすぶ」とは，人と人の間の関係性に加えて，様々な関係機関との連携も含まれる。公民館が連携する関係機関には，図書館や博物館等の社会教育施設，学校その他の教育機関，保健所やその他の行政機関の他，NPO 法人や企業等の民間セクターが挙げられる。様々な機関との連携によって，より多様な住民のニーズに対応することが求められている。

2　様々な生涯学習・社会教育の施設と管理運営

（1）生涯学習センター

　公民館に類似する施設として，生涯学習センターがある。生涯学習センターとは，社会教育調査においては「地域における生涯学習を推進するための中心機関として地方公共団体が設置した施設」と定義され，2021年時点で496か所ある。[*4]

＊4　文部科学省「令和 3 年度社会教育調査」，前掲。

生涯学習センターは，1980年代頃から県域レベルの広域をカバーする総合的社会教育施設として構想された。その役割は，地域の実情に応じた講座等の開催に加えて，生涯学習のための指導者・助言者の養成，該当地域の学習情報の収集・整理・提供，学習相談機能の充実，関連施設間のネットワークの形成・推進などが挙げられる。これらは，市町村においては中央公民館が担ってきた機能といえるが，今日では市区町村単位で生涯学習センターを設置して中央公民館的な役割を果たしているケースもある。また，自治体によっては生涯学習センターのみが設置されている場合もあるなど，地域によってその実情は様々である。

（2）コミュニティセンター

　コミュニティセンターは，主に地域コミュニティ活動の拠点となる施設である。1971年に自治省が全国に40のモデル地区を指定し，住民管理型のコミュニティ施設の設置を推進したことからはじまった。もともとは，公民館は社会教育法に基づき教育委員会が所轄するのに対し，コミュニティセンターは自治体の首長部局によって管理されるのが理念的な違いであったといえる（表4−1）。しかし，2019年の法改正以降は，公民館を首長部局の所管にすることもできるようになった。このため，今日ではこのような表による区別も困難になってきた面もある。

　公民館は，戦後に全国各地で飛躍的に設置が進んだが，2000年代以降は減少の一途を辿り，1館あたりの職員数も減り続けている。公民館の講座・学級数や受講者数も減少し，貸し館がメインとなっているケースもみられる。地方自治体における人口減少，少子高齢化が進行する中で，地方財政の逼迫を背景とした公務員の削減政策などが，こうした公民館数の減少や活動の衰退に影響を及ぼしているようである。一方で，地域づくり活動を主目的として，近年では公民館からコミュニティセンターへ移行するケースが増えている。例えば，島根県では従来から公民館活動が活発に行われてきたが，公民館の機能を残しながら，「住民の主体的な活動や地域課題解決など地域づくりの場」としてコミュニティセンターへ移行する自治体が増えている。これにより，教育委員会や社会教育担当者との関係は弱くなる傾向があるが，逆に地域づくりや地域運営

第4章　社会教育・生涯学習の施設と職員

表4-1　公民館とコミュニティセンターの理念的な相違点

	公立公民館	コミュニティセンター
機能・目的	・住民の学習・文化活動の拠点 ・住民の学習権保障	・住民相互の対話・交流の場 ・様々なコミュニティ活動の場
管理運営	教育委員会（自治体の判断で，首長部局とすることもできる）	自治体の首長部局
根拠法令	・社会教育法 ・条例・規則	条例・規則

出所：日本公民館学会（2006：37）および有田ほか（1996：6）を参考に筆者作成。
なお，本文も参照のこと。

組織・小さな拠点等の施策への取り組みは活発になっているとの指摘もある（出口ほか 2021：42）。このように，社会教育・生涯学習に加えて地域づくりといった目的が加わり，「地域の（学習）拠点」としての施設の名称の多様化や目的の転換・拡張がみられるようである。

（3）設置形態と管理運営の課題

　社会教育・生涯学習の施設の名称や目的が多様化する中で，その管理運営についても様々な形態がみられるようになった。その契機となったのが，2003年の地方自治法改正によって導入された指定管理者制度といえる。指定管理者制度の導入により，「公」の施設を「民間」（企業，一般社団法人・一般財団法人，NPO法人，地縁団体，その他のボランタリーグループなど）が管理運営することができるようになった。「公」の施設とは，社会教育・生涯学習の施設に限らず，国や地方自治体が設置する施設を指す。

　指定管理者制度の目的は，住民サービスの向上及び費用対効果の向上を図りつつ，施設の設置目的を効果的に達成することとされる。民間のノウハウを活用し，効果的・効率的な管理運営によることで，経費の縮減の他，柔軟な運営時間の設定，多様なサービス展開，サービスへの有料制の導入などといった利点がある。さらに，コストダウン（経済性）やサービス・パフォーマンス（効率性）の追求といった側面のみに焦点が当てられがちであるが，ガバナンスにおける地域住民の参画といった可能性もあり，特に社会教育・生涯学習の施設においては地域住民が管理運営に参加すること自体に意義を見いだすこともできるだろう。

69

表4-2　2021（令和3）年度　社会教育・生涯学習の施設数と指定管理者制度の導入状況

区分		計	公民館	図書館	博物館	博物館類似施設	青少年教育施設	女性教育施設	社会体育施設	劇場・音楽堂等	生涯学習センター
公立の施設数		51,510 (51,972)	13,798 (14,277)	3,372 (3,338)	805 (785)	3,575 (3,542)	812 (863)	271 (271)	26,663 (26,693)	1,718 (1,725)	496 (478)
うち指定管理者制度導入施設数		16,390 (15,836)	1,477 (1,407)	704 (631)	214 (203)	1,100 (1,105)	376 (367)	98 (97)	11,222 (10,857)	1,033 (1,014)	166 (155)
公立の施設数に占める割合		31.8% (30.5%)	10.7% (9.9%)	20.9% (18.9%)	26.6% (25.9%)	30.8% (31.2%)	46.3% (42.5%)	36.2% (35.8%)	42.1% (40.7%)	60.1% (58.8%)	33.5% (32.4%)
指定管理者の種類	地方公共団体	96	4	—	—	16	4	—	67	5	—
	地縁団体	1,059	495	4	—	47	17	8	473	3	12
	一般社団法人・一般財団法人	5,715	322	65	153	498	131	37	3,906	537	66
	会社	5,444	126	556	50	264	109	13	3,944	346	36
	NPO	1,624	42	42	5	83	59	21	1,308	53	11
	その他	2,452	488	37	6	192	56	19	1,524	89	41

※（　）内は2018年度調査の数値である。
出所：文部科学省「令和3年度社会教育調査」。

　一方で，その課題として，第一に低賃金労働や雇用の不安定さに関する課題が挙げられる。受任された指定管理者が，コストダウンに対応するため，人件費削減を図り，非正規雇用労働者に頼らざるを得ない場合がある。さらには，地域経済への還流をまったく意識せずに外部事業者を起用してコストダウンを追求すると，結果的に地域経済の縮小をもたらす危険性もある。第二に，施設の安定性に関する課題である。指定管理期間は3～5年の場合が多く，指定管理者が短期間で交代してしまうと，施設の持続性，信用，安心感が損なわれ，地域の文化や地元の人間関係を生かした継続的な事業，運営がやりにくくなってしまう。第三の課題は，専門的人材の育成である。長期的な視点からみた人材育成やノウハウの蓄積が困難になり，その地域や土地に根ざした専門家が育たなくなるといった課題がある。

　表4-2は，社会教育・生涯学習の施設における施設数と指定管理者制度の導入状況を示したものである。2021（令和3）年度社会教育調査によれば，公民館や社会体育施設は減少傾向にあるが，図書館，博物館，生涯学習センターは増加傾向で過去最多となっている。指定管理者制度を導入する施設は全体の約3割で，ほぼすべての施設で増加しているが，公民館が10.7%で最も低いの

に対し，生涯学習センターは33.5%，図書館は20.9%，博物館が26.6%である。公民館では指定管理者制度があまり導入されていないといえるが，NPO法人が指定管理を行いながら，地域・地区に密着した運営がされている沖縄県の繁多川公民館のような事例もある。[*5]

3　学習支援者としての職員の役割

（1）職員をめぐる実態状況

　社会教育・生涯学習の施設には，物理的側面（ハード）と人的側面（ソフト）がある。人的側面に関しては施設職員の存在が大きく，とりわけ公民館においては職員の力量が学級・講座をはじめとする各種事業に大きな影響を及ぼすとして，その専門性について議論が重ねられてきた。

　公民館の職員については，社会教育法第27条において「公民館に館長を置き，主事その他必要な職員を置くことができる」と規定されている。この「主事」を公民館の専門的職員として公民館主事と呼ぶことが多いが，公民館主事という資格が存在する訳ではなく，設置義務にもなっていない。ただし，社会教育の専門的職員として社会教育主事・社会教育士の称号をもつ公民館職員もいる。

　公民館の職員数は減少傾向にあり，2021年時点で44,436名であり，1館当たりの職員数は3.2名である。[*6] このうち，専任職員は6,955名（15.7%），兼任職員が8,842名（19.9%），非常勤職員が22,726名（51.1%）となっており，非常勤職員の割合が大きい。[*7] すなわち，専任職員が存在せず，兼任や非常勤の職員のみによって運営される公民館も少なくない状況である。自治体によっては専門職採用を行っている場合もあるが，多くの場合は行政職員としての配属・異動が行われる。

＊5　繁多川公民館については，『公民館のしあさって』（公民館のしあさって出版委員会，ボーダーインク，2021年）に詳しい。

＊6　e-Stat 政府統計（https://www.e-stat.go.jp）で公開されている文部科学省「令和3年度　社会教育調査」の公民館および公民館類似施設に関するデータをもとに筆者が算出した（2023年10月27日閲覧）。

＊7　同上。

（2）学習支援者としての役割

　職員の仕事内容は多岐にわたり，学級・講座の企画・運営，地域住民の学習相談への対応やサークル活動の支援，関係機関とのネットワーク作り，公民館の情報公開や広報などが挙げられる。ここでは，特に学習プログラムの企画・運営における学習支援者としての役割に焦点を当ててみていこう。

　まず，テーマの選定に当たって，住民の様々な学習ニーズを把握することが必要である。学習ニーズには，人々の学びたいことが明確になっている顕在的な学習ニーズもあるが，学習者自身も言語化・意識化できていないような潜在的な学習ニーズもある。社会教育・生涯学習の施設においては，人々の学習ニーズを掘り起こしつつ，公共性の観点から，地域課題や社会状況に即した学習テーマを選定することが求められてきた。

　学習方法は，学習者の意欲や動機，到達度や満足度にかかわる核となる要素の一つであるが，社会教育では伝統的に集団的な学習が重視されてきた。典型的な例としては，1950年代中頃に公民館等で盛んに行われた共同学習が挙げられる[8]。今日の社会教育・生涯学習の施設における学習機会においても，講師による知識伝達型の講義のみならず，グループワークをベースとした学習者主体の学習方法が多くの場面で実践されている。グループワークや経験的な学習方法にも様々あり，バズ・セッション，ラウンド・テーブル・ディスカッション，フォーラム，ロール・プレイ，見学・実習，フィールドスタディー，問題解決学習等がある。なかでも，近年はワークショップの技法が注目されており，社会教育・生涯学習の施設に限らず，様々な場面で参加・体験型の学習機会が提供されている。

　実際の学習場面における学習支援者としての職員の役割は，多面的なものである。例えば渡邊洋子は，「専門家」「計画者」「教授者」「ファシリテーター」「リソース提供者」「学習マネージャー」「ロールモデル」「メンター」「共同研究者」「改革者」「省察的実践者」「研究者」「学習空間デザイナー」「出会いコミュニケーター」「ネットワークコーディネーター」の16種類を挙げている

＊8　1950年代，公民館等で青年学級が盛んに開かれており，生活上の個人的問題を学習サークルの中心に取り上げて仲間と共有する共同学習の実践が1950年代中頃にピークを迎えたとされる。

（渡邊 2023：234）。一人の職員がこれらすべての役割を兼ね備えることは不可能に近いが，それぞれの学習場面に応じて求められる学習支援者としての役割を検討していく必要性があるだろう。学習支援者としての自己の役割を省察し，自己研鑽を続けていきながら，自分自身も一人の地域住民として，学習者と共に学びながら学習機会を創造していくことが，職員の役割といえる。

4　学習活動の実際──国立市公民館の事例から

（1）理念・方針──市民の学習権保障

　これまで論じてきた公民館を中心とする社会教育・生涯学習の施設をめぐる状況や経緯をふまえて，その実践事例として国立市公民館（東京都）を取り上げる。国立市公民館は，1955年に開館した国立市唯一の公民館である。施設内には図書室，市民交流ロビー，喫茶コーナーなど，誰でも気軽に立ち寄れるスペースがあり，多種多様の催し・講座が開催されている（表4-3）。また，集会室やホール等を市民グループ・団体に無料で貸し出し，市民の自由な学習・文化活動を援助しており，約300のサークルが活動している。

　国立市公民館の理念・方針を要約すると，「市民の学習権の保障」といえるだろう。国立市公民館では，誰もが経済的負担なく学ぶことができる環境を保障するため，会場貸出や講座参加を無料としている。社会参加に制約のある諸個人が，相互にかかわりをもち，学習を紡ぎ出していくことを組織・支援することが重視されている。共生社会の実現に重点を置いて各種事業を開催していることが，表4-3の「Ⅱ．共生の地域社会を育む」実践の豊かさからもみてとれる。

　これらの各種事業の開催・運営は，10名の公民館職員（うち，社会教育主事発令者5名，有資格者2名）によって支えられている（2024年4月時点）。また，館の民主的な運営を図るために，市民から選出された公民館運営審議会が毎月定例会を開催したり，公民館事業のお知らせや市民活動の報告，記録，紹介等を掲載する「くにたち公民館だより」を市民委員と共に毎月刊行したりするなど，職員と市民が共に公民館をつくる取り組みがなされている。

表4-3　国立市公民館の事業と主な催し（2024年度実施事業より）

Ⅰ．現代社会の課題を考える	平和・人権（ハンセン病）・環境・憲法・多文化共生・教育（不登校）・共生社会（リカバリーの学校）・情報科学（AI）・近現代史（女性史）・健康（スポーツ）・性教育・ドラマ教育・ジェンダー（政治経済）・福祉教育
Ⅱ．共生の地域社会を育む	生活のための日本語講座・日本語教育入門・しょうがいしゃ青年教室・青年室活動（コーヒーハウス）・シルバー学習室・料理教室（男性対象）・女性のライフデザイン・学習支援（LABO ☆くにすた）・にほんごサロン／KUNIBO・親子で遊ぼう考えよう
Ⅲ．まちを知る，地域から学ぶ	社会教育学習会・地域史・一橋大学との連携講座・緑化活動・野鳥観察・地域防災・文学と地域・天体観測・三館連携（図書館・郷土文化館）・公民館70周年プレ企画
Ⅳ．社会をみつめ，文化をつくる	図書館のつどい・映画会・シネマトーク・くにたちブッククラブ・作家と作品（外国文学）・哲学・古典・食文化・文化芸術
Ⅴ．表現と創作を楽しむ	市民文化祭・身体表現・短歌（子育て）・銅版画・文章表現・アールブリュット

出所：「くにたち公民館だより」第772号（2024年6月5日）https://www.city.kunitachi.tokyo.jp/material/files/group/69/6_6_5.pdf（2024年8月30日閲覧）より筆者作成。

（2）共に生きる地域社会を目指す実践

　ここでは，共に生きる地域社会の実現を目指す実践をいくつか取り上げて紹介する。

　まずは，1990年から続いている「生活のための日本語講座」である[*9]。対象は日本語が困難な外国人であり，日本語を習得し，生活や修学・就業等で不利益を被らないような語学レベルを目指すことが目的とされる。個人のレベルやニーズに合わせて，入門，初級，会話などのクラスがあり，講師がテキストや絵カード等を使用しながら日本語の授業を行い，ボランティアによる会話練習のサポートもある[*10]。

　また，日本で暮らす外国人が抱える文化の違いに対する戸惑いや，生活の中での不安や悩みを解消するような交流の機会も設けられている。そこでは，ゴミの捨て方といった生活の情報から，子どもの育て方，学校の勉強や進学に関

＊9　「生活のための日本語講座」の実践の様子は，国立市公民館60周年記念として製作された映像にて紹介されている。
　　　国立市公民館「人がつながる　世界がつながる　くにたち公民館」https://www.city.kunitachi.tokyo.jp/soshiki/Dept08/Div05/gyomu/1461061320231.html（2023年8月27日閲覧）。
＊10　国立市「生活のための日本語講座」https://www.city.kunitachi.tokyo.jp/soshiki/Dept08/Div05/event/0053/1461113174182.html（2023年10月26日閲覧）。

第4章　社会教育・生涯学習の施設と職員

する不安などが共有され，災害時の緊急避難や救急救命についての情報を得ることで，外国人の防災拠点の立ち上げにも繋がっている。地域住民と互いに顔がみえる関係性を構築することで，緊急時でも互いに支え合うことができるようなコミュニティが形成される。さらには，文化交流として着物を着る体験をしたり，日本語を学ぶ立場であった外国人が，料理教室で母国の料理を教える立場になったりするなど，関係性の深まりと共に，お互いに双方の文化・慣習について理解を深めながら，学習支援者と学習者の立場性が流動的になるようなダイナミクスも生じうる。

　もう一つの特色ある実践として，障害の有無にかかわらず若者たちが共に活動する「コーヒーハウス」の実践がある。「コーヒーハウス」とは，公民館1階の「青年室」と「喫茶わいがや」を拠点として行われる，「しょうがいしゃ青年教室」や若者の自主サークル・青年講座等の活動の総称である。

　青年室は，1960年代に勤労青年を対象とした青年学級の開講に伴い設置された部屋であるが，1970年代から自由なたまり場として活用されるようになっていた。そこに，障害のある青年たちが加わっていき，1980年に「しょうがいしゃ青年教室」が開設された。その翌年，これらの若者たちが共に運営する「喫茶わいがや」がオープンしている。

　現在，「しょうがいしゃ青年教室」では，スポーツ，クラフト，料理，喫茶実習，リトミック，YYW[11]といった6つのコースに分かれて，土日を中心に活動している。しょうがいしゃ青年教室や喫茶わいがやに関わるスタッフ・メンバーたちの合同活動として，季節ごとに交流行事（お花見，BBQ，ソフトボール大会，クリスマス会など）が開催される。また，コーヒーハウスに関わる若者と職員が企画する市民向けの講座として青年講座を開講し，さらにはこれらの講座から若者たちによる自主サークル（パン部，初心者山部など）が生まれることもある。

　コーヒーハウスの実践で大切にされてきたことの一つは，障害のある青年の学習権保障のみならず，そこで関わるスタッフたちにとっても学びの機会であ

---

*11　1人ではやらないことを皆で企画して楽しい時を過ごす講座とされる。本人がやりたいことを企画し，実行する機会となっている（喫茶わいがや40周年記念ブックレット編集委員会 2021）。

るということである。そこでの学びとは、自分とは異なる他者に出会い、関係性を構築していく中で得られるものであり、活動の中で生じる葛藤は重要な学びの契機として捉えられている。コーヒーハウスの実践は、葛藤を含めた関係性の構築が共生社会の実現への第一歩であることを示唆すると共に、何らかの形で参加した個々人にそれぞれの形で豊かな経験をもたらしている。

（3）地域に「場」があることの意義

　青年室や喫茶わいがやは、特に目的がなくても立ち寄ることができ、そこで思い思いの過ごし方ができる「たまり場」としても先駆的な事例と言える。初期のコーヒーハウスに中心人物として関わり、青年期教育における「たまり場」に関する議論を展開した平林正夫は、たまり場とは、無目的であると同時に、多目的でフレキシブルな空間として設定することを重視している（平林1986：147）。そうした開かれた空間があることにより、人々の繋がりが広がっているのである。

　公民館の生き生きとした実践は、物理的な「場」があり、そこで人々が交流することから生まれている。公民館の意義は、単にイベント・催しや講座の数で測れるものではなく、参加した住民たちによるコミュニティが無数に生まれていくことにあるといえる。牧野篤は、住民自身が自らコミュニティの主人公として、そのコミュニティを自治的に治め、他の住民と共に日々の生活を紡ぎ続けていく「触媒」として公民館が機能することを指摘している（牧野2019：42-59）。すなわち、公民館を触媒として地域住民のかかわりやつながりが生み出されており、その生活のあり方そのものを学びの場と捉えることができる。公民館は日本独自で発展してきた施設であり、今日では社会教育・生涯学習の施設の在り方は多様化しているが、地域に根ざした社会資源として人々が顔を合わせて集まることができる場が存在することの意義は、再び注目する価値があるだろう。

課　題

　1．(1)　あなたの身近な地域にある社会教育・生涯学習の施設では、どのよう

な学習活動（講座・学級，イベント，サークル活動など）が行われているだろうか？　また，その運営主体について調べてみよう。
　(2)　より魅力的な社会教育・生涯学習の施設であるために，どのような企画や学習内容・方法，工夫が求められるか，具体的に考えてみよう。
2．(1)　社会教育・生涯学習の職員の専門性をめぐる議論について調べてみよう。
　(2)　社会教育・生涯学習の施設における指定管理者制度の導入について，あなたの意見を述べてみよう。

文献

有田桂吉ほか編著（1996）『公民館・コミュニティセンター』市ヶ谷出版社。

小和田武典編著（1954）『公民館図説』岩崎書店。

喫茶わいがや40周年記念ブックレット編集委員会編（2021）『思想としてのわいがや』障害をこえてともに自立する会。

公益社団法人全国公民館連合会（2022）『よくわかる公民館のしごと　第3版』第一法規。

公民館のしあさって出版委員会（2021）『公民館のしあさって』ボーダーインク。

鈴木眞理ほか編著（2015）『社会教育の施設論』学文社。

出口寿久ほか（2021）「公民館からコミュニティセンター等への移行実態からみた社会教育行政の課題と方策——島根県の公民館における運営動向を中心として」『日本建築学会計画系論文集』第86巻（第779号），37-47頁。

東京社会教育史編集委員会編（2016）『大都市・東京の社会教育』エイデル研究所。

日本公民館学会編（2006）『公民館・コミュニティ施設ハンドブック』エイデル研究所。

平林正夫（1986）「『たまり場』考——社会教育における空間論的視点」長浜功編『現代社会教育の課題と展望』明石書店，112-163頁。

牧野篤（2018）『公民館はどう語られてきたのか』東京大学出版会。

———（2019）『公民館をどう実践してゆくのか』東京大学出版会。

松岡廣路ほか編著（2015）『社会教育の基礎』学文社。

松本茂章ほか（2019）『帰路に立つ指定管理者制度』水曜社。

渡邊洋子編著（2014）『生涯学習概論』ミネルヴァ書房。

渡邊洋子（2023）『新版　生涯学習時代の成人教育学』明石書店。

（池田法子）

コラム　社会教育・生涯学習の施設とICTの活用

　デジタル化の進行する現代社会において，公民館等の社会教育・生涯学習の施設におけるICTの活用が課題となっている。例えば，社会教育・生涯学習の施設におけるパソコンやWi-Fiの設置といったICT環境整備が不十分な状況があり，2022年時点で来館者の利用できるWi-Fiのある公民館は36.5％にとどまっているという。[1]一方で，ICTの活用に関する取り組みを積極的に行なっている事例もある。

　千葉県船橋市では，デジタル・ディバイド（情報格差）の解消に向けた取り組みを市内の全公民館（26館）で実施している。[2]具体的には，スマホやタブレットの操作方法や，LINE・ZOOM等のコミュニケーションツールの使い方，ネットショッピングやキャッシュレス決済の方法を学ぶ講座を開講している。さらに，公民館利用者からのスマホに関する質問に対して，公民館職員がサポートする公民館スマホコンシェルジュサービスを開始するとともに，ボランティア講師を養成するための市民スマホコンシェルジュ養成講座を実施している。これらの取り組みは，地域住民が日常生活に必要な情報を入手したり，利便性のあるサービスを活用したりできるようになり，またオンラインで様々な人々とつながることが可能になることを目指す実践である。

　社会教育・生涯学習の施設の学習コンテンツや，実際の学習の様子等をオンラインで配信する事例もみられる。また，公民館等でオンライン講座（対面とのハイブリッド型を含む）を開催するケースもより広くみられるようになってきた。オンライン講座は，移動の必要がなく，どこからでも気軽に参加できるというメリットがある一方で，場合によっては学習者間の双方向的なやり取りがしづらく，参加者の一体感が生まれづらいといったデメリットがある。学習者のニーズに合わせて，学習形態や参加方法の選択肢が広がっている状況である

＊1　文部科学省「社会教育の推進と施策の動向について」（第44回全国公民館研究集会富山大会行政説明資料）https://www.kominkan.or.jp/file/all/2022/20220905_04toriku_03mext.pdf（2023年10月25日閲覧）。

＊2　船橋市「「公民館スマホコンシェルジュ」サービスを全公民館で実施中です！」https://www.city.funabashi.lg.jp/gakushu/001/p091998.html（2023年10月25日閲覧）。

コラム　社会教育・生涯学習の施設とICTの活用

と言える。

　施設の情報提供・広報という観点からも，ICTの活用は重要になっていくだろう。例えば，新潟県生涯学習情報提供システム「ラ・ラ・ネット」*3では県内全域の生涯学習に関する情報が網羅的に提供されている。2021年度社会教育調査*4によれば，情報提供をしている公民館は73.4%で，図書館97.8%や博物館96.8%に比べると実施している割合が低い。情報提供を行なっている公民館のうち，最も多い方法は「機関誌，ポスター，パンフレット等」で76.0%，次いで「公共広報誌」が64.0%であり，「情報ネットワーク」は55.0%である。ホームページは人々にとって最も身近で手軽な情報源となりつつあり，学級・講座等に関する新しい情報や，施設利用に関する案内等の事項に加えて，活動の記録・報告や，公民館運営審議会の情報公開など，住民に情報を広く公開していくことが求められている。また，SNS等も未だ十分に活用されていない状況があり，今後の課題となっていくだろう。

　社会教育における学びの場として主に想定されてきたのは，人々が互いに顔がみえる関係であり，〈いま・ここ〉を共有するアナログな空間といえる。たしかに，デジタルのみの関わりでは失われるものも大きいが，他方で情報化社会の波から逃れて生活するのは困難になりつつある。双方の利点や特色を踏まえながら，いかにより良い学習機会を設定し得るかが問われている。

（池田法子）

＊3　新潟県立生涯学習センター「ラ・ラ・ネット」https://www.lalanet.gr.jp/（2024年8月28日閲覧）。

＊4　e-Stat 政府統計（https://www.e-stat.go.jp/）で公開されている文部科学省「令和3年度　社会教育調査」のデータをもとに筆者が算出（2023年10月26日閲覧）。

第 5 章

社会教育施設としての博物館・図書館
──これまでとこれから──

　博物館・図書館等の社会教育施設は一部の好事家への情報サービス機関にすぎない
のではないのか。このような疑念を解いていくためにも，ここでは，博物館・図書館
がこれまでどのような軌跡を辿ってきたのか，また，どのような役割を果たしてきた
のかを振り返る。
　また，近代に突入し，社会の急激な変化に伴い，これらがどのように対応してきた
かを概観し，これからの社会の中で，どのような役割を果たせばいいのかを考える資
料としたい。

1　博物館ってなに？

（1）博物館の役割
　「博物館行き」とは，「今では役に立たなくなったもの」あるいは「お蔵入
り」の意味を込めて使われる言葉である。確かに博物館法には，「資料を収集
し，保管」する役割が明示されている。しかし，私たちにとって博物館は，そ
れほど現実から遠い存在だろうか。
　2021年度末，日本において博物館とそれに類似する施設は，約5,800館もあ
る。博物館法が制定された直後の1952年時点では，約200館しかなかったこと
を考えると，これらの多くが戦後につくられたことがわかる。この過半を歴史

＊1　1951年制定の博物館法においては，法の規制を受ける博物館を「登録博物館」と「博物館に相
　　当する施設」に分け，法の対象とならないものを便宜上「博物館類似施設」とよんできた。なお，
　　博物館数とその内訳については，文部科学省社会教育統計と，公益財団法人日本博物館協会の博
　　物館園数関連統計では異なっている。

80

第5章　社会教育施設としての博物館・図書館

博物館が占めており，「過去の遺物」を保存する博物館には「現在」からかけ離れたイメージがついてまわるのかもしれない。

　しかし，博物館は「収集」「保存」の他に重要な役割である「調査研究」と「展示」を通じて，その地域の自然の営みや人々の記憶を伝え，自らのアイデンティティを培う役割を果たしてきた。ここでは，博物館は「もの」を通じて何をみせようとしてきたのか，また，博物館に展示されているものから何を読み取ればいいのか，さらに，この双方から博物館の今後のあり方について考えてみる。

（2）様々な博物館

　「新横浜ラーメン博物館」は，「新横浜の街の活性化」を目指し，「世界初・ラーメンのフードアミューズメントパーク」として1994年に開館した。また，プロスポーツチームは，それぞれのミュージアムで競技や自チームを紹介，宣伝している。

　ひとくちに博物館といっても，一般的にイメージされる総合博物館以外にも美術館や動物園，水族館の他，大学の資料館や企業の製品展示館，個人を顕彰した記念館など幅広い形態があることがわかる。例えば，多くの博物館が設置されている京都市では，212の博物館が京都市内博物館施設連絡協議会（京博連）に加入しているが，この中には日本の博物館の中でも最も早期に設立された京都国立博物館をはじめ，現在の京都の町づくりに大きな役割を果たした琵琶湖疏水の記念館，また日本で最も早くに整備された番組小学校を利用して2006年に開館した京都国際マンガミュージアムまで多様な施設が含まれている。

　博物館法では，これらを「登録博物館」と「博物館に相当する施設」に分けている。ただし，後述する日本の博物館を牽引してきた東京国立博物館をはじめとするナショナルミュージアムは，個別法の規定があるため，法の上での「博物館」の対象外とされている。また，「登録博物館」と「博物館に相当する

＊2　博物館法第1章第2条では，博物館とは「歴史，芸術，民俗，産業，自然科学等に関する資料を収集し，保管（育成を含む。以下同じ。）し，展示して教育的配慮の下に一般公衆の利用に供し，その教養，調査研究，レクリエーション等に資するために必要な事業を行い，併せてこれらの資料に関する調査研究をすることを目的とする機関」と位置づけられている。

81

施設」は，現在ある博物館の約4分の1にすぎないという課題が残されている。

　扱う資料の分類からいえば，①総合博物館（人文科学および自然科学の両分野），②人文系博物館（歴史博物館と美術博物館に大別），③自然系博物館（科学博物館と動物園・植物園・水族館に大別）の3つに大別されている。日本においては博物館と美術館は分けて認識されているが，もともと「ミュージアム」が双方を含む名称であるように，法の規定でも美術館は博物館に含まれていることがわかる。

　これを実際の機能からみれば，研究機能重視型や教育機能重視型からレクレーション機能重視型まで幅広く存在し，公立の博物館でも（博物館法は社会教育法の体系下にあるものの），自治体の中では教育委員会が管轄するものの他に，観光，農林水産，商工業関係部局，あるいは首長直下の部局などが担当しているものもある。このため設置の主体も県立や市立などの自治体だけでなく，国，独立行政法人，組合，一般社団法人，一般財団法人，公益社団法人，公益財団法人などの他，株式会社などの企業も多い。

　より具体的には，2021年度の1,305館（登録博物館911，相当施設394）内，総合博物館157，科学博物館100，歴史博物館476，美術博物館457，野外博物館18，動物園36，植物園11，動植物園7，水族館43となっている。[*4]ここには含まれない「博物館類似施設」は，4,466館もあるが，この数はここ30年間で約3倍に急増しており，その約6割を歴史博物館が占めていることが大きな特徴である。

　現在，博物館は体験展示を取り入れたり，またスマートフォンと接続するなど，様々な工夫によって「見せる」機能を拡げようとしている。特にコロナ禍にあって，利用者数が激減する中，パソコンを通じて在宅で閲覧できるデジタルアーカイブを整備するなど，新たな取組みにも着手している。しかし，これからどうあるべきなのかという実践上の課題は，今までどのように存在してきたのかという省察を抜きには考えられない。ここでは，そのあり方を辿ることで，これからの博物館の課題を考えていきたい。まず，日本において博物館がどのように設立されてきたかを概観し，それがどのような役割を果たしてきたかを考えることとする。

＊3　ただし，改正法によって，国立博物館・美術館はナショナルセンターとして，大きな課題に対応する中核的役割を担うとされた（第31条第6項）。

＊4　『文部科学省令和3年度社会教育統計』による。

（3）博覧会と博物館──日本における博物館の成り立ち

　明治初期の近代博物館は，幕末にロンドン万博，パリ万博や大英博物館などを見学した幕臣や藩士によって導入された殖産興業政策の一環としての博覧会に起源をもつとされている。この博覧会がやがて常設の博物館へと移行していくが，当初，教育機能を重視した文部省と殖産興業を重視した内務省らによって博覧会・博物館政策が推進され，さらには農商務省や宮内省と管轄が移行，拡大していったことは，日本における博物館の性格をよく表している。もとよりこの新しい政策は，近世から続いた知識人ネットワークをもとにした「物産会」などを背景としてもつが，「官」主導により，近代を導入する効果的装置として博物館が作られ，教育や殖産，さらには文化財を通じた皇室権威の確立とも結びつき，「もの」を通じて人々を「啓蒙」する役割を担ったといえる。その帰結として，第二回内国博覧会後の1882年，上野に最初の博物館が附属する動物園とともに開設された。やがて，これは京都，奈良の「古都」に設置された博物館とともに帝室博物館と改称され，現在の国立博物館の前身となっている。

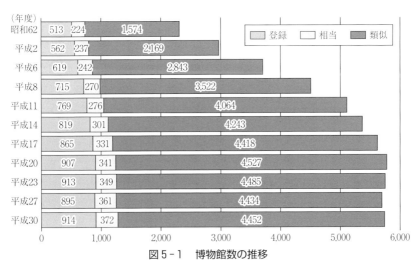

図5-1　博物館数の推移

　出所：文化庁ホームページ「博物館数，入館者数，学芸員数の推移」（文部科学省「社会教育調査」による）。https://www.bunka.go.jp/seisaku/bijutsukan_hakubutsukan/shinko/suii/ （2024年12月11日閲覧）

図5-2　第一回ロンドン万博
出所：国立国会図書館ホームページ「博覧会　近代技術の展覧会」より。

図5-3　ウィーン万国博覧会　日本列品所
出所：東京国立博物館ホームページより。

　しかし，この間の事情は，欧米とまったくかけ離れていたわけではなかった。博物館・美術館を意味するミュージアム（museum）は，ギリシャ神話に起源を辿ることができるといわれているが[*5]，権力者のコレクションを離れ，文化財を国家の所有として公開する近代の姿への転機は，フランス革命によるとされている。革命によって没収された支配層の財宝が，ルーブル美術館の前身である「共和国美術館」として設立されたことは，博物館の歴史にとって大きな出来事であった。さらに「国民の教育・教化をめざした最初の公立博物館」（高橋 2008：25）として1857年，イギリスにサウス・ケンジントン博物館が設置されたが，これは1851年に開催された第一回ロンドン万博の直接的な影響を受けていた。ロンドン博は産業革命の成果を誇示すると同時に，近代国家に必要とされた「国民」を創出することを視野に入れた博覧会であり，近代に参入しようとしていた日本の幕府，藩，さらには明治政府と政治体制を超えて強烈な印象を与えた。欧米で博覧会が実施されていたと同時期の幕末に，この「文明」の圧倒的な装置に遭遇した彼らは，この力を利用しようとしたのであった。
　1872年に文部省によって湯島聖堂で開催された博覧会は，翌年のウィーン万[*6]

---

*5　古代ギリシャ時代に学問所として機能した「ムーセイオン」に起源をもつとされている。その語源のムーサイ（英 muse）はギリシャ神話の文芸の女神（石森 2003）。
*6　東京国立博物館はこの年を「創立・開館の年」としている。

国博覧会参加準備を兼ねており，国際社会の中に日本を位置づけようとする政策の一部ともなった。「美術」という語が，この時の出品分類を翻訳する際に生まれた（佐藤 1996）ように，ここにも国家との関わりをみることができるが，これより先，1871年「京都博覧会」が地域の有力者のもとで計画・開催されていることが注目される。この京都博覧会を主導したのは，三井，小野，熊谷といった後の政商にもつながる京都の有力商人たちであった。京都においては国策との直接的な結びつきではなく，都市の成り立ちから地域の中心的産業であった伝統産業の保護育成が博覧会の開催へと繋がったといえる（並木 2008）。

（4）殖産から観光へ

　1877年以降，継続的に行われていった内国勧業博覧会は，人々を文明に「善導」する機能をもっただけでなく，見世物として楽しむ祭典の役割もはたした。後の遊園地に繋がるような遊戯機械やイルミネーションの登場は，明治末から大正期の特色となるが，これは「観客」の社会層や近代そのもののあり方の変化に基づいていた。従来，博覧会の跡地は博物館，美術館が並ぶ公園となったが，この頃から大阪の「新世界」に代表されるような民間による娯楽センターが加わった（吉見 1992）。観客は啓蒙の客体としてだけではなく，娯楽の主体としての消費者として登場するようにもなったのである。

　この間の変化をよく表すのが，大正期に拡大した「家庭博覧会」「婦人博覧会」「こども（児童）博覧会」（小山 1999）である。殖産興業政策の結果，資本主義が勃興し，労働者の増加は，ホワイトカラーとも呼ばれる都市部の新中間層を生み出した。このため博覧会は，殖産から消費へと役割が移り，しかも，そこには新しい社会層に対する新しい家庭像が示されるようになった。「婚礼博覧会」「住宅改造博覧会」「衛生博覧会」「旅行博覧会」さらには「生活改造博覧会」まで登場した。これらの博覧会は，従来の政府や地方官庁だけでなく，新聞社や百貨店，電鉄が開催するようになり，人々を「善導」することと同時に消費が強く打ち出されるようになっていった。

　1930年，京都市は全国の中でもいち早く観光課を設置した。大正・昭和の即位儀式である御大典事業や皇室に由来する行事を通じて博覧会を開催した京都市は，産業振興から観光振興に本格的に乗り出すことになる（工藤 2008）。ま

図5-4　京都国立博物館（正面）
出所：京都国立博物館ホームページより。

図5-5　京都駅正面　吉田初三郎「京都図絵」
出所：筆者撮影。

さに博覧会が観光と直接的に結びつき，それを地方行政組織がけん引する時代に移行したといえる。

　京都はこのように近代の中で特別な位置をしめてきた。殖産興業を先取りし，全国でもいち早く「博覧会」を実施した上，東京以外で最初の内国博覧会（第四回1895年）の開催地となることにも成功している。また，これと同時に遷都千百年記念祭も実施し，平安神宮と時代祭を「創始」した。さらに帝国博物館も奈良とともに設立されたが，ここには，奈良の古代文化（飛鳥・白鳳・天平）に対して，京都の「国風文化」という美術による時代区分も成立し（佐藤 1999，高木 2006），博物館に保存された文化財とともに，都市そのものが博物館の役割を果たしていったといえよう。このような「伝統の創出」は，戦後においても引き継がれ，高度成長期には「古都」という語が定着（高木 2008）していくこととなった。

　また，昭和大典事業は，直接に会場となった京都市を中心に全国的な博物館建設の動きと結びついていった。このことから，1928年に博物館事業促進会が

＊7　イギリスのエリック・ボブズボウムらは『創られた伝統』（1992）において，伝統は古来より続いてきたものではなく，近代に入って必要に基づいて「創られた」ものであることを主張している。

第5章　社会教育施設としての博物館・図書館

結成され，1931年には日本博物館協会と改称され，現在にいたる博物館関係の中心的組織となっている。

2　博物館で見るものと見せるもの

（1）祭典と博物館

　現在，靖国神社に併設されている遊就館は，内外の戦争の「英霊顕彰」を「使命」としている。「御祭神の遺徳を尊び，また古来の武具などを展示する施設[8]」として構想されたこの博物館は，相次ぐ対外戦争を経る中で戦史博物館として整備・拡張され，次なる対外戦争への教育的機能ももつようになっている。この館が設置されたのは，上野の博物館と同じ1882年であり，日本における最も早期に作られた博物館の一つであることがわかる。上野の博物館本館がコンドルの設計によるのと同じく，この遊就館も「御雇外国人」である工部美術学校のカペレッティが設計したが，「額堂並に武器陳列場」と仮称されていたこの戦史博物館の歴史は，国家のモニュメントとしてのもう一つの博物館のあり方を示しているともいえる。

　1943年に開催された哈爾濱大博覧会（図5-6）のゲートには「大東亜戦争完遂」の文字が見える。これ以前から戦争が拡大し総力戦体制の構築が急がれるなか，博覧会は頻繁に開かれるようになっていった。やがて，この動きは皇紀2600（西暦1940）[11]年を記念した日本博物館協会による博物館増設要求や，また万博・オリンピック計画へと発展していった（古川 1998）。祭典と博物館が結びつき「見せる」ことにより，国策に協力する「国民」を創出する要求が高まったといえよう。

　敗戦をはさみながらも，1960年は明治百年にあたり，博物館は戦後の画期を迎えるほど全国的に増設された。しかも，皇紀2600年に計画されていた万博と

＊8　遊就館ホームページ（https://www.yasukuni.or.jp/yusyukan/）より。

＊9　ただし，遊就館は敗戦により一旦廃止された。1961年に宝物遺品館として展示を再開し，1986年より遊就館として再開，2002年に全面改装し，現在の姿となっている。

＊10　従来の軍隊同士の戦争から，政治経済や文化や思想にいたるまで国民の生活全般を国家が動員して戦争にあたる社会体制が第一次世界大戦から第二次世界大戦にかけて築かれていった。

＊11　皇紀は日本書紀にある神武天皇の即位したとされる年を元年として数えた年。制定は1872年。

図5-6　ハルピン大博覧会
出所：子安ミサ子さん提供。

オリンピックは，この明治百年を挟んで東京オリンピック，大阪万博として実現し（吉見 2011，椹木 2005参照），さらに同様に計画されていた国史館構想は，国立歴史民俗博物館開設につながることにもなった（金子 2003）。

このようにみると，博物館のもつ機能は，戦前戦後で断絶しているとは言い難いことがわかる。「もの」を「見せる」空間としての博物館には，絶えず政治性を帯びた要求が押し寄せていた。運動会や展覧会が村の祝祭空間となることで，近代学校制度が地域社会に定着（白幡・吉見ほか 1999）していったように，オリンピックや博覧会も近代における国家の装置として機能しながら，人々の視線を形づくってきたといえる。

戦後の博物館は，先述したように総力戦体制の残照を強く受けていたが，その基調には国土開発や経済成長という新しい要求が加わり，その中で観光を意識した多くの博物館が各地に誕生した。当初，都市を中心に発達してきた博物館は，1930年代には地方にも新設されるようになっていたが，ドイツの郷土教育の成果に範をとったとされる郷土博物館の設立は，1940年代に入ると戦時体制下の文化運動によっていっそう進んだ。この時に「発見」された「郷土」は，戦後の博物館のベースともなった。高度成長期以降，各地に設立された博物館は，その多くが自治体を設置母体としており，行政区域の〇〇周年を記念するモニュメントとして，新たな「自己像」の形成（福田 1998）を担っていた。その意味において，国民―県民―市民―町民といった共同意識を醸成するための装置として期待されたといえる。しかし，このような博物館の急増は，戦争や地域の歴史を記憶する場となっただけでなく，地域や館の特色に合った多彩な活動の展開にもつながっていった[12]（伊藤 1978：177）。

---

[12] また伊藤はこれらの背景から市民参加型の地域博物館を提唱している（伊藤 1986；1991；1993）。

（2）負の遺産をめぐって

ここまでは文明を顕彰する「もの」を見せる場としての博物館の成り立ちを紹介してきたが，文明の進展はやがては大きな戦争を引き起こし，これを契機に「負の遺産」を展示する博物館も登場してくるようになる。現在のアウシュビッツ・ビルケナウ博物館は，戦後まもなくホロコーストの場そのものを博物館とし

図5-7　大阪人権博物館　正面
出所：筆者撮影。

たものとして知られているが，日本においても，広島，長崎，沖縄だけでなく，戦争の惨禍を記憶に留めるため数多くの博物館が設置されている[*13]。例えば，空襲から半世紀以上経った2003年になって開設された長岡戦災資料館もこの一つである。長岡復興祭は長岡まつりとして継承され，さらに「記憶の森」をテーマに，1996年に平和の森公園を開園している。このような博物館は，先に上げた就遊館とは異なる意味での戦争博物館といえる。

戦争だけでなく，水俣病やハンセン病，阪神・淡路大震災，東日本大震災など公害や疾病，災害など人々の意識に深くきざみこまれた記憶も負の遺産となろう。これらを集団的な記憶として留め，再考していくことも博物館の役割である[*14]。その意味において，「人権」を直接の対象とした大阪人権博物館（リバティおおさか）の設立[*15]は大きな出来事であった。

---

*13　「戦争ミュージアムは死者と出会うことで過去を知る場所」，「戦争体験者が減っていく中で「もの」のもつ意味が大きくなる」とも指摘されている（梯 2024）。

*14　負の遺産を観光と結びつける「ダークツーリズム」も提唱されている（井出 2021，風来堂 2017など）。

*15　大阪人権博物館は，1985年，「部落問題をはじめとする人権問題に関する歴史的調査研究を行なうとともに，関係資料，文化財を収集，保存し，併せてこれらを一般に公開することを目的」として栄小学校の旧校舎を改修し大阪歴史資料館として設立された。1995年，人権に関する総合博物館として大阪人権博物館と改称，幅広い人権問題を扱う展示へとリニューアルしたが，2013年度から大阪府・大阪市が補助を打ち切り政治問題化し，後に和解が成立するものの，2020年閉館。建物を撤去するも博物館活動は継続している。2023年には大阪公立大学への資料の寄贈を合意している。

また一方，韓国独立記念館，南京虐殺紀念館，さらにはワシントンのホロコースト記念館などは，「日帝」や「ナチス」など「敵」側の虐殺や抑圧，それに対する「抵抗の称賛」という民族主義やナショナリズムを基調としている[16]。このため，戦争をめぐる解釈の対立が記憶の場としての博物館に持ち込まれると，「博物館は権力の場であるとともに，抗争の場でもある」（米谷 2006）という状況をつくることにもつながっていった。異なる認識が博物館に持ち込まれるようになったのである。

3　図書館ってなに？

（1）文庫と図書館

　図書館のルーツを探っていくと，古代日本においては，仏教・儒教の導入とともに書籍の蒐集がみられたが，古くは奈良時代の文人 石上宅嗣 による文庫「芸亭」が閲覧規則を設け，書籍を広く公開したことが知られており，後世の文庫や教育機関に影響を与えている[17]。また，武家文化においても，鎌倉幕府の北条氏による金沢文庫，室町幕府の関東管領上杉氏による足利学校の再興のほか，禅宗文化の隆盛の中，鎌倉・京都の五山において出版文化が広まり，寺院文庫が発達している。

　特に江戸幕府は将軍の書庫として「紅葉山文庫[18]」を整備し，これは明治政府に引き継がれ，現在，国立公文書館の内閣文庫で公開している。江戸時代，幕府だけでなく，各藩においても統治者としての資質を高めるため，藩校を設置し文庫を整備していったが，農業や商業の発達とともに庶民文化も開花し，出版文化を支え貸本屋も登場し，「寺子屋」の一般化など読書層は広まっていった。

　このような情勢の中，幕末から明治初期にかけて出版された福澤諭吉の『西洋事情』は，近代化を歩もうとする日本に広く西欧社会を紹介し，人々に大き

＊16　竹沢（2015）参照。日本に留学（徳島大学）している韓国の大学生は，印象に残っている博物館として独立記念館を上げ，「北韓の侵略を守り抜いた」，「現在までも戦争は続いている」と答えている。

＊17　空海が設置した教育機関である綜芸種智院にも影響を与えている。

＊18　八代将軍徳川吉宗は紅葉山文庫を活用し，それは享保の改革の成果ともなった。

な影響を与えた。その「初編」の中に「文庫」として図書館が示されている。

「西洋諸国の都府には文庫あり「ビブリオテーキ」という。日用の書籍図画等より古書珍書に至るまで万国の書皆備わり衆人来たりて随意に之を読むべし」。

図書館は、「世界中の古物珍物を集めて人に示し見聞を博する為に設けるものなり」と紹介された博物館同様、文明への梃子となる施設として紹介されたのである。

図5-8　芸亭跡
現奈良市立一条高校芸亭文武館前。ただし、現天理大学図書館前にも比定されている。
出所：筆者撮影。

（2）帝国図書館から国会図書館へ

博物館が近代社会への移行期において、権力者のコレクションから民衆への公開を行ったように、図書館も同様の道を辿った。国王の図書館が革命後に国立図書館へと変わったフランスがその代表である。幕末の遣欧使節団が訪れた西欧社会は、産業革命による労働者の台頭とともに、教育の拡大や選挙権の拡充など「国民」の統合を必要とし、公共図書館を整備していた時期にあたる。

1872年、博物館内に設置された「書籍館」（文部省博物局書籍館）が日本の図書館の始まりと位置づけられているが、ここでは、利用は有料であり、本の館外への持ち出しや、「高声雑談」また「発声」も禁止され、書き込みや欠損には償金が課せられていたことが借覧規則から伺える。

この書籍館が1875年に博物館とともに組織分離し、東京博物館、東京書籍館へと改称した。ちょうどこの頃には、新聞や出版物が政治を議論するメディアとして台頭し、新聞紙条例、出版条例などによって規制、検閲をうけることにも繋がった。その中で東京書籍館は内務省によって検閲済となった書籍を納本

---

*19　福澤諭吉『西洋事情』初編巻之一、慶應義塾大学メディアセンターデジタルコレクション（https://dcollections.lib.keio.ac.jp/ja/fukuzawa/a02/3）。ただし、仮名書きに直し、句読点を追加。
*20　同上。
*21　幕末に薩摩藩から渡英した町田久成は、日本の博物館設立に大きな役割を果たしたが、図書部門を備えた大英博物館をモデルとしていた。

図5-9　書籍館の借覧願書・借覧規則
　　出所：国立国会図書館デジタルコレクション「書籍館書冊借
　　覧規則」（文部省博物局）。

する体制が組まれ，多くの新刊図書を収集する機能をもつようになっていった。東京書籍館の利用者には自由民権運動を理論的に牽引した植木枝盛のほか，苦学生であった美濃部達吉，後に近代文学を支えた夏目漱石，幸田露伴，田山花袋，また当時は数少ない女性利用者であった樋口一葉などがいた。[22]

　1891年には初めて図書館に「司書」がおかれ，1897年，東京書籍館をもとに帝国図書館が誕生したが，20世紀に入り日露戦後には義務教育の普及とともに，中等教育も整備され，地方にも多くの図書館が誕生していった。第一次世界大戦への参戦は，戦場となった西欧諸国が空前の惨禍を被った一方，日本の資本主義は急成長を遂げ，都市文化の成立と農村社会の変容をもたらし，新たな教育政策を必要とした。これまで学校教育を補完した通俗教育は，社会教育と改称され，西欧社会を参考に拡大した民衆運動に政策的に統制を加えるべく「博物館・図書館行政から始まり，青年団指導，実業補習教育，融和教育にいたるまで幅広いエリアで，国民教化運動」（相庭 2007：59）が展開されていった。

＊22　書籍館の実務を取り仕切ったのはアメリカ留学経験をもつ永井久一郎であり，彼は永井荷風の父にあたる。

第5章 社会教育施設としての博物館・図書館

博物館や図書館を通じ民衆統制が強化されるようにもなったのである。[*23]

　1933年，自由主義的な言論にも弾圧が加えられるようになった滝川事件がおこった。この年，図書館令が改正され，帝国図書館─道府県中央図書館─各図書館と図書館が集権化され，私立の図書館も認可が必要になるなど，統制強化が目指された。やがて戦争が拡大する中，「皇国民の錬成」がうたわれ，「国民精神総動員運動」が始まると，図書館は書籍の選別をもとに思想統制の役割を担うようになっていった。[*24] しかし，戦争の拡大と空襲により帝国図書館をはじめ各地の図書館でも書籍や資料の疎開が始まり，図書館機能は低下していった。

（3）占領と図書館改革

　敗戦後，最初の教育改革は文部省自らが軍国主義の払拭と国体護持を組み入れた「新日本建設の教育方針」を出すことから始められた。しかし，戦時中，既にアメリカは戦略局が「日本の教育・文部省」を作成し，軍国主義的な教育諸制度の解消を決定していた（雨宮 2008：41）。社会教育に関しては，文部省に社会教育局を再設置することから始められ，新たに制定された教育基本法において「社会教育」（第7条）が規定，「公民館」が位置づけられた。法制定過程においては，図書館，博物館を含めた総合的な「博図館構想」（木田 1987：157参照）も浮上したが，1950年に図書館法，翌年博物館法がそれぞれ施行されることとなった。戦後社会においては，各地で教育文化運動が活発化していた。鎌倉アカデミアや庶民大学三島教室，京都人文学園や，中井正一の尾道市立図書館をはじめとする地域における図書館活動（稲葉 1972）も展開された。

　占領期の図書館政策は，連合国軍最高司令官総司令部（GHQ/SCAP）の民間情報教育局（CIE）が担当した。CIE は占領改革において重視された日本人の

[*23] 一方，普通選挙による選挙権の拡大は新たに「公民教育」を必要とし，最初に実業補習学校に取り入れられ，1931年より中等学校において公民科として設置された。戦後1947年，学校教育法により社会科となるが，1969年に公民分野として復活した。

[*24] このことの反省から，戦後，公益社団法人として再スタートを切った日本図書館協会では，「1 図書館は資料収集の自由を有する。2 図書館は資料提供の自由を有する。3 図書館は利用者の秘密を守る。4 図書館はすべての検閲に反対する。」の4項目，また「図書館の自由が侵されるとき，われわれは団結して，あくまで自由を守る。」と締めくくる「図書館の自由に関する宣言」を採択している。

思想や教育，マスコミ，宗教などの文化的側面を対象としたため，その中に図書館政策が含まれたのである。そこには「民衆の大学」（People's University）としての図書館というアメリカの伝統的な思想が含まれており，主要都市にはCIE図書館が設置され[*25]，アメリカの雑誌や図書を中心とした「優良図書」をもって日本人の啓発にあたった。しかし，逆に公職追放の対象者の調査のために帝国図書館の蔵書が利用されもした。占領期の「民主改革」は，別の視点からみると，官制を通じた「啓蒙」「教化」や「思想統制」でもあり，近代の文明化や国民化の状況と重なる側面ももつことがわかる。さらにアメリカ国民の戦意高揚のために活用された映画は，CIE教育映画として日本人の再教育プログラムとして持ち込まれた。ナトコと呼ばれたこの映画は日本各地で上映され，地方では主に図書館が担当した[*26]。映像と教育を結ぶこの政策は「視聴覚教育」との言葉を定着させるほどの効果を見せた。

　1948年には，「真理がわれらを自由にするという確信に立って，憲法の誓約する日本の民主化と世界平和とに寄与することを使命」（前文）とした国立国会図書館法が成立し[*27]，国立図書館と鞍替えしていた旧帝国図書館は，これに改組された。1951年の図書館法においては，戦前の中央図書館制度は廃止され，各教育委員会が管轄する図書館は対等な関係となり，また，米国教育使節団報告において強調されていた学校図書館は，新たな学校制度の中で整備され，1953年には学校図書館法が成立した[*28]。

（4）変わる図書館

　戦争は終結したものの，戦地からの引揚船が到着していた1950年代，図書館の整備されていない山間部には図書や資料を車に積み込んだ「移動図書館」が活動し，各地で読書サークルも増加していった。鹿児島県立図書館長でもあっ

＊25　例えば高松CIE図書館分館として徳島市に設置された図書館は，アメリカ文化センターを経て，現在の徳島市立図書館となっている。

＊26　生駒 2014，「コラム」参照。

＊27　同法によって国内で発行されるすべての出版物は，国立国会図書館に納入されることが定められている。

＊28　ここでは「司書教諭」が置かれることになったが，「当分の間，置かないことができる」との附則がつけられたため，職員不在の学校図書館が現在にわたって存在する状態となっている。

た文学者椋鳩十が地域で展開した親子読書運動は，婦人学級やPTAを通じて地域に浸透し，全国でも特色ある読書運動が広げられた。図書館は，戦後の文化活動を牽引する役割を担ったのである。例えば，徳島県において，戦災による焼失から再建された県立図書館は，閲覧室の他に，科学室，美術室，郷土学研究室，子供室，視聴覚ライブラリー，レコードライブラリー，大小ホールなどを備えた「文化センター」として，1949年5月3日「憲法記念館」として開館している。新憲法が示した「平和国家」「民主国家」「文化国家」の理念を図書館に託したのである。

図5-10 移動図書館（文化バス）「やまなみ号」徳島県立図書館

出所：筆者撮影。

やがて高度経済成長期には，自治体の規模も拡大し，住民による図書館づくり運動も盛んとなり，図書館設置が相次いだ。ただし，新たな娯楽やメディアが誕生するなか，図書館の社会的地位は相対的に低下していったといえる。

現在，公立の図書館は約3,400館存在し[*29]，さらに増加の傾向にある。博物館，公民館に比べてもその利用者数は多く，身近な社会教育施設であるといえる。図書館は単に発行本の貸し出しだけでなく，「郷土資料，地方行政資料，美術品，レコード，フィルムの収集」（図書館法第3条第1項）を通じて「一般公衆の利用に供し，その教養，調査研究，レクリエーション等に資することを目的」（同法第2条）としてきたが，施設は増加の傾向にあるというものの，人口の都市部集中に伴い，図書館未設置の自治体も増加している。

2003年，地方自治法の改正により，民間企業や法人が公共施設を管理運営できる「指定管理者制度」が導入され，社会教育施設にも参入する会社やNPO法人が増加している。特に2007年リニューアルした千代田図書館，また，2013年改築オープンした武雄市図書館は，これまでの公共図書館とは異なるスタイルから，大きな反響をよんでいる。

---

*29 文部科学省「令和3年度社会教育統計」では3,394館。

また，2023年，第165回芥川賞を受賞した市川沙央の『ハンチバック』は，重度障害のある女性を主人公としている。

　「私は紙の本を憎んでいた。目が見えること，本が持てること，ページがめくれること，読書姿勢が保てること，書店へ自由に買いに行けること――，5つの健常性をみたすことを要求する読書文化のマチズモを憎んでいた。その特権性に気づかない『本好き』たちの無知な傲慢さを憎んでいた」（市川 2023：27）

　との言葉は，これまでの読書そのものに対する視点の欠落を指摘しており，印刷物を読むことが困難な人のために「デイジー図書」を整備してきた図書館にとっても大きな問題を投げかけている。

　現在，図書館では博物館同様にデジタルアーカイブを整備し，電子図書の閲覧サービスも拡大している。この普及には，1997年に設立された「青空文庫」が大きな影響を与えている。作家の没後50年で著作権が消滅する作品をデジタル化し，インターネットで無料公開しているのである。特に国立国会図書館は2010年，改正著作権法や国立国会図書館法の改正により「電子図書館構想」を押し進めている。これまで国会図書館に足を運ばなくては見られなかった資料がデジタル化され，地方においても見ることができるようになった。それだけでなく，大学図書館，自治体図書館との連携において多くのデジタルサービスが受けられるようになっている。

　第1章でふれられた「ポスト・グーテンベルグ状況」は，印刷物で構成されてきた図書館にも大きな影響を与えている。これまでの図書館の歩みを振り返ると，単に「貸本サービス機関」ではない姿が浮かび上がる。

4　社会教育施設としての博物館・図書館

（1）つながる博物館・図書館

　先に見たように，日本の近代化のための博覧会―博物館・図書館の導入は，徳川幕府のお膝元であった上野から始まった。そのため上野には多くの文化施設が集まっている。その中の東京都美術館が中心となって，2013年，上野公園の9つの施設（上野の森美術館，恩賜上野動物園，国立科学博物館，国立国会図書館

第5章　社会教育施設としての博物館・図書館

国際子ども図書館，国立西洋美術館，東京藝術大学，東京国立博物館，東京都美術館，東京文化会館）が連携し「Museum Start あいうえの」という年間を通じた無料の取り組みを始めた（稲庭 2022）。分野を超えた文化施設に，年齢や学校，職場などカテゴリーを超えた対象者が集い，「新しい価値を創造していく活動」を展開しているのである。例えば，コロナ禍の2021年7月に行われた「みる旅」では，高校生とシニアが展覧会と映画鑑賞を通じてクロストークを行う4日間のプログラムを実施している。そこには高校生とシニアだけでなく，学芸員や映画監督，プロデューサーなども参加する文字通りの「小旅行」である。

　同様に2016年に発足した「信州 知の連携フォーラム」は，長野県の博物館，図書館，文書館など分野を超えた連携活動（MLA 連携[30]）を展開している。それは「信州における価値ある地域資源の共有化をはかり，新たな知識化・発信を通して，地域住民の学びを豊かにし，地域創生に繋げていく方策についてフロアを交えて語り合う場」の設定に繋がっており，「信州デジタルコモンズ」という資料のデジタルアーカイブ化や，実務的には人材育成のためのワークショップなどを県立長野図書館，信州大学附属図書館等が中心となり，地元の公民館も巻き込みながらも展開している。

（2）博物館・図書館──これまでとこれから

　従来，個々の館で行われていた活動は，地域の文化資源をどう保存し，また活用していくかという共通の課題にむけて新たな繋がりをはじめている[31]。奇しくも同じ1872年に誕生した日本の博物館・図書館と学校制度は，教育という枠組みの中で共存をしてはきたが，大学博物館・図書館を典型とするように学校制度を中心とした補完的な側面が強かった。博物館，図書館など，社会教育施設が，学校や地域社会とどのような連携を結んでいくかはこれからの大きな課題となろう。

───────────────

＊30　Museum（博物館）の M，Library（図書館）の L，Archives（文書館）の A の 3 分野の頭文字を合わせた言葉。情報資源のアーカイブ化など，共有する課題に取り組んでいる。また，それに加え，大学，劇場やホールを含めた文化産業界の連携を図る活動として MALUI，MULTI という語も生まれている。

＊31　「文化資源の地域包括シェア」をめざして2021年7月から活動を続けている「次世代型文化施設フォーラム」は政策提言も含め，新たな提案とネットワークづくりを展開している。

97

ここまで，博物館，図書館の軌跡をみてきたように，この施設は「近代社会」の強烈な残照の産物でもあった。その意味では，民衆の意識を開花し，新たな社会を模索する道具ともなった。しかし，その強固な力は人々を統制する装置ともなる両面をもってきたことがわかる。現在，デジタル化された情報は，これまでの社会のあり方を急速に変容しようとしている。紹介した事例だけでなく，ここにおいて博物館，図書館は，学校制度以上に変容し，新たな動きもみせている。情報の拡大と多元化は，より一層の影響力，統制力を備えた機能を出現させる可能性ももつ。この中で地域づくりの中核として博物館，図書館が機能を発揮するなら，情報と文化を繋ぐ地域社会の結節点となりうるかもしれない。

課　題

1．博物館や大学，研究センターのデータベースにある絵巻物や地図，絵画資料などを見てみよう。
　(1)　図5-5京都駅正面に描かれている吉田初三郎の「京都図絵」をデジタルアーカイブで探してみよう。
　　・吉田初三郎がどのような人物だったのかを探ってみよう。
　　・吉田初三郎は京都以外にも多くの観光画を描いている。自分たちの地域の観光画を探して，現在と比較してみよう。
　　〈掲載されている博物館・研究センター例〉
　　国際日本文化研究センター（https://www.nichibun.ac.jp/ja/）（全国各地）
　　京都府立総合資料館（https://www.pref.kyoto.jp/shiryokan/yoshida-t.html）（京都の場合）
　(2)　自分たちの住む地域の博物館・資料館・大学・研究センターなどで地元の古地図や絵図，または考古資料などを見てみよう。また，自分たちの住む場所，あるいは大学が古地図ではどのような場所であったのかを調べて，街の成り立ちを考えてみよう。
　　・徳島県においては，県立博物館，県立鳥居龍蔵記念博物館，県立文書館，県立美術館，県立図書館や，徳島市立徳島城博物館，徳島大学附属図書館などがデジタルアーカイブを公開しています。これらを通じて具体的な資料を見ることができます。
2．博物館や大学，研究センターのデジタルベースを活用して，資料を読んでみよう。

第5章　社会教育施設としての博物館・図書館

(1)　自分たちの大学の図書館・博物館にどのような独自のコレクションが
　　あるのか調べてみよう。その中から，自分たちの大学の成り立ちを調べ
　　てみよう。
(2)　慶應義塾大学メディアセンターデジタルコレクション（https://dcollec
　　tions.lib.keio.ac.jp/ja）から，日本にとって近代化は何をもたらせたのか，
　　素材を選んでレポートしてみよう。

文献

相庭和彦（2007）『現代生涯学習と社会教育史──戦後日本を読み解く視座』明石書
　　店。

雨宮昭一（2008）『占領と改革』岩波書店。

猪谷千香（2014）『つながる博物館──コミュニティの核をめざす試み』ちくま新書。

生駒佳也（2014）「日本における生涯学習・社会教育の特質」前平泰志監修・渡邊洋
　　子編著『生涯学習概論』ミネルヴァ書房。

石森秀三（2003）『改訂版博物館概論』放送大学教育振興会。

市川沙央（2023）『ハンチバック』文藝春秋。

井出明（2021）『悲劇の世界遺産──ダークツーリズムから見た世界』文春新書。

伊藤寿朗（1978）「日本博物館発達史」伊藤寿朗・森田恒之『博物館概論』学苑社。

────（1986）「地域博物館論──現代博物館の課題と展望」長濱功編『現代社会
　　教育の課題と展望』明石書店。

────（1991）『ひらけ，博物館』岩波ブックレット188，岩波書店。

────（1993）『市民の中の博物館』吉川弘文館。

稲庭彩和子編著（2022）『こどもと大人のためのミュージアム思考』左右社。

稲葉誠也（1972）「図書館を拠点とした文隼運動──中井正一の場合」『思想の科学』
　　210号（別冊6号）。

大阪人権博物館（2007）『博覧会の展示表象──差別・異文化・地域』大阪人権博物
　　館。

梯久美子（2024）『戦争ミュージアム──記憶の回路をつなぐ』岩波書店。

金子淳（2001）『博物館の政治学』青弓社。

────（2003）「歴史展示の政治性──『歴博』の前身・国史館計画の事例をもと
　　に」国立歴史民俗博物館編『歴史展示とは何か──歴博フォーラム　歴史系博物館
　　の現在・未来』アム・プロモーション。

木田宏監修（1987）『証言　戦後の文教政策』第一法規出版。

工藤泰子（2008）「御大典記念事業にみる観光振興主体の変遷」丸山宏・伊従勉・高
　　木博志編『近代京都研究』思文閣。

小山静子（1999）『家庭の生成と女性の国民化』勁草書房。

佐藤道信（1996）『「日本美術」誕生──近代日本の「ことば」と戦略』講談社選書メ

99

チエ。

───（1999）『明治国家と近代美術──美の政治学』吉川弘文館。

椹木野衣（2005）『戦争と万博』美術出版社。

高木博志（2006）『近代天皇制と古都』岩波書店。

───（2008）「近代古都論」丸山宏・伊従勉・高木博志編『みやこの近代』思文閣。

高橋雄造（2008）『博物館の歴史』法政大学出版局。

高山正也（2022）『図書館の日本文化史』ちくま新書。

竹沢尚一郎編著（2015）『ミュージアムと負の記憶──戦争・公害・疾病・災害：人類の負の記憶をどう展示するか』東信堂。

長尾宗典（2023）『帝国図書館──近代日本の「知」の物語』中公新書。

並木誠士（2008）「京都の初期博覧会における『古美術』」丸山宏・伊従勉・高木博志編『近代京都研究』思文閣。

長谷川賢二（2000）「公立博物館の展示と歴史学研究」『歴史評論』第598号。

風来堂編（2017）『ダークツーリズム入門──日本と世界の「負の遺産」を巡礼する旅』イーストプレス。

福田珠己（1998）「テクストとしての博物館──地域博物館研究に向けて」『歴史研究』36，大阪府立大学。

古川隆久（1998）『皇紀・万博・オリンピック──皇室ブランドと経済発展』中公新書。

丸山宏・伊従勉・高木博志編（2008）『近代京都研究』思文閣。

吉見俊哉（1992）『博覧会の政治学──まなざしの近代』中公新書。

───（2011）『万博と戦後日本』講談社。

吉見俊哉ほか（1999）『運動会と日本近代』青弓社。

米谷ジュリア（2006）「記憶装置としての博物館」倉沢愛子ほか編『20世紀の中のアジア太平洋戦争』岩波書店。

(生駒佳也)

コラム　博学連携の取組み
　——徳島県立鳥居龍蔵記念博物館の歴史文化フォーラム

　博物館と学校をつなぐ「博学連携」事業は，以前から提唱されてきている。現に，県立クラスの博物館には「普及担当係」がおかれており，館内案内や出張講義など学校や地域と博物館をつなぐ業務を担当している。その多くが小学校（あるいは中学校）関係者であることは，利用が小学校に多いことを示している。学校別利用では明らかに小学校が多く，中学，高校と進むに従って低下している。実際，博物館の利用年齢をみると，学齢期に入る前後とその保護者層，また年配者に多いW型を描いている。

　知識が専門化していく中高生に博物館が遠いことは，背景に進学のための受験が大きく影響していると考えられる。実験や現資料よりも問題集や模試が実用的だと考えられているためだろうか。

　徳島県立鳥居龍蔵記念博物館は，2016年「鳥居龍蔵記念　徳島歴史文化フォーラム」を創設し，中学生・高校生を対象とした歴史・文化に関する自由研究発表会を開始した。2014・2015年度に徳島市立高校歴史研究部と同博物館・県立博物館が「高校生が調べる鳥居龍蔵」と題した共同事業を実施したことが契機となった。鳥居龍蔵は近代日本における人類学・民族学・考古学の草創期に活躍した学者であり，日本を含む東アジアから南米まで精緻な調査を行っており，幅広い学問探究に適していた。共同事業では，鳥居龍蔵記念博物館は「自ら学び，考え，大きく成長する高校生の姿を目の当たりにした経験を通じ，当館における学校教育との連携，学校教育への支援とは，学校教育のカリキュラム内で鳥居龍蔵を取り上げてもらうことだけではなく，課外活動等において，児童・生徒が一定のテーマについて，自ら掘り下げ，考えることを推奨し，サポートすることが重要ではないかと感じ

ました」と総括している（徳島県立鳥居龍蔵記念博物館 2015）。より具体的に鳥居龍蔵に関する研究では，高校生にとって前提となっていた教科書記述自体を比較し，現在の学説との距離や成立過程を分析したり，自明としてきた「日本」「日本人」とは何かを考え，それが時代に応じて形成され変化していく関係を見いだしたり，また，科学と学問の関係から，その科学性自体も疑う必要があることを提示している発表もみられた。地元の博物館を活用することで，徳島県以外の博物館，また大学との交流が可能となり，フィールドワークの面白さや，また直接「学知」にふれる機会を得たことがうかがえる。

　徳島歴史文化フォーラムには徳島県内各学校より多くの研究が寄せられ，博物館との連携も増加した。内容も鳥居研究だけでなく，「徳島の横穴式石室と近畿地方の横穴式石室の比較」，「徳島から戦争を考える」など対象となる時代も多様となっている。フォーラムの実施により，レファレンスやフィールドワークを通じて中高生と博物館がつながるようになったため，2020年度からは募集の枠を全国に拡げ，「全国高校生歴史文化フォーラム」も実施している。2022年度では「日記から解き明かす関東大震災と地域の人びと」，「小鳴門海峡の渡船」が最優秀賞を受賞している。　　　　　　　　　　　　　　（生駒佳也）

文献

徳島県立鳥居龍蔵記念博物館（2015）「高校生が調べる鳥居龍蔵 II ──『日本人論』の現段階と鳥居龍蔵」平成27年度博学連携推進モデル事業 https://torii-museum.bunmori.tokushima.jp/hs/2015.htm（2025年 3 月10日閲覧）。

第 **6** 章

人間の「発達」と学習
──生きることとの関わりから──

　人間の発達というと，どのような時期や内容をイメージするだろうか。また，みなさんは，どのような学習が大切だと考えているだろうか。本章では，発達観や変容的学習論の発展の基盤となった諸理論を基にしながら，私たちの学習のプロセスについて考えていく。ここでは，知識や技術の獲得といった側面よりもむしろ，私たちの人間関係や物事の捉え方といった学習の側面に重点を置いている。本章を通して，これまでの自らの学習を振り返り，これからの学び方や生き方を考えていこう。

1　発達とは何か

（1）発達観について

　人間の発達というと，乳幼児が大人になるまでのプロセスが先に思い浮かぶかもしれないが，大人になってから以降も含んだ生涯発達の観点から捉えていくことができる。堀薫夫は，発達とは，元来価値中立的な語であり，「伸びていく」という方向のみを示す概念ではなく，人間は「生涯にわたって発達しつづける」存在であると述べている（堀 2018：4）。そして，堀は，表6-1のように発達観の3つのモデルを示している（堀 2018：9）。

　第一の「成長─社会化としての発達」モデルは，「人間の生物的・生理的条件を重視した発達観で，主として大人になるまでのプロセスを発達とみるという立場」であり，この立場に立つと，生涯発達の問題は考えにくくなり，成人期以降の変化のプロセスは，停滞→老化／エイジングのプロセスとして描かれることになるとされる。第二の「生涯のプロセスとしての発達」は，社会的役割や社会的過程を重視した発達観であり，完成体に向かうというよりは，むし

103

表6-1　発達観の3つのモデル

モデル	成人期以降の発達	イメージ	年齢の役割	重要な次元
成長—社会化としての発達	考えにくい		きわめて重要	身　体
生涯のプロセスとしての発達	考える		重　要	役　割
自己実現としての発達	考える		あまり重要ではない	精　神

出所：堀（2018：9）。

ろ生涯のライフコースの途上にある発達上の課題群を明らかにするというイメージに近いものであるとされる。第三の「自己実現としての発達」は，主として人間の精神や自我の次元を重視した発達観である。例えば，老年期は，一般的には生理的機能が低下し，社会的役割が減少する時期だと考えられるが，こうした「喪失」の事実を事実として受け止めたうえで，なおかつそこから成長していく自我の存在を認めることも可能なのではないかと堀は述べている（堀　2018：9）。

　なお，学習と発達の関係について，堀は「経験によって行動変容・意識変容を獲得することが『学習』であるならば，この行動変容・意識変容が持続され，長期にわたってその人の内面的変化をおよぼした場合，『発達』が生じたということになる。その意味では，学習と発達の関係もまた，不即不離の関係にあるといえる」（堀　2018：17-18）と述べている。

　このように，「発達」を成人になるまでのプロセスとして捉えるのか，成人期以降も発達し続ける存在として捉えるのかによって，その意味合いが異なってくる。また，成人期・老年期における身体的な変化と共に，社会的役割や，人間の精神や自我の次元で捉えていくと，私たちは，生涯に渡り発達し学び続ける存在，自己形成し続ける存在として捉えることができるだろう。

（2）発達課題論について

① ハヴィガーストの発達課題論

　ここでは，人間の一生を通じての発達を発達課題という視点から捉え，教育との関連について提起したハヴィガースト（R. J. Havighurst）の発達課題論を

見ていく。これは，表6‐1の「生涯のプロセスとしての発達」の代表例とされる。ハヴィガーストは，「発達課題は，個人の生涯にめぐりくるいろいろの時期に生ずるもので，その課題をりっぱに成就すれば個人は幸福になり，その後の課題も成功するが，失敗すれば個人は不幸になり，社会で認められず，その後の課題の達成も困難になってくる」（ハヴィガースト 1995：25）と述べている。また，発達課題は，身体的成熟や個人に対する文化的過程の圧力，人格の欲求や抱負や価値といった諸要素の相互作用から生ずるものであり，個人の欲求と社会の欲求の両方の性質を有していると述べる（ハヴィガースト 1995：28，308）。表6‐2は，ハヴィガーストの提起した人生の各時期における発達課題のリストの一部である。

　ハヴィガーストは，「発達課題の配列やその内容は，文化によって異なるものであり，また個人の文化的価値観によっても左右されるものである」とし，ハヴィガースト自身，主としてアメリカの中産階級の立場とアメリカの民主主義の価値観に基づいて言及していると述べている（ハヴィガースト 1995：45-46）。また，発達課題には，一回だけ生じる課題とくりかえされる課題があり，それらを区別していくことは課題を吟味していくうえで大切なことであるとする。例えば，個人がそれぞれの時期にふさわしい発達課題を学習できるほどに十分成熟したときを「教育の適時」と捉え，歩くこと，話すこと，排泄の習慣，職業の選択などの学習には，学習するのに特定の時期があるとする一方，同年輩の仲間と交際することの学習や男性または女性のもつ社会的役割を学習すること，市民として社会生活に責任をもって参加することの学習などは，長い間にわたって，変化した形でくりかえされる課題の例であるとしている（ハヴィガースト 1995：46-47）。また，発達課題の達成は，知的要因よりも，他人に対する態度や情緒的な他のパーソナリティの諸特質と関係していることも指摘している（ハヴィガースト 1995：301）。

　このように，ハヴィガーストの発達課題論は，人間の一生の発達を連続的に捉え，発達課題の達成という観点から捉えた点，また，生物学的・心理学的な観点のみならず，文化・社会的な観点や社会的役割の習得が強調されている点が特徴であるといえる。しかし，1940年代のアメリカの中産階級の理想像を念頭において述べている点や，性別役割分業などの社会的役割を前提としている

表6-2　ハヴィガーストによる発達課題のリスト（一部）

時期	発達課題
青年期	青年期の仲間集団　（1）同年齢の男女との洗練された新しい交際を学ぶこと 　　　　　　　　　　（2）男性として，また女性としての社会的役割を学ぶこと 独立性の発達　　　（1）自分の身体の構造を理解し，身体を有効に使うこと 　　　　　　　　　　（2）両親や他の大人から情緒的に独立すること 　　　　　　　　　　（3）経済的な自立について自信をもつこと 　　　　　　　　　　（4）職業を選択し準備すること 　　　　　　　　　　（5）結婚と家庭生活の準備をすること 　　　　　　　　　　（6）市民として必要な知識と態度を発達させること 人生観の発達　　　（1）社会的に責任ある行動を求め，そしてそれをなしとげること 　　　　　　　　　　（2）行動の指針としての価値や倫理の体系を学ぶこと
壮年初期	（1）配偶者を選ぶこと　　　　　　　（5）家庭を管理すること （2）配偶者との生活を学ぶこと　　　（6）職業に就くこと （3）第1子を家族に加えること　　　（7）市民的責任を負うこと （4）子供を育てること　　　　　　　（8）適した社会集団を見つけること
中年期	（1）大人としての市民的・社会的責任を達成すること （2）一定の経済的水準を築き，それを維持すること （3）10代の子供たちが信頼できる幸福な大人になれるよう助けること （4）大人の余暇活動を充実すること （5）自分と配偶者とが人間として結びつくこと （6）中年期の生理的変化を受け入れ，それに適応すること （7）年老いた両親に適応すること

出所：ハヴィガースト（1995）より筆者作成。ハヴィガーストは，幼児期，児童期，青年期，壮年初期，
　　　中年期，老年期の発達課題を提示しているが，紙面の都合上，3つの時期を例に示した。

点など，発達課題の設定自体が，その時代的・文化的価値の中で構築されてき
たといえる。現代では，多様な性と生き方・価値観・家族観が認められるよう
になる中で，それぞれの生き方や価値観によって発達課題やその生じる時期も
異なるといえるだろう。

② エリクソンの発達段階論

　次に，人間の心理的―社会的側面の発達に着目し，人生の様々な段階で出会
う危機を克服することで，生涯にわたって人間は成熟し続けると考えたエリク
ソン（E. H. Erikson）の発達段階論を見ていく。これは，表6-1の「自己実現
としての発達」の典型例とされる。表6-3は，エリクソンが示したパーソナ
リティの発達における諸段階である。パーソナリティは，その人にとって重要
な意味をもつ人々や制度を認識し，それと相互作用を行うようになるための，
生物としての人間の準備状態（レディネス）の中にあらかじめ定められた段階に従って発達す
る。そのことを漸成的（epigenetic）であるとエリクソンは捉えた（エリクソン

表6-3　エリクソンによるパーソナリティの発達における諸段階

	1	2	3	4	5	6	7	8
VIII								インテグリティ 対 絶望
VII							ジェネラティヴィティ 対 停滞	
VI						親密 対 孤立		
V	時間的展望 対 時間意識の混乱	自己確信 対 自己意識	役割実験 対 役割の固定	従弟期間 対 労働麻痺	アイデンティティ 対 アイデンティティ混乱	性の両極化 対 両性愛的混乱	指導者―追随者的関係 対 権威の混乱	イデオロギーへのコミットメント 対 価値の混乱
IV				勤勉 対 劣等感	仕事への同一化 対 無益感			
III			自主性 対 罪の意識		役割への期待 対 役割抑制			
II		自律 対 恥, 疑惑			自分自身でありたいという意志 対 自己不信			
I	信頼 対 不信				相互承認 対 自閉的孤立			

出所：エリクソン（2017：107）。Ⅰ～Ⅷは，Ⅰ：乳児期，Ⅱ：幼児期初期，Ⅲ：遊戯期，Ⅳ：学童期，Ⅴ：青年期，Ⅵ：前成人期，Ⅶ：成人期，Ⅷ：老年期を示している。なお，Ⅰ～Ⅷの訳語は，エリクソン・エリクソン（2001：73）。

2017：106）。

　表6-3の二重線で囲まれた対角線欄は，心理・社会的活力（vitality）の主要な構成要素が個体発生的にどのように展開してゆくかを記述したものである（Ⅰ-1～Ⅷ-8）。縦の行の乳児期からアイデンティティまで（Ⅰ-5～Ⅴ-5）の項目は，前の段階が直接アイデンティティ発達にそれぞれ特有の貢献をしていることを表している。また，表のⅤの水平な欄に様々な混乱の兆候の要素を割り振り，いかに「退行的な」垂直の1，2，3，4の欄下にたどって先行する子ども時代の要素に遡ることができるかを示しているという（エリクソン 2017：221-222）。また，エリクソンは，それぞれの段階に独自の活力に満ちた強さを基本的な徳（virtue）や「活力ある徳（vital virtues）」と呼び，Ⅰでは希望，Ⅱでは意志，Ⅲでは目的，Ⅳでは適格，Ⅴでは忠誠，Ⅵでは愛，Ⅶでは世話，Ⅷで

は英知が身についていくことを示しており（エリクソン 2017：294；エリクソン・エリクソン 2001：73），人格の基本的な「強さ」の獲得を目指していたといえる。

このように，ハヴィガーストとエリクソンの理論は，人間の誕生から死までの一生を発達の射程に入れて捉えている点，また，生涯学習論や成人学習論が普及していった1970年代の議論に大きな影響を与えたという意味でも意義は大きいといえる。他方，ハヴィガーストもエリクソンも発達の順次性のモデルを示しており，各時期の課題達成や危機の克服に「失敗」するとその後も上手くいかないような段階論になっている。しかし，生涯学習論的に言えば，上手くいかなくとも学び直しが可能であり，その課題自体を問い直すことも含めて，よりよい方向性に向かえる希望を見いだしていくこともまた重要なことではないかと考える。

2　経験による学習と変容的学習

（1）経験による学習──デューイ，リンデマン

多くの場合，学習にとって「経験」は重要な意味をもつ。第15章においても，アンドラゴジーの要素として，成人期の学習では経験がより重要な学習の資源となることが挙げられている。ここでは先ず，デューイ（J. Dewey）による経験の再構成論を見ていく。デューイは，「生活は発達であり，発達すること，成長することが，生活なのだ」，すなわち，教育の過程はそれ自体を越えるいかなる目的ももっておらず，それ自体が目的であり，連続的な再編成^{リオーガナイジング}，改造^{リコンストラクティング}，変形^{トランスフォーミング}の過程であると述べている（デューイ 1975a：87）。また，経験のどの段階でもその段階において実際に学びとられたものこそがその経験の価値を成すのだという意味で，幼児期も青年期も成人の生活もみな同様の教育適齢段階にあるという（デューイ 1975a：127）。そして，デューイは，経験の「質」が何よりも重要であり，その質的経験を整えることこそ，教育者に課された仕事であると述べる（デューイ 2004：34）。また，デューイは，経験の連続性と相互作用の原理を示し，これらは相互に結びついていると述べる。経験の連続性の原理とは，「以前の過ぎ去った経験からなんらかのものを受け取り，その後にやってくる経験の質をなんらかの仕方で修正するという両方の経

験すべてを意味するものである」とし，経験が螺旋上に連続していく過程として捉えた（デューイ 2004：47, 128）。また，「経験の発達が相互作用から生じるという原理は，教育が本質的に社会過程であることを意味する」（デューイ 2004：92）と述べている。デューイは，「ある人の身に起こることと，彼が反応して行なうこととの間や，彼が自分の環境に対してなすことと，その環境が彼に反応してなすこととの間に，関連が確立されると，ちょうどその程度だけ，彼の行動および彼の周囲の事物は意味を獲得するのである。彼は学習して，自分自身を理解するとともに，人間と事物の世界をも理解するのである」と述べ，適切な環境との相互作用の重要性を提起している（デューイ 1975b：123）。

　このように，デューイは，「教育は，生活経験のなかに見いだされるという考え方」（デューイ 2004：77）に基づき，経験を動的で生成的なものとして捉え，教育にとって重要な役割を果たすものであり，そのプロセスを発達として捉えていたといえる。

　そして，デューイの教育論を成人教育の原理に組み替えっていったのが，リンデマン（E. C. Lindeman）である。リンデマンは，成人教育の目的を「生活の意味の探求」に求め，その特徴として次の4点を挙げている。第一に，「教育は生活である」という考えを基本とし，教育は未来の未知の生活への単なる準備ではなく，「生活のすべてが学習であり，それゆえ教育には終着駅がない」として成人教育（adult education）を提起した。またリンデマンは，「成人教育」を成人という対象に限定されるのではなく，成人性（adulthood），成熟（maturity）がその範囲を限定するとしている。第二に，成人教育は，「非職業的な（non-vocational）理念をめぐって展開」し，正確には，「成人教育は職業教育が終了したところから始まる」とし，その目的を「生活のすべてを意味づけること」であると述べる。第三に，成人教育は「教科を通じてではなく状況（situations）を通じてアプローチされる」とし，カリキュラムは生徒のニーズと関心に応じて構築され，「学習過程が，初めから現実の中にあることを意味する」と述べている。第四に，「成人教育における最高の資源は学習者の経験である」とし，「経験は，成人学習者の生きたテキストブックなのである」と述べている（リンデマン 1996：30-33）。

　このように，リンデマンは，教育を生活のための準備として見るのではなく，

教育が生活そのものであり，生活もまた教育であると捉え，そこに経験の役割や生活の意味の探求を重要視したのである。

（2）変容的学習——メジロー

次に，成人の学習における変容的学習（transformative learning）の理論的土台となったメジロー（J. Mezirow）の理論を見ていく。メジローは，子ども期における社会化（規範に関する，親，友人，メンターからのインフォーマルな学習や暗黙の学習）や学校教育を通して生じる形成的学習（formative learning）は，成人期においては変容的学習（transformative learning）へと変化するようになると述べている（メジロー 2012：3, 5）。そして，成人の学習は，現存する「意味スキーム」（後述）を通じての学習，新しい意味スキームによる学び，意味スキームの変容による学び，そして「意味パースペクティブ」の変容による学びの4つを前提とし，変容的学習として後者の2つを挙げる[*1]。意味パースペクティブは，期待の習慣（志向，個人的パラダイム）の規則体系であり，意味スキーム（ある特有の解釈に基づく知識，信念，価値判断，感情）は，ある特殊な期待の習慣であり，どちらも私たちの行動に影響をおよぼしており，意味パースペクティブは，意味スキームを作り出すという。また，意味スキームは意味パースペクティブ以上に，批判的に検討され省察（reflection）により変容する可能性が高いと述べる（メジロー 2012：62, 84, 132, 162）。なお，メジローは，省察は，自分の経験を意識し，また意識することに気づくといった単純なものではないとして，内容の省察，プロセスの省察，想定の省察の三つに区別して捉えている。プロセスの省察には，自分がどのように理解し，思考し，判断し，感じ，行動しているのかをめぐって省察及び批判することの両方が含まれるのに対して，想定の省察には，なぜそのようにしたのかの理由について気づくことと批判することがともなうという。そして，私たちは，内容の省察やプロセスの省察を通して意味スキームを変化させ，想定の省察を通して意味パースペクティブを変容させることができるとして，省察を変容的学習の中心的な原動力とし

＊1　メジローは，後に意味スキームと意味パースペクティブという概念を使用しなくなったが，本章では理解のしやすさのため，これらの概念を用いて説明する。詳しくは常葉－布施（2004）を参照。

て捉えている（メジロー　2012：146, 148, 162）。

　また，メジローは，変容プロセスを引き起こす混乱したジレンマは，死や病い，離別といったジレンマに対する反応や，目からうろこが落ちるような議論や書物，絵画等を見ることから生まれることもあれば，これまで受け入れてきた前提と矛盾する慣習や異なる文化を理解しようとする努力からも生まれるという。とはいえ，確立されたパースペクティブへの挑戦は，多くの場合，個人が深く身につけている価値観に疑いを持つことになり，自己という感覚をも脅威にさらすようになるため，精神的に苦しいものであるとメジローは述べる。そして，パースペクティブ変容のプロセスとして，「1．混乱するジレンマ，2．罪悪感や恥からの自己検討，3．認識的前提，社会文化的前提，あるいは精神的な前提についての批判的アセスメント，4．自分の不満と変容プロセスが共有できるものであり，その人たちも同様の変化を乗り越えたことに気づく，5．新しい役割，関係，行動の選択を探る，6．行動の策を練る，7．自己の計画を実行に移すための知識と技能を習得する，8．新しい役割を暫定的に試行する，9．新しい役割の中で能力と自信を身につける，10．自己の新しいパースペクティブに基づいた条件を土台にして自分の生活を再統合する」という10の局面を示している（メジロー　2012：234-236）。また，想定の問い直しや吟味といった活動は，個人が孤立した状態では十分に行うことができず，他者とのやりとりや知識・経験の共有が不可欠であるとして，メジローは，ハーバーマス（J. Habermas）の理論からヒントを得て，討議（discourse）と呼んでいる（常葉－布施　2004：100）。

　このように，メジローは，「変容が，成人の発達プロセスの中核をなすもの」（メジロー　2012：219）として捉え，「成人教育の到達目標は，成人学習者がさらに批判的省察を進め，理性的討議に自由に参加し，発達段階をより前に進め，包括的で多様であり，広がりがあり経験が統合されるような意味パースペクティブに向かって動いていくのを支援することである」（メジロー　2012：309）と述べる。しかし，常葉－布施美穂が「メジローの理論の底流には，自律的思考や理性的な意志決定を成人にふさわしい性質と見なす成人観や，成人は他者に依存したり他者からコントロールされたりすることなく，自らの人生を自己決定していくべきとする思想，また，人間は本来理性的な存在であって，必要な

理解を発展させれば自分にとっての最良の選択を行うことができるという信念が見出せる」（常葉 - 布施 2004：105）と述べるように，近代主義的な主体像・個人をベースとした捉え方がなされているといえる。

3　生きることと学ぶこと

（1）学習とコミュニケーションの論理階型論——ベイトソン

　これまでいくつかの発達や学習の理論を見てきたが，他者との対話や関わりは重要であるものの，「個人としての自己」が自明の前提として語られてきたといえる。しかし，自己をどのように捉えるかということは，学習や関係性を捉えていくうえで重要であると考える。そこで，自己を自己システムとして関係性の中で捉えたベイトソン（G. Bateson）の理論について見ていく。ベイトソンは，私たちの生きた世界に広がる複雑な相互作用のネットワーク，「結び合わせるパターン（the pattern that connects）」を探求しながら，生物学，文化人類学，精神医学，心理学など，超横断的に闊歩した思想家である。

　ベイトソンは，「学習とコミュニケーションの論理階型論」で，コンテクストのもつ論理階型に従ってゼロ学習から学習Ⅳまでの階型を提示している。〈ゼロ学習〉の特徴は，「反応の特定性」にあり，「一つの決まった反応が，正しかろうと間違っていようと修正されることはない」場合であり，単なるシグナルの受信や単純な機械装置の反応がそうである。〈学習Ⅰ〉とは，「反応が一つに定まる定まり方の変化，すなわちはじめの反応に代わる反応が，所定の選択肢群のなかから選び取られる変化」である。〈学習Ⅱ〉とは，「〈学習Ⅰ〉の進行プロセス上の変化である。選択肢群そのものが修正される変化や，経験に連続体が区切られる，その区切り方の変化」である。「学習することを学習する」階型であり，習慣を形成していく。〈学習Ⅲ〉とは，「〈学習Ⅱ〉の進行プロセスに生じる変化である。代替可能な選択肢群がなす系そのものが修正される変化がこれに相当する」とし，このレベルの変化を強いられる人間とある種の哺乳動物は，時として病的な症状をきたすと述べる。この時，学習Ⅱで得られる前提への捕らわれからの解放が得られるため，学習Ⅱでつくられた“自己”そのものにも変容がもたらされることになる。人間は稀にではあっても学

習Ⅲにまで到達する。一方，学習Ⅲへの飛躍がうまくいかなかった場合には，深いダブルバインドに陥ってしまい病的症状に陥る危険性もある。学習Ⅲがきわめて創造的に展開した場合，矛盾の解消とともに，個人的アイデンティティがすべての関係的プロセスのなかへ溶け出した世界が現出することになるかもしれない。〈学習Ⅳ〉とは，「〈学習Ⅲ〉に生じる変化，ということになろうが，地球上に生きる（成体の）有機体が，このレベルの変化に行きつくことはないと思われる」と述べる（ベイトソン 2023：263-264，280-289）。例えば，子どもが「ありがとう」や「ごめんなさい」を言う場面を一つひとつ学ぶ（学習Ⅰ）を繰り返す中で，「あいさつ」をする習慣が身につく（学習Ⅱ）といったように，学習Ⅰと並行して学習Ⅱが進行していく。また，私たちの生活習慣や考え方は，幼少期の経験が基礎になっており，一度，学習Ⅱがなされるとなかなか消し去られない性質をもつため，学習Ⅱでの矛盾が生じるとダブルバインドに陥ることになる。

　また，ベイトソンは，「自己」を身体的境界や意識の境界で区切られるような，独立した「個」として捉えるのではなく，自己の〈精神 mind〉や，他者，物，自然などとの関係を一体的に捉えた，自己修正的なコミュニケーション・システムとして捉えていくことで，私たちの複雑な「生きた世界」の認識論になると提起した。例えば，個人の「性格」は，その人個人が具えているのではなく，その人とほかの何か（あるいは誰か）との間で起こる事象に内在するものであるという（ベイトソン 2023：273）。これも学習Ⅱといえる。矢野智司は，ベイトソンの理論により，従来のデューイのコミュニケーション論では説明困難な「覚醒」という非連続な事象に対し，論理階型を組み入れることによって創造的な意味の生成を捉えるコミュニケーション論を展開できると述べている（矢野 1996：ⅲ）。

　さらに，ベイトソンは，アルコール依存症の原因を，酒に対して自分は勝てるのだ，自分は酒をコントロールできるのだという認識論的前提に立ってしまっているところに誤謬があると考えた。そして，アルコール依存症者の自助グループである Alcoholic Anonymous（AA）の実践の分析を試みた。回復の第1ステップは，アルコールとは戦えない，アルコールに対して無力な自分を認めることであり，「自己」VS「酒」という対立図式（対称的なパターン）から解

放され，〈自己＋酒〉という一体となったパーソナリティ（相補的なパターン）という認識に変化していくことを意味している（ベイトソン 2023：305-308, 336）。そこには，自分の「弱さ」を認めることによって，むしろ新しい再生への力を生み出していけるというパラドックスが存在しているといえる。

このように，ベイトソンは，関係性を基盤とした認識の大切さと，より大きな思考のシステムに視野を向けていくことを提起したといえる。

（2）生きることを学ぶことに向けて

これまで見てきたように，学習は私たちの生活や経験とは切り離されないものであると同時に，学習を生活や経験と結びつけていくことが求められるといえる。他方，私たちは，経験が豊かになるにつれて，柔軟な学びや関わりが阻害される場合もある。また，新しい人や物との出会いや葛藤やジレンマの中で，時に，これまで当然と考えてきた価値観や物の見方そのものが覆され，困難に陥ることや新しい生き方や考え方に繋がるような変容が生じる場合もある。本章で取り上げた諸理論も，各々視点は異なるものの，人間の発達や学習を一生涯のプロセスとして捉えようとした点では共通している。そして，経験の連続性と再構成のプロセスを重視したのがデューイであり，私たちの行動の前提となっている認識の枠組み自体を問い直そうとしたのがメジローやベイトソンであったといえる。

また，エリクソンが人格の基本的な「強さ」の獲得を目指していることや，メジローが「自己決定」や「自立（または自律）」に価値を置いている点から，他者との対話や討議は必要なものの「自立した個人」になることが目指されてきたといえる。他方，ベイトソンのように，「自己」を関係性の中で捉えていく観点から見ると，私たちが人や物との関係の中である一定の全体性を帯びながらも，各々の関係性を保持しながら生きているように，「自己」の性質は複数存在するといえる。林美輝は，「現代社会においては，人が複数の自己アイデンティティズを生きている」（林 2023：6）と捉え，例えば，障害当事者から出された，自分でヘルプを出せることが，大事な自立なのだといった語りでいうところの「『自立』は，人に頼ることをポジティブに捉え直す，人と人との関係の語り直しであるともいえる」（林 2023：225-226）と述べている。これ

第6章　人間の「発達」と学習

らの点を踏まえて考えると，「自立」とは，全てを自分一人で行えるように，他者に頼らずに生きていけるようにすることを目指すことには語り直しが求められているのではないか。すなわち，複数の自己と関係性を前提にしながら——すでに障害当事者をはじめ様々な人たちが唱えてきていることであるが——頼れるところ・相談できるところ（依存先）を増やしながら，生きていけるものとして語り直すことが，これからの社会では求められるのではないか。自立／依存といった二項対立的な思考を超えていくことも大切なことだと考える。

　さいごに，私たちの物事に対する認識のあり方は，日々の行動や関わり方に影響している。ベイトソンは，「目的は手段を正当化する」思考がもたらす悲劇と破綻にも触れているが，第2章や第15章でも述べられているように，地位や名声や財産などを「もつ（to have）」ことを最終目標とするのではなく，人として，私として「ある（to be）」ことを探求して生きていけるとよいと考える。生き方や価値観も多様化する現代社会において，自己の生活の枠組みとなっている認識を振り返り捉え直すプロセスも大切にしながら，物の見方・考え方を多様にかつ柔軟にして，常に希望をもって生きていけることが望まれる。

課　題

1. 「発達」や「学習」に対して抱いていたイメージを，自分の経験とも重ね合わせながら書き出してみよう。そして他の人と共有し，それらの意味を捉え直してみよう。
2. これまでに物の見方や考え方が変化した経験を1つ挙げて，それがどのようなきっかけで，どのように変化したのか，また行動の変化にも繋がったかについて振り返ってみよう。そして，他の人と共有してみよう。
3. 発達や学習に関わり興味をもった人物や内容について，更に調べ，考察してみよう。
4. 自分のこれまでの生活や生き方を振り返りながら，これからどのような学びや生き方を大切にしていきたいかについて考えてみよう。

文献

エリクソン，E. H.（2017）『アイデンティティ　青年と危機』（中島由恵訳），新曜社。

エリクソン，E. H.・エリクソン，J. M.（2001）『ライフサイクル，その完結〈増補版〉』（村瀬孝雄・近藤邦男訳），みすず書房。

デューイ，J.（1975a）『民主主義と教育（上）』（松野安男訳），岩波書店。

———（1975b）『民主主義と教育（下）』（松野安男訳），岩波書店。

———（2004）『経験と教育』（市川尚久訳），講談社。

常葉-布施美穂（2004）「変容的学習——J.メジローの理論をめぐって」赤尾勝己編『生涯学習理論を学ぶ人のために』世界思想社，87-114頁。

ハヴィガースト，R. J.（1995）『人間の発達課題と教育』（荘司雅子監訳），玉川大学出版部。

林美輝（2023）『語りを生きる——ある「障害」者解放運動を通じた若者たちの学び』晃洋書房。

ベイトソン，G.（2023）『精神の生態学へ（中）』（佐藤良明訳），岩波書店。

堀薫夫（2018）『生涯発達と生涯学習［第2版］』ミネルヴァ書房。

メジロー，J.（2012）『おとなの学びと変容——変容的学習とは何か』（金澤睦・三輪建二監訳），鳳書房。

矢野智司（1996）『ソクラテスのダブル・バインド——意味生成の教育人間学』世織書房。

リンデマン，E.（1996）『成人教育の意味』（堀薫夫訳），学文社。

（安川由貴子）

コラム　省察的実践を通して新たな実践を生み出していくこと

　「省察」という言葉には，本章でも見たように，様々な意味合いが含まれている。ここでは，ますます複雑化する社会の中で，専門知識や科学的技術を合理的に適応する「技術的合理性」にもとづく「技術的熟達者（technical expert）」から「行為の中の省察（reflection-in-action）」にもとづく「省察的実践家（reflective practitioner）」として新しい専門職像を提起し，専門家の実践や専門家教育に大きな影響を及ぼしたショーン（D. A. Schön）の考え方を見てみよう。なお，「反省的実践家」はショーンのオリジナルな造語であるが，「反省的実践（reflective practice）」という言葉自体は，デューイの「反省的思考（reflective thinking）」に由来しており，デューイの探究の理論を「実践的認識論」へと発展させたものであるとされる（佐藤 2001：2-3）。

　それでは，ショーンが「省察的実践家」の中核をなす概念として提起した「行為の中の省察」とはどのようなことだろうか。ショーンは，私たちの日常生活のふるまいにおける知は，行為の"中"（in）にあり，同様に，専門家の職業生活は暗黙の「行為の中の知」（knowing-in-action）に依存しているという（ショーン 2001：76）。また，行為の中の省察というプロセス全体が，実践者が状況のもつ不確実性や不安定さ，独自性，状況における価値観の葛藤に対応する際に用いる〈わざ〉の中心部分を占めていると述べる（ショーン 2007：51）。例えば，ポラニー（M. Polanyi）が提起した，言語で表現できる知を越えた「暗黙知（tacit knowledge）」も「行為の中の知」の1つであるとする。また，「行為の中の省察」の例として，大リーグの投手が「はまり所をみつける」経験や，ジャズミュージシャンが即興で一緒に演奏する時等を挙げる。あるいは，7，8歳の子どもが，金属の棒の上に片端に重みが付いたものを含む木のブロックをのせてバランスをとる実験で，失敗を繰り返しながら積み上げていく中で，ブロックが幾何学的中心ではなく，重心でつりあうことに気づくことも，「行為の中の省察」のみごとな例であると述べる（ショーン 2001：87-101）。また，ショーンは，実践者が自分自身の行為の中の知の生成〈について（on）〉ふり返ることに関して，これは実践が終わった後に自分が取り組んできたことについて思いをめぐらし，探究することであるが，実践者は，実践の最中にも，実

践について省察していると言ってよいという。すなわち，行為の中の省察は，数秒単位で行われることもあれば，数か月という期間で行われることもあり，実践状況の速度と時間の長さに対して変化するものであるとする（ショーン2007：64-65）。

しかし，実践が反復と決まり事になるにつれて，「実践の中の知」は暗黙で無意識的になり，実践家は自分が今していることについて考える重要な機会を逃しているかもしれないと，専門分化の負の効果を指摘する。そのような時に，省察を通して，実践家は自身の暗黙の理解を明らかにし，批判することができ，経験することになる不確実性や独自性という状況の新たな理解が可能になるという（ショーン 2001：103-105）。また，ショーンは，省察的実践家は，新しい能力の獲得の挑戦へと動いていくとき，今までなじんできたことに満足するのをあきらめ，新しい能力に自分を開いているという。そして，実践者が「実践の中の研究者（researcher-in-practice）」として働くとき，彼は自己教育を継続的に進めていくことになり，実践それ自体が刷新の源泉となる。不確実性によって生じた誤りを認識することは，自己防衛の機会ではなく，むしろ発見の源泉となると述べている（ショーン 2007：316-317）。

このように，「行為の中の知」は私たちが日常生活で行なっている知のあり方であるが，「行為の中の省察」を日々いかに実践できるかどうかは，専門家としての質や力量形成に大きく関わってくるといえる。状況と対話しながら，自らの実践の構造や問題を捉える枠組みを見つめなおすプロセスを通して，新しい可能性が生み出されていくのではないだろうか。　　　　　　（安川由貴子）

※本コラムでは論者が反省的と表記している場合を除き，reflective を省察的という
　訳語で表記した。詳しくは，ショーン（2007： v ）を参照。

文献
佐藤学（2001）「訳者序文　専門家像の転換──反省的実践家へ」ショーン，D. A.
　『専門家の知恵──反省的実践家は行為しながら考える』ゆみる出版，1 -11頁。
ショーン，D. A.（2001）『専門家の知恵──反省的実践家は行為しながら考える』
　（佐藤学・秋田喜代美訳），ゆみる出版。
───（2007）『省察的実践とは何か──プロフェッショナルの行為と思考』（柳沢
　昌一・三輪建二監訳），鳳書房。

第7章

子ども・若者と社会教育
──子ども・若者の「居場所づくり」を事例として──

　本章では子ども・若者と社会教育・生涯学習について考える。その際に焦点を当てるのが地域における「居場所づくり」と呼ばれる実践である。ここでは日本の子どもの貧困対策としての子ども食堂と学習支援を取り上げる。その上で、子ども・若者の「居場所づくり」と呼ばれる実践を社会教育・生涯学習として検討することで、子ども・若者の地域での「学び」のあり方を考える。

1　子ども・若者の社会問題の解決策としての「居場所づくり」？

（1）あなたにとっての居場所とは

　あなたは自分の人生を振り返った時、「居場所」と思える場はあっただろうか（本章の課題1.）。あるいは、今の自分の生活に「居場所」と思える場所はあるだろうか。特定の場所（家庭のリビングやトイレ、寝室、学校の教室や部室、アルバイト先、お気に入りのカフェや居酒屋、SNS、ライブハウスなど）にそれを思う人もいるだろう。特定の人間関係（保護者、友人、パートナー、バイトや部活の先輩や後輩、相互フォローをしている人、推しているアイドル）にそれを思う人もいるだろう。もちろん、自分の人生に「居場所」だと思える場所はない！　という人もいるだろう。それはそれでいい。「居場所」があることに価値が置かれる社会の中で「居場所」がないことに価値を置く人がいることは当然のことである。わたしたちが「居場所」を思う時、そこにどのような意味を見いだしているだろうか。安心して、安全に過ごすことができる場所や関係という人もいれば、自分らしく過ごすことができる場所や関係という人もいると思う。

　本章では地域における子ども・若者の「居場所づくり」と呼ばれる実践に焦

119

点を当てて，子ども・若者の学びについて読者と一緒に検討したい。ちなみに，筆者（長澤）もまた子ども・若者の「居場所づくり」と呼ばれる実践にかかわってきた１人である。具体的には生活困窮世帯の中学生を対象にした学習支援や子ども食堂の取り組み，若者と一緒につくる居場所（通称：ユースセンター）などの取り組みに関わってきた。このような取り組みが万能だと感じてきたかというと，そういうわけでもない。そのような実践に一体，どのような可能性があり，どのような限界があるのか，いまだに分からずにいる。ぜひ，本章を一読して，筆者の書いた文章を批判しながら子ども・若者と社会教育・生涯学習への理解を自分なりに深めてほしい。

（2）子ども・若者の居場所づくりについて

　久田（2000）によれば子ども・若者にかかわって「居場所」という言葉が日本で使われるようになったのは1970年代〜1980年代にかけてのことらしい。具体的には，不登校の児童生徒への支援の必要が自覚されるようになる中で登場した言葉だったという。[*1] それは「学校教育モデルの支援の方法」が支配的ではないところで，「本人の存在が認められる空間や人間関係」を必要とする人々が創り出した言葉だったという（久田 2000：210）。より近年になるにつれて，不登校や引きこもりにこだわらず，いじめや非行，家庭内DV，子ども・若者の貧困，子ども・若者の自殺といった社会問題の深刻化との関連でこの言葉が使われるようになっていった。最近では，世間で流行文句のように聞くようになった「地域のつながりが希薄になっている！」だとか「若者が他人に興味を無くしている！」，「子ども・若者が孤立していて大変だ！」という語りを背景として，その解決策の１つとして「居場所づくり」と呼ばれる実践に注目が集まるようになっている。確かに，人々につながりがあること（ただし，これは「居場所がある」ことと同義ではない）が人々のウェルビーイングの向上につながることは繰り返し多くの研究で実証されている。ここでいう「つながり」のことを学術的に社会関係資本（ソーシャル・キャピタル）ということがある。社会関係資本とは「社会的ネットワーク」を「価値ある資産」（フィールド 2023：

＊1　当時の時代背景と具体的な実践については柳下・高橋（2011）を参照のこと。

第7章　子ども・若者と社会教育

11）として見るために作られた概念である。特定の人脈が有ることや無いことによって利益（ここで言う利益とは経済的な利益だけを言うのではないことには注意が必要である）を得たり，得られなかったりするという社会の一側面を捉えるためにつくられた概念ということになる。いまや社会関係資本に関する研究は枚挙にいとまがない。[*2]このような語りの連鎖は次のような物語をつくりだしている。すなわち，子ども・若者の社会問題の深刻化の背景には社会的排除や社会的孤立と呼ばれる状態があることから，人びとのつながりの回復を通じた解決のあり方が有効である，というものである。しかし，上記で並べた子ども・若者にかかわる社会問題はそれ以前にもあったことは確かであり，決して新しい問題ではないし，これらの社会問題の深刻化は何を指標として用いるかによってその評価はまちまちであるということである。その点で，なぜ今日においてこれらの社会問題に「居場所づくり」という解決策が提示されるようになっているのかという点は一度立ち止まって考えてみる必要がある。本章では，このようにして発展してきた「居場所づくり」と呼ばれる実践に焦点を当てることにする。その際，着目するのは子どもの貧困対策として知られる学習支援と子ども食堂の実践である。これらの実践ではともに子ども・若者の「居場所」としての機能を持つことの重要性が主張されてきた。加えて，これらの実践の特徴は地域住民や地域の大学生によって担われている，という点にある。その点でこれらの実践は社会教育・生涯学習として読み解けると考える。本章では，それらの実践がどのように展開してきたのか／しているのかを概観し，その実践に内在する子ども・若者の「学び」を検討する。

2　地域における子ども・若者の「居場所づくり」
　　――日本の子どもの貧困対策を事例に

　ここで取り上げるのは日本の子どもの貧困対策として知られる学習支援と子ども食堂と呼ばれる実践である。本節では子どもの貧困にかかわる日本の現状

＊2　詳細はフィールド（2023）を参照のこと。この本は社会関係資本のレビュー本としてよくできている。社会関係資本の可能性と限界を丁寧に解説している点でとてもおすすめである。

を確認し，それに対する解決策としての子ども食堂と学習支援という実践がどのような実践として位置づけられてきたのか確認しよう。

（1）日本の子どもの貧困対策の概要

　日本において政府が公式に相対的貧困率を公表したのは2009年である[3]。日本では高度経済成長期（1955年頃から1973年頃まで）に差し掛かると「日本に貧困はない」だとか「一億中流社会としての日本」という観念が共有され，貧困という社会問題が人々の意識から消えてなくなっていった。2009年に政府が相対的貧困率を公表して以降，定期的に日本でも相対的貧困率が公表されるようになることで，改めて，貧困のかたちが見えるようになった。2021年時点の日本の相対的貧困率は15.4％であり，子どもの相対的貧困率は11.5％である（厚生労働省 2022）。ただし，相対的貧困率という数値は世帯全体の収入を基礎にして計算されるため，実際には子どもの相対的貧困率という数値は子どもがいる世帯の相対的貧困率を示しているにすぎない。それでもこれらの数字が社会に流通することで「子どもの貧困」という社会問題が日本でも注目されるようになった。その後，当事者運動などの展開もあり，2013年に子どもの貧困対策に関する法律が制定され，その翌年に子供の貧困対策に関する大綱が作成され，日本で初めての体系だった子どもの貧困対策が実施されることとなる。加えて，2013年に生活困窮者自立支援法が成立し，生活困窮者自立支援制度が施行された。この制度の中で「子どもの学習支援事業[5]」が任意事業ではあるものの位置づけられている。子ども食堂についてはそれとは違う文脈で立ち上げられた実践ではあるものの，「子どもの貧困」という社会問題に注目が集まる中で日本中により一層広がった実践であることは確かである。

＊3　相対的貧困率とは以下のように算出される。まず，①世帯全体の収入の合計から世帯の中で1人あたりが実際に使えるお金（等価可処分所得）を算出する。②その値をもとに等価可処分所得の金額が少ない順から多い順に並べて，構成員の中央値の50％〜60％のラインを貧困線を引き，③貧困線を下回る等価可処分所得で生活をしなくてはならない人たちが全体のうちでどれくらいいるかを測る。

＊4　厚生労働省（2009）を参照のこと。

＊5　この事業については2019年に「子どもの学習・生活支援事業」と名称が変わった。事業内容にも変化が見られ，対象世帯の子どもの生活習慣・育成環境の改善に関する助言や進路選択にかかわる情報提供や助言，関係機関との連携・調整などが加えられた。

第7章　子ども・若者と社会教育

（2）学習支援という取り組み

　貧困の中にある子どもを対象にした学習支援と呼ばれる実践は東京・江戸川区の福祉事務所のケースワーカーによって始まったといわれている。このように書くと，それは制度の一部として始まったと思われるかもしれないが，そうではない。その当時は，行政職員としてのケースワーカーの仕事として行われていた実践ではなかった。[*6]彼らの貧困の中にある子どもに対する「気づき」と「想い」が学習支援という実践を立ち上げるに至らしめた。学習支援という実践が制度として位置づけられるようになったのは2000年代においてである。先にも確認したように子どもの貧困対策の中で制度として位置づけられたことで全国各地に広がっていった。現在は生活困窮者自立支援制度の任意事業に位置付けられており，その実施率は2022年7月時点において66％（596自治体）となっている（厚生労働省 2023）。[*7]これらの実践の多くは学校ではない場所で貧困の中にある子ども・若者（具体的には生活保護利用世帯で育つ子ども・若者）を対象にして高等学校などへの進学を支援している。このような支援のあり方の必要性が主張される際に参照される問題とは生活保護利用世帯や生活困窮世帯で育つ子ども・若者はそうではない世帯で育つ子ども・若者に比べて高校進学率が低いことや高校中退率が高いことであった。この実践が始まった当初は中学生を対象にしたものが多かったが，その後，小学生から高校生へと対象を広げている。この事業の特色としては，日本における貧困支援は生活保護制度に代表されるように，多くの場合，世帯を単位として行われてきた中で世帯の中に入り込んで「子ども・若者」のみを取り出して支援の対象にすることに成功したことがあげられる。ここで指摘したいのはこのように「子ども・若者」を世帯から切り離す際に使われた論理が（学校的価値に基づく）教育の論理だったということだ。すなわち，貧困の中にある子どもの学力向上という目標設定のもとで，子ども・若者個人への支援が成り立ったということである。すなわち，学

＊6　詳細は建石（1989）を参照のこと。

＊7　具体的には，学習支援事業は生活困窮者自立支援制度の「子どもの学習・生活支援事業」の一部として位置づけられており，本文の数値はその事業の実施率となっている。学習支援事業は生活困窮者自立支援制度が施行された当初から任意事業の中では相対的に実施率が高い事業として知られてきた。

習支援と呼ばれる実践を支える価値観として「(学校) 教育を通じた自立」という価値観があったということである。それと同時に，学習支援という実践にも「居場所」という機能が与えられていく。学力向上を通じた自己肯定感の向上などといった語りはしばしば学習支援という実践の意義として聞くものである。このような語りは，学習支援という場で行われる勉強には〈教える‐教えられる〉というかかわりの中で知識を習得することだけに収まらない機能があることを意味している。しかし，このような学習支援の意義の語り方は，最終的に学校的な価値観になじまない／なじめなかった子ども・若者を排除することを正当化してしまう可能性があるという点で留意を要する。そうなると，学習支援という実践を基点にして，学習支援を受けて学力が向上した子ども・若者と学習支援を受けたのにもかかわらず学力が向上しなかった子ども・若者という分断が生じ，後者の子ども・若者に対して「自己責任論」を押し付けることになりかねないのである。それでも，例えば，松村 (2020) が導入している「学習支援によるケア」という概念は，貧困対策としての学習支援でのかかわりのありかたを検討するにあたって示唆的である[8]。そこでは「学習支援によるケア」を，①子どもの身体的または情緒的な要求・ニーズを満たすものでなければならないということ，②子どもの貧困対策のケアの担い手など，他者との相互作用性・関係性を育むものでなければならないということ，③子どもの固有性を尊重し，かつ，子どもに持続的に寄り添うものでなければならないということ，④子どもの有する権利を保障するものでなければならないということの4つの条件を満たす「ケア」のことであるという。このように，学習支援という実践を学力向上のための支援としてだけではなく，子ども・若者をケアする実践として位置づけようとする語りが出始めている（この点は第14章の議論も参照されたい）。

　次に，学習支援という実践以上に子ども・若者の「居場所づくり」としての意義が強調されてきた子ども食堂という実践をみてみよう。

＊8　この視点に基づいて学習支援の実践を検討したものとしては横井 (2023) がある。

（3）子ども食堂という取り組み

　認定NPO法人全国こども食堂支援センター・むすびえ（以下，むすびえ）によれば子ども食堂とは「子どもが一人でも行ける無料または低額の食堂」であると定義されている。2022年12月時点で全国に7,363か所あることが確認されている（むすびえ 2023）。今日における子ども食堂の先駆けは東京の大田区で2012年ごろに近藤博子が開設した「子ども食堂」ということで知られている。近藤によれば自分が住んでいる地域の副校長から「給食以外はバナナ1本で過ごしている子どもがいる」という話を聞いたことが「子ども食堂」を始めたきっかけだったらしい。子ども食堂と呼ばれる実践の特徴の1つとして地域住民が近所の子ども・若者の具体的な困りごとを聞いたことから始まっていることがあげられる。子ども食堂という実践においては制度という枠組みではないところで生じた子ども・若者と地域住民の偶発的な出遭いが実践の出発点となっていることが多い。このように始まったとされる子ども食堂にも多様な場所がある。例えば，大人が作って子どもに食事を提供する場所があれば，大人と子どもが作って一緒に食事をする場所もある。子どもから食事代を受け取る場所があれば，大人からだけ食事代を受け取る場所もある。また，食事を提供することに加えて，食事の前後に「子どもの学習」の時間を設けて学習支援の取り組みをしている場所もある。子ども食堂という実践は学習支援と違って制度化されているわけではないことから子ども食堂を行っている団体の理念や目標によって実践の内容が決まるところが大きい。

　このような場所について，湯浅（2019）は「地域交流拠点」と「子どもの貧困対策」の2本足で立っているという。前者の側面は子ども食堂という実践においては行政や福祉専門職に限らない多様なアクターの参入を可能としているということと「子ども食堂」という場が多世代交流の場となっていることを意味している。このことについて補足しておくと，西郷（2016）は子ども食堂という活動の特徴について「普通の地域住民が，自分の資源である自宅をひらいて，またはこうした活動に協力して子どもや家庭への支援を始めている点」（西郷 2016：118）を挙げている。また，認定NPO法人豊島WAKUWAKUネ

＊9　詳細は湯浅（2016）と高木（2023）を参照のこと。

ットワークの天野（2016）は子ども食堂を「地域でのつながりが希薄になるなか，子ども食堂は，地域の大人が子どもに直接おせっかいが出来る場である」（天野 2016：18）という。このように子ども食堂という実践は社会問題としての地域のつながりの希薄化の解決の場として意味づけられている。後者の側面は子ども食堂という実践において開設者の想いや意識の部分では貧困の中にある子ども・若者に向いていることは否めないということを意味している。それは決してネガティブな意味ではなく，子ども食堂という場所が貧困の一歩手前にいる子ども・若者も貧困の中にいる子どもも参加しやすい場となっているということである。例えば，松宮（2016）は子ども食堂という場には子ども支援の「入口」としての機能があることを指摘する。このことは子ども食堂という場が〈支援する者－支援される者〉という枠組みを，一旦，横において地域の子ども・若者と地域の大人が出遭うことを通じて子ども・若者の困難を知る機会となっていることを意味している。子ども食堂という実践は地域住民がつながる場として，子ども・若者を中心に置いた地域の「居場所」のあり方を探求する実践だといえるだろう。

（4）「居場所」としての学習支援と子ども食堂

　以上，学習支援と子ども食堂という実践を紹介した。ともに子どもの貧困対策としての側面がありながら，子ども・若者の「居場所」として機能することが期待されていることを確認した。「居場所」としての機能については学習支援では地域の大学生ボランティアとの出遭いを通じて子どもがケアされる場として機能することが期待されていたし，子ども食堂では地域の人々が子ども・若者を中心に置いてつながる場として機能することが期待されていた。学習支援という実践では「（学校）教育を通じた自立」という語りが基盤にありながら，そこでの具体的なかかわりを通じて貧困世帯を含む生活困窮世帯で育つ子どもたちの家庭でも学校でもない第3の「居場所」となる可能性があるとされている。それに対して，子ども食堂という実践では「地域交流の拠点」という語りを基盤にして，子どもを中心に置いて地域に住む多様な人々がつながる場としての第3の「居場所」となる可能性があるとされている。そして，両者は見えづらい問題としての「子どもの貧困」を見えるようにしてきた実践である

ことは指摘しておきたい。学習支援や子ども食堂という実践だけで「子どもの貧困」の解決を図ることは難しいが、「子どもの貧困」という社会問題に人々（大学生ボランティアや地域住民など）が気づき、解決の糸口を見つけていく場としての機能を持っている側面がある。

3 子ども・若者の「居場所づくり」における学び

（1）参画の主体としての子ども・若者という視点

　本章では「子どもの貧困」という社会問題に対する解決策としての学習支援と子ども食堂と呼ばれる実践に着目した。その上で、これらの実践に共通する点として「つながり」（社会関係資本）の創出があることを確認した。最後に、これらの「居場所」における「学び」を「子どもの参画」という視点から検討する。

　例えば、川中（2018）は「居場所」の機能を「避難する居場所」、「活動する居場所」、「拠点となる居場所」の3つに分類する（図7-1）。第1の「避難する居場所」とは「ただただ存在していることで承認が得られる場」のことを意味している。第2の「活動する居場所」は子ども・若者自身が「やってみたい」「やってもいいかな」という自己決定に基づいて自己の想いを実現していく場のことを意味している。そして、第3の「拠点となる居場所」とは「居場所を拠点にして地域／社会に出ていき、多様な人々と出会い、居場所の外での活動を展開することを支える」場を意味している。川中（2018）は「居場所づくり」の実践が「活動する居場所」の段階にとどまると子ども・若者にとってはその場が「居つく場所」になる可能性があることも指摘している。[10]このように子ども・若者が自分の人生と社会をつくりだす主体として社会化される過程に照らし合わせながら「居場所」のもつ機能を段階的に描き出している。この川中（2018）の議論が意識しているものの1つに、ロジャー・ハート（2000）の「参画のはしご」（図7-2）があると思われる。ハート（2000）は「環境運動」における子ども・若者の参画のあり方を模索する中で「参画のはしご」を提案す

＊10　この点に関連して、阿比留（2022：21）は「ある場所を客観的（物理的・滞在時間・メンバーシップ性）にも、主観的にも唯一の居場所とするあまり、その場に対して依存度が高くなる状態」を「過剰居場所化」といっている。

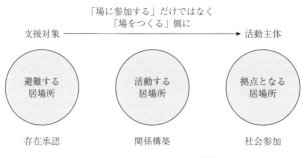

図7-1　居場所の3つの機能

出所:川中 2018:図4。

るに至った。そこでは,「子どもの権利に関する条約 (Convention on the Rights of the Child)」[12]で掲げられている「子どもの権利」を後ろ盾にして,子ども・若者が権利の主体者として社会に参画することが意味することを実践的に描き出している。こうした視点が本章との議論で重要なのは「子ども・若者」という存在の捉え直しを図ろうとすることに有効だからである。すなわち,子ども・若者を支援される対象としてでもなく,教育される対象としてでもなく,この社会をつくる構成員として捉え直したところにこの議論の魅力がある。しかし,川中 (2018) の居場所の3つの機能にしても,その背景にあると思われるハート (2000) の「参画のはしご」というモデルにしても,子ども・若者が段階的に「主体(者)」になっていくという成長の物語として理解され,それが「居場所づくり」の実践を巡る1つの規範として機能していくのであれば,本来の「居場所づくり」の実践が持っていた柔軟性を見失うことにもなりかねない。「居場所づくり」における子ども・若者という存在は対象(者)から主体(者)になる過程の中にあるというよりは,その場における人間相互のかか

---

[11] ハート (2000) によれば「環境運動」は1960年代に北アメリカとヨーロッパで始まった運動である。その運動を担うグループは人々の生活環境の改善を主張するグループと自然環境の保護を主張するグループに分けられるがハート (2000) はより「トータルな環境」へのアプローチの重要性を説いている。

[12] 通称,子どもの権利条約。国際連合で1989年採択され,1990年発効された。日本は1994年5月に批准している。この条約は「生きる権利」,「育つ権利」,「守られる権利」,「参加する権利」を4つの柱として構成されている。

第7章 子ども・若者と社会教育

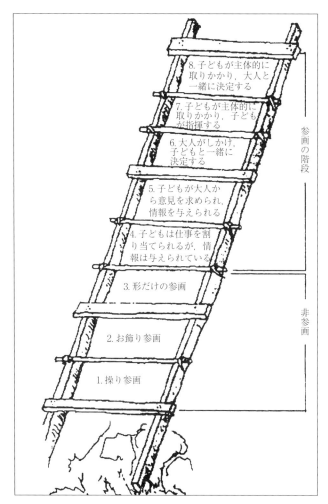

図7-2 参画のはしご
出所:ロジャー・ハート 1997=2000:図15。

わりを通じて対象（者）としても主体（者）としても立ち現れてくるような存在である。言い換えれば，同じ場／同じ人であっても，あるときは支援や教育の対象として存在していることもあるし，あるときは地域活動に参画する活動主体として存在していることもあるということである（もちろん，そこに参加す

る大人も同様の連続性（グラーデション）の中で実践に参与しているはずだ）。

　それでは，学習支援や子ども食堂という場において子ども・若者はどのような存在として立ち現れてくるのだろうか。学習支援という「居場所づくり」の実践において貧困の中にある子ども・若者が家庭の中にある関係とは異なる関係（例えばボランティア活動をする大学生との関係）とのかかわりを通じて，学力向上のみに力点を置くのであれば，子ども・若者を学校教育への同化を図る装置となってしまうだろう。そのとき，子ども・若者は単なる教育の対象となり，支援の対象となる。しかし，例えば，ある子どもとボランティアの間で「学習支援によるケア」が達成されているのであれば，ボランティアとしてその場を共有する大学生という存在とのかかわりの中で学校や家庭では「勉強ができない自分」でしかなかった自分とは異なる「自分」を発見し，学校や家庭では得られない自己肯定感を獲得しているかもしれない。あるいは，自分の人生の身近なロールモデルの発見を通じて自分のこれからの生き方を考えてみるきっかけになっているかもしれない。言うまでもなく，このような変容はボランティアをしている大学生の方にも十分に起こり得る可能性がある。子ども食堂という実践について考えてみると，幻想としての「温かい家族」像を食事というツールを通じて貧困の中にある子ども・若者に押し付けているという意味で子ども・若者を既存の社会規範に同化する装置となっている可能性は十分にある。そこでも，子ども・若者は支援が必要な存在として周囲の大人によって意味づけられていくことになる。それでも，子ども・若者が家族や友達ではない他者（それも学校や家庭で正しいとされている価値観とは異なる価値観をもつ他者）と食事をすることを通じて，日ごろの悩みや困りごとを吐き出し，聞いてもらうことで自分のことや家族との関係，学校生活についての捉え直しを図る場となっている可能性はある。あるいは，地域住民の側も子ども・若者とのかかわりを通じて，自分の地域についてより深く知るきっかけを得ているかもしれない。

　このように，子ども・若者が自分の人生や生活を他者とのかかわりを通じて再定義していく営みを本章では「学び」と定義してみたい。佐伯（1995：10）は「学びとは，終わることのない自分探しの旅」だと言ったが，学習支援や子ども食堂と呼ばれる実践に社会教育や生涯学習の実践としての可能性があるのだとすれば，この点においてではないだろうか。すなわち，貧困の中にある人とそう

第7章　子ども・若者と社会教育

でない人がそれぞれの生きる日常を学校や家庭ではない場で再定義する契機を
つくりだせるというところにこそ可能性があるということだ。そして，このよう
な自分が生きる日常を捉え直す主体としての子ども・若者の姿を発見できる場
として，学習支援や子ども食堂は「居場所」となっているのではないだろうか。

（2）まとめに代えて──社会教育と生涯学習を探究する前に

　本章では，社会教育や生涯学習として子ども・若者の「居場所づくり」に内
在する学びを検討してきた。その際，子どもの貧困対策としての学習支援と子
ども食堂という実践に焦点を当てた。そもそも，子ども・若者を巡る社会問題
の1つとしての貧困問題は「見えない」問題として日本にあった。しかし，相
対的貧困率の公表とともに，「子どもの貧困」が社会問題として「見える」よ
うになる中で，その解決策の1つとしての「居場所づくり」と呼ばれる実践が
登場してきたのだった。具体的には学習支援や子ども食堂と呼ばれる「居場
所」がそれにあたることを確認した。それらの実践では地域におけるつながり
（社会関係資本）の創出を通じた問題解決が期待されていた。その上で，その
「居場所」において子ども・若者という存在は単に支援／教育の対象として居
るわけではなく，その場に参画する主体としても居ることを指摘した。加えて，
それらの連続性の中で子ども・若者が他者とのかかわりを通じて自己を再定義
していく営みを本章では「学び」と定義し，そうした「学び」の創出の場とし
ての「居場所づくり」の可能性を示唆した。

　本章では，社会教育と生涯学習における子ども・若者の「学び」に焦点を置
いて議論をしてきた。しかし，思うに，社会教育や生涯学習における子ども・
若者の「学び」について検討するのであれば，何よりも，これらの言葉の前半
部分，すなわち，社会教育における「社会」の部分や生涯学習における「生
涯」（あるいは人生）の部分についての議論は欠かすことができないだろう。本
章で議論したことに即せば，例えば，子ども・若者との関連で「社会」につい
て考えるのであれば，わたしたちが生きる地域で子ども・若者の何が問題とさ
れているのかを知り，当該の地域の中で子ども・若者がどのような存在として
見なされていて／見なされていないのかという点に関する理解が求められる。
「生涯」（あるいは人生）について考えるのであれば，ひとが生きるとはどのよ

131

うなことなのかという点についての理解を深める必要があるし，自分とは異なる生き方をする具体的な他者とのかかわりを通じて自己を捉え直していく過程が必要だろう。このような点を探求し続けることの中で，わたしたちははじめて教育や学習について考えるための地平に立てるのだと思う。本章では筆者の力量不足のため，この点にまで踏み込んだ議論はできなかった。社会教育や生涯学習にかかわる前提の議論は読者に託すことにしよう。

課　題

1．子どものころあなたにはどんな「居場所」がありましたか？　自分のライフコース（例えば，幼少期，小学生のとき，中学生のとき，高校生のとき，など）を振り返りながら考えて，みんなと共有しよう。
2．あなたが経験した「居場所」の例から具体的な「居場所」の要素を抽出し，あなたなりの「居場所」の定義を考えよう。
3．「居場所づくり」にかかわる〈わたし〉はそこに何を求めて参加しているのだろうか。その点を考えてみよう（本章のコラム参照）。
4．子ども・若者の「居場所づくり」にかかわる実践を調べて，実際にその現場に参加してみよう。また，その実践にどのような人たちがかかわっているかを，ジェンダーや学歴，地域での役職などに着目して調べてみよう。

文献

阿比留久美（2022）『子どものための居場所論——異なることが豊かさになる』かもがわ出版。

天野敬子（2016）「いま，子ども食堂が熱い！」NPO法人豊島子ども WAKUWAKU ネットワーク編『子ども食堂をつくろう！——人がつながる地域の居場所づくり』明石書店，12-19頁。

川中大輔（2018）「低きに立つ「コミュニティ・デザイン」——社会的排除に立ち向かう戦略をどう描いていくか？」『社会の構造的問題へ多分野の知でアプローチする——2017年度「コミュニティ・デザイン論研究」レクチャー・ドキュメント』https://www.og-cel.jp/info_new/1294230_46968.html（2023年8月11日閲覧）。

厚生労働省（2009）「日本の相対的貧困率の公表について」。

———（2022）「2022（令和4）年国民生活基礎調査の概況」https://www.mhlw.go.jp/toukei/saikin/hw/k-tyosa/k-tyosa22/index.html（2025年3月9日閲覧）。

———（2023）「生活困窮者自立支援法等に基づく各事業の令和3年度事業実績調査集計結果」。

西郷泰之（2016）「子どもコミュニティソーシャルワークの新しいモデル！？　子ども食堂のミッションを考える」NPO法人豊島子どもWAKUWAKUネットワーク編『子ども食堂をつくろう！——人がつながる地域の居場所づくり』明石書店，116-124頁。

佐伯胖（1995）『「学ぶ」ということの意味』岩波書店。

高木香織（2023）「「こども食堂」支援の先にあるものは…名付け親・近藤博子さんが活動を続ける理由」https://cocreco.kodansha.co.jp/cocreco/general/life/pHNqE（2023年9月11日閲覧）。

建石一郎（1989）『福祉が人を生かすとき——ドキュメント「落ちこぼれ」たちの勉強会』あけび書房。

認定NPO法人全国こども食堂支援センター・むすびえ（2023）「2022年度こども食堂全国箇所数発表（2023年2月　確定値）」https://musubie.org/news/6264/#:~:text=%E7%A2%BA%E5%AE%9A%E5%80%A4%E3%81%AF7%2C363%E7%AE%87%E6%89%80,1%2C349%E7%AE%87%E6%89%80%E5%A2%97%E5%8A%A0%E3%81%97%E3%81%BE%E3%81%97%E3%81%9F%E3%80%82（2023年9月11日閲覧）。

ハート，R.（2000）『子どもの参画——コミュニティづくりと身近な環境ケアへの参画のための理論と実際』（木下勇・田中治彦・南博文監修，IPA日本支部訳），萌文社。

久田邦明（2000）「子どもと若者の居場所——大人に期待される役割」久田邦明編『子どもと若者の居場所』萌文社，202-227頁。

フィールド，J.（2023）『社会関係資本——現代社会の人脈・信頼・コミュニティ』（佐藤智子・西塚孝平・松本奈々子訳），明石書店。

松宮徹郎（2016）「子ども食堂を入り口とした行政機関・専門家との連携」NPO法人豊島子どもWAKUWAKUネットワーク編『子ども食堂をつくろう！——人がつながる地域の居場所づくり』明石書店，103-115頁。

松村智史（2020）『子どもの貧困対策としての学習支援によるケアとレジリエンス——理論・政策・実証分析から』明石書店。

柳下換・高橋寛人編（2011）『居場所づくりの原動力——子ども・若者と生きる，つくる，考える』松籟社。

湯浅誠（2016）「名づけ親が言う「こども食堂」は「こどもの食堂」ではない」https://news.yahoo.co.jp/expert/articles/e8449624cae9fe309a89f8da7477eb3ce13ab1a7（2023年9月11日閲覧）。

————（2019）「こども食堂の過去・現在・未来」日本生命済生会「地域福祉研究」編集委員会編『地域福祉研究』（47），14-26頁。

横井敏郎編（2023）『子ども・若者の居場所と貧困支援——学習支援・学校内カフェ・ユースワーク等での取組』学事出版。

（長澤敦士）

コラム 「自己満足」としてのボランティア？

　ここにひとつの詩がある。花田えくぼ（ペンネーム）によって書かれた『ボランティア拒否宣言』である。それは，おおさか・行動する障害者応援センターの機関誌『すたこらさん』1986年10月号に投稿されたものである。「それを言ったらオシマイと言う前に／一体私に何が始まっていたと言うの／何時だってオシマイの向うにしかハジマリは無い／その向う側に私は車椅子を漕ぎ出すのだ…」という一節から始まるこの詩は痛烈な「ボランティア（をする人々への）批判」を披露している。車いすユーザーであると思われる作者は，この詩の中でボランティアのことを「犬」，自分のことを「かわいそうな狼」に例えて，「犬たち」と決別を図ろうとする。この詩は，他者に「良いこと」をしている，あるいは，社会の「役に立つ」ことをしていると思いこんでいる「犬たち」に対する怒りとその「犬たち」に頼らなければ生きていけない自分への悲愴との決別を表明しているように読める。この詩を初めて読んだ時，わたしは強く心を揺さぶられたことを覚えている。それはとてもじゃないけど，ポジティブな揺さぶられ方とは言い難いものだった。それは，自分がしている活動への内省を迫られるような感覚だった。

　読者の中には「ボランティア」を単なる「自己満足」だと思う人もいるだろう。あらゆる社会問題が取りざたされるたびにボランティアはその解決の手段の1つとして役立てられてきた。ボランティアという活動は①自発性と②無償性，③利他性にもとづいておこなわれる活動だとされてきた。現代になるにつれて，そこに④先駆性と⑤補完性，⑥自己実現性という要素も付け加えられるようになった（田尾 2004）。ボランティアという活動は誰かに強制されるものではなく（①自発性），自分たちが生活する社会が抱える問題や課題を行政や企業とは異なる視点で解決していこうとする活動であるということである（③利他性と⑤補完性）。そのような活動としてのボランティアは経済的な利益を創出しがたい部分もあることから，多くの場合，無給（無償）で行われる（②無償性）。しかし，このことは決してネガティブなものとして捉えられるべきではなく，あくまで，経済的な利益とは異なる利益を得ていく活動という意味でチャレンジングな側面を持つ活動ということでもある（④先駆性）。そうした利益

コラム 「自己満足」としてのボランティア？

の中には，ボランティアという活動を通じて自分のことを深く知る機会を得るというものや自分の経験を豊かにすることができるというものが入る場合がある（⑥自己実現性）。いずれにせよ，ボランティアという活動の魅力は自分という存在が自分たちの生きる「社会」に拓く回路をつくることができる点にあるように思う（この点については第12章の第2節の議論が参考になる。）。その一方でこうした活動に徒労感を覚えることもある。あの詩の作者がボランティアという活動をする人々を拒否したような感情を他者から向けられる場面は少なからずあるし，自分がしている活動の中で事務作業や人間関係の調整の割合が増えれば，一体，そうした活動がどのように社会問題や社会課題の解決に役立てられるのか分からなくなることもある。自分たちが立ち向かっている社会問題や社会課題の解決の兆しが一向に見えない中でのボランティア活動は思いのほか苦しいものだ。わたしもまたそのような徒労感に日々さいなまれている活動家の1人である。かといって，そうした活動を⑥自己実現のみに回収していくのもなんだか虚しい。そのような葛藤を抱えながら，それでもこの社会の構成員として何ができるかを他者との対話と自己への内省を通じて考えていくのがボランティアという活動なのかもしれない。

（長澤敦士）

文献

田尾雅夫（2004）「定義，そして，本質を考える」田尾雅夫・川野祐二編『ボランティア・NPOの組織論——非営利の経営を考える』学陽書房，12-24頁。

第8章

働く大人の生涯学習・社会教育
──働く意味や仕事の意義を見つめ直す──

　人生100年時代ともいわれ，私たちは人生の大半を通じて働く。新しい知識・情報・技術の発達，社会の変化などの影響で，仕事の内容も働き方も大きく変わるため，生涯学習の重要性は増しているともいえる。そんななか，「生き残るためには学び続けなければならない」といわれることもあるが，少し立ち止まって，生涯学習・社会教育の観点から，働く意味や仕事の意義を見つめ直してみよう。

1　生涯キャリアと社会人の学び直し

　多くの人は，学校での教育を終えた後，社会で働くことになる。働く大人の生涯学習について，生涯キャリアという観点から捉えてみよう。生涯キャリアは，過去から現在，そして未来へ，という生涯的視座から長期的展望において捉える Lifelong な視点と，職業上の経験や業績・スキルなど職業生活の範疇だけでなく，それらをライフ（個人・家庭・社会生活等）との関連も含め，幅広い視点から捉え直す lifewide な視点をあわせもったものである（渡邊 2023）[*1]。これまでの職業生活や人生をどう意味づけるか，今後の職業生活や人生をどのように展望するか，そして実際にどう生き，どう働いていくかを考えることがなければ，働く当事者が満足する生涯キャリアにはならない。単に職業に必要な知識や技術を学ぶだけではなく，働き方，ワークライフバランス，家事や育児，社会で生じていることなどについて深める様々な学習，働く大人の学び直し，などが生涯キャリアという観点に含まれる。そのような働く大人の生涯キ

＊1　渡邊（2023：51-64）「生涯にわたるキャリアヒストリーという考え方」を参照。

第8章 働く大人の生涯学習・社会教育

ャリアを支える生涯学習・教育の現状はどうなっているのだろうか。

　まずは，働く大人の生涯学習に関する取り組みや意識についてみてみよう。2022年の内閣府「生涯学習に関する世論調査」[*2]では，「仕事に必要な知識・技能や資格に関すること」を学習したと回答した者が，40.1％でもっとも多く，理由としては，「現在または当時の仕事において必要性を感じたため」が，53.5％で半数以上を占める。一方で，「学習していない」と答えた者も，24.3％いる。学習しない理由は，「特に必要がない」「きっかけがつかめない」「仕事が忙しくて時間がない」などが主なものである。この調査で捉えられるのは生涯学習の一側面にすぎないが，多くの社会人にとって，仕事に必要な，知識・技能，資格に関する学びが顕在化された学習ニーズとして存在しており，生涯学習の中心を占めている。また，仕事が忙しい中でどのように時間をつくればよいのかわからないという者や，生涯学習の必要性を感じないという者も少なくない。

　これまで社会人の学び直しに関しては，リカレント教育として議論がされてきた。リカレント教育とは，第2章でみたように1970年代初頭にOECDが提唱した概念であり，学校教育を終えて社会に出た後，個人のニーズに合わせて再び教育を受ける，循環・反復型の一種の生涯学習である。社会に出た後，学校に戻り，一定の知識・技術の習得をはじめ，学位や資格等を取得した上で，社会に戻って活躍するという生き方モデルを奨励するものであるともいえ，単に仕事に必要な知識や技術の習得に焦点を当てるだけではなく自らの人生（キャリア）を創るという視点も含まれている。[*3]ただし日本では，「本業に支障をきたす」「教育内容が実践的ではなく現在の業務に生かせない」などを理由に企業が従業員に高等教育機関での学習を認めない傾向があり，[*4]大学などでの教

＊2　内閣府（2022）より。設問は，「この1年くらいの間に，月に1日以上どのようなことを学習しましたか（複数回答化）」というものである。

＊3　詳しくは，笹井宏益「リカレント 教育の普及・定着過程の分析——スウェーデンにおける労働・教育政策に着目して」（日本社会教育学会 2021：48-52）を参照。ユネスコの生涯教育論の平等化思想の論理を引き継ぐものであるということなどがわかりやすくまとめられている。また，スウェーデンでは，産業社会が抱える課題と教育界が抱える課題を一体的に解決しようとする努力の中で，リカレント教育の構想が生まれ，普及・定着してきたのに対し，日本では課題が多いこともよくわかる。

育機関での学び直しで得られる内容，資格や学位が企業や社会から十分に評価されていない，仕事やキャリアに結びつくリカレント教育プログラムが充実していない，社会人の学び直しを支える環境の整備が不十分，などの課題がある。リカレント教育を展開していく際には，教育機関で職業教育をどう位置づけるか，企業の人事評価において教育機関での学習をどう評価するか，なども考えていく必要があるだろう。

　近年では，技術革新やグローバリゼーション，産業構造の変化，少子高齢化に伴う労働人口の減少などへの対応から，産業界を中心に社会人の学び直しとしてリスキリングが叫ばれている。リスキリングとは，「新しい職業に就くために，あるいは，今の職業で必要とされるスキルの大幅な変化に適応するために，必要なスキルを獲得する／させること」（石原 2021）だとされる。リスキリングでは，職業で価値創出し続けるために職業で必要なスキルを学ぶ，企業や行政が従業員に新しいスキルを習得させる必要がある，という点が強調されるところにリカレント教育との違いがある。デジタルトランスフォーメーション（DX）への注目から，IT・データ等に関する人材の育成，新しい成長分野で就業する人材の育成，仕事の進め方が大きく変わる職業につくためのスキル習得などに関する学びを強化すべきであるという視点である。日本の労働生産性の低さが指摘され，個人や企業が生産性を高めるために学び直しを活用しようとしている。日本の経済発展や成長を考える上で，人材育成はたしかに重要な領域である。産業構造の変化やイノベーションなどで企業や組織の寿命が短くなるなか，新しい知識や技術を身につけなければ生き残れないという考えも一定の説得力をもつものであろう。働き続けるため，キャリアアップのために，企業内外の研修やセミナーで学んだり，ビジネス書や専門書で学ぶ必要を感じている者もいるだろう。自己啓発に関する書籍やセミナーも溢れており，社会で成功するための方法も様々に語られている。

　社会や産業の変化についていくために，職業上必要なことを学ぶ。たしかに，生涯学習にはそのような側面もあるのだが，はたして時代や社会の変化ととも

＊4　詳しくは，文部科学省（2016）を参照。資格や学位を取得しても，それを活かす役職や立場が
　　与えられないなどの課題もある。

に加速度的に陳腐化していく知識や技術を更新することのみを教育や学習と捉えていてよいのだろうか。それだけでは，社会に適合することをめざすばかりで，自分たちが置かれている状況を変えていくことはできない。そのため，状況を変えていく力として，自己決定的に生きていく力，労働の現場から社会変革のための提言を示していく力，雇用や労働条件の決定に関与していく力，性別・年齢・国籍・障害や家族的責任の有無等を理由に職業生活から排除されない力，職場あるいは国際的な広がりの中で労働者に共感し連帯する力，国家と企業と市民の役割を構想し実践する力なども必要となる[5]。社会人の学び直しは，単に経済発展や雇用可能性を高めるための道具的な学び，手段としての学びという点だけではなく，さらに広い視野で捉える必要があるだろう。

2 企業内人材育成と仕事を通した学び

働く大人にとって，仕事に関する学びが大きな位置を占めている。そのため，職業教育と企業における人材育成の特徴を踏まえ，生涯キャリアの形成や社会人の学び直しにおいて，教育と職業の接続，教育と職業の循環・反復が困難さを抱えている背景について検討してみよう。

職業能力に関する教育は，長らく企業内での人材育成を中心に取り組まれてきた。日本型雇用システムでは，長期雇用制度，年功賃金制度，企業内訓練及び企業別組合などを特徴とする職務の定めのない雇用契約が採用されてきた。日本以外の企業では，職務に応じて採用を行い，特定の職務を遂行する能力のある者をその職務に就けるため，職務に必要な能力を職業教育や企業外の職業訓練機関で事前に教育訓練することができるのが一般的である。一方，日本では採用時に職務が決まっておらず，事前の教育訓練は困難で，就職後に上司や先輩の指導のもとに作業をさせながら職務に必要な技能を習得させるオンザジョブトレーニング（OJT）が用いられてきた。新卒一括採用で，職業能力は未熟でも学力等で示させる潜在能力の保証に基づき若者を採用し，企業がその企業に合う形に職場のOJTを通じて教育訓練をしていくというシステムが長く

＊5　詳しくは，平川景子・冨永貴公「あとがき」（日本社会教育学会 2013：242-243）を参照。

続いてきた。学校で受けた教育の内容と実際に従事する労働の内容があまり関係しない日本の教育と労働の関係は，「密接な無関係」であることが指摘されており（濱口 2013）[6]，日本の課題であるといえよう。日本でリカレント教育が普及しない理由も，教育と労働が切り離されているためである。

　日本型雇用システムでは，主に企業内での人材育成や学びが中心であるが，それは上司や先輩の直接指導や企業内研修にとどまらない。職場では，上司だけではなく同僚や同期からも業務支援，内省支援，精神支援を受けて，業務のやり方や行動のあり方に対するフィードバックを得たり，自分の考えや行動を振り返って学ぶ（中原 2010）。企業における人材育成では，コルブ（Kolb 1984）の経験学習論が一定の役割を果たしてきた。具体的な経験をして，その経験を多様な観点から省察し，他の場面でも応用できるように抽象化し，考えたことを新しい場面で試すという一連のサイクルを回すことで，経験を通して成長するというものである。このように，企業における人材育成では，経験や省察が，働く大人にとっての学習の鍵であると捉えられてきた。

　仕事のやり方は，実践を通して現場で学ぶことが多く，座学などで学ばれることは限られる。伝統的な徒弟制においても，弟子は師匠から仕事について教わり，師匠のやり方を見て盗むことで，仕事のやり方を学んできた。レイヴとウェンガー（Lave & Wenger 1991）は，徒弟制における学びをもとに，学習は知識として人の頭の中に蓄積されるものではなく，人々が参加する状況に埋め込まれており，実際の文脈を通して学んでいくこと（状況的学習論）として捉えた。学習は頭の中に知識や技能を獲得するという個人の内的な認知過程ではなく，参加という活動によって周囲との相互作用を通して構築される社会的過程だといえる。学習とは他者とともにある社会的実践であり，参加するコミュニティでの役割の変化，まわりの人びとや資源（記号，言葉や道具）との関係の変化，さらに実践者自身のアイデンティティの変化などをともなう過程であり，知や意味は相互作用の中で生成される。私たちが働く際，ある関心や目的をもって形成された実践コミュニティに参加することを通して，次第にそこでのわ

＊6　濱口「日本型雇用システムにおける「教育と労働の密接な無関係」」（日本社会教育学会 2013：20-31）。

ざや実践知を身につけていくのである。このような実践コミュニティでは，新参者には周辺的な仕事が与えられ，同時に師匠や上司の仕事の全体を観察する機会も設けられる。コピー取り，資料作り，会議の同席，議事録作成，電話の取次，そうじ，お茶だし，師匠の身の回りの世話，包丁研ぎ，仕込みの手伝いなどなど，周辺的な仕事や雑務と思われがちな仕事を通して，仕事全体を理解したり，仕事に必要な言葉を覚えたり，適切にふるまえるようになり，より参加の度合いが深まっていく。仕事の中にも学びの種が含まれており，その機会を生かしていくことで実践知が身体化していくことになる。そして，実践の意味をコミュニティのメンバー間で確定していくことにより，そのコミュニティの一員としてのアイデンティティも形成していく。なんのためにこれをしているのか，これがどう繋がっていくのか，どんな意味があったのか，それらを周囲のメンバーとやり取りする中で，一つ一つの仕事の意味や正当性が確定されていき，コミュニティが大切にしていることと個人が大切にしていることが明確になっていくのである。

仕事のやり方は文脈に埋め込まれており，経験を通して学ぶ。教育と労働が「密接な無関係」となる背景には，仕事は現場での経験や実践を通して身につくものであるという捉え方の影響が少なからずある。このようにインフォーマルな学びが中心となり，日頃の仕事，周囲の人とのやりとりを通して，仕事のやり方を身につけ，アイデンティティも形成していく側面がある。つまり，仕事は，働く大人の考え方，価値観などにも影響を与える。その際に，自身が所属する企業や業界の考え方に染まって視野が狭くなったり，旧来の考え方にとらわれる可能性もある。そのため，自身の実践知，仕事のやり方，仕事に対する考え方などを振り返り，相対化して見つめる機会が，生涯キャリアを考える際には必要になる。教育機関での学び直し，社会での学びなどのフォーマル教育やインフォーマル教育は，実践に新たな視点をもたらしたり，理解を深めたり，相対化したりする役割を果たす可能性がある。これまで実践を通して学んできたこと，身につけてきた価値観や常識などの思考様式を，時には学びほぐして再構築する必要もあり，仕事に直接関係ない学びの意義も積極的に捉えていく必要があるのではないだろうか。

3　労働問題と向き合う学び

　働く場における学びを捉える際には，それが誰のための学びか，何のための学びかを捉える視点も不可欠である。働く場には，雇用主と労働者，上司と部下などの権力関係がある以上，それを抜きにして捉えることはできないためである。企業は生産性を高めるために，人材育成に取り組み，労働者に自己啓発や自己研鑽を求めるが，時には，やりがいがある，成長できるという謳い文句で，若者に過度な労働を押し付けるということもありえる。そのため，働き方や労働問題と向き合う学びについても社会教育における重要なテーマとして考えられる。

　労働問題としてどのようなことが思い浮かぶだろうか。過労死，不当解雇，雇い止め，給料や残業の未払い，パワハラやセクハラなどのハラスメント，バーンアウト，やりがい搾取，不法就労，男女差別など，今日においても様々な問題が挙げられる。このような労働者の立場や彼らを取り巻く状況に関する問題は，古くから労働者教育の対象として取り組まれてきた。労働者教育は，①教養指向型，②政治指向型，③経済指向型，④協調指向型，⑤能力指向型として捉えることができる（倉内　1970）。[7]

　①教養指向型は，学校教育制度が階級的な生活を有し，労働者とその子弟の教育機会が差別される社会において，労働者の人間的向上のためのより高い教育の場を用意し，人間的教養を内容とする教育を行おうとするものである。歴史的にはイギリスの労働者教育協会（Workers' Educational Association, WEA）にみられる取り組みが代表的である。WEA は，労働者のために大学を開放し，教養を身につけ，真理を追究し，人格を陶冶するための教育を目指した。[8]自分たちが置かれている社会的状況や歴史的背景の理解，人間的労働の回復を目指すための学びとして教養が位置づけられる。

＊7　詳しくは，倉内（1970）を参照。この分類が示された当時と現代では，雇用形態の多様化も進み，労働組合の状況なども大きく変わっているが，労働者の教育として示されている視点から考えさせられることは少なくない。

＊8　WEA と労働者教育における大学の役割に関して，詳しくは，宮坂（1996）を参照。

第8章　働く大人の生涯学習・社会教育

②政治指向型は，労働者教育の階級制を主張して，労働運動を基盤とし，労働者階級の立場からの教育をすすめ，社会変革の主体たるべき階級としての労働者の自覚・成長を促そうとする教育である。歴史的には，教養指向型の労働者教育の否定に立つ独立労働者階級教育運動が該当する。これらは，中産階級や大学からの支援を断り，階級的解放のための教育をめざすものという特徴がある。

③経済指向型は，労働組合員教育を中軸とし，一般組合員には組合への組織化・帰属意識の向上を求め，幹部には組合の指導・運営・企業との交渉などのための知識・技術を習得させる教育である。ここでは，体制変革的な政治指向型の労働者教育を否定し，労働組合として団結して労働者の権利を主張していく取り組みが含まれる。

④協調指向型は，健全な労使関係と健全な労働運動の育成を目的として，協調思想の普及・労使問題の基礎知識の提供をはかる政府・経営者団体などによって行われる啓蒙教育である。企業に対する忠誠心を高めたり，生産意欲を高揚させるための従業員教育も含まれる。

⑤能力指向型は，職業に必要な知識や技術の習得をめざす教育が広く含まれる。企業内教育，企業外における公共職業訓練機関・各種学校・講習会等で行われるもので，知識や技術を習得することによって労働者の地位を高めることにつながる。

労働者が弱い立場に置かれることがあるのに対し，どのような主体が，どのようなねらいでアプローチし，どのような学びを提供するかは様々である。しかし，日本では，労働組合や労働運動が大きな影響力をもたず，行政による社会教育としてもこれらの労働者教育に十分に取り組んできたとは言い難い状況である。リスキリングやリカレント教育，社会人の学び直しが生涯学習として注目されているが，単に職業に必要な知識や技術の習得という道具的な学習だけではなく，自分たちが置かれている社会状況や構造の認識，権利や地位の獲得のための学び，労働を取り巻く問題解決に繋がる対話的な学びなども働く者の学びとしては重要なテーマであろう。

特に，雇用の流動化，多様化に伴い，パートやアルバイト，派遣社員などの非正規雇用が増え，フリーランスなどの雇われない働き方を選ぶ者も増えている。多様な働き方を選択できる一方で，望まずに不安定な働き方をせざるをえ

143

ない者も多い。女性の働き方やジェンダー，障害者雇用，外国人労働者などに特有の課題もあり，弱い立場に置かれやすい人たちの労働をいかに支えていけるか，そのためにはどのような学習が必要なのかは様々な立場の人が考える必要があるだろう。高額な報酬目当てに闇バイトに巻き込まれて人生を狂わせてしまう若者，過酷な労働条件で正社員なみに働かされて学業にも支障をきたすほどのブラックバイトに苦しむ学生，視聴数や広告収入を得るために不適切な動画を投稿するYouTuber，バイトを掛け持ちで家計を支えながら親の介護をするヤングケアラー，家出とともに仕方なく性風俗産業で働くことになった若者。多様な生き方や働き方が認められる中で，思わぬ問題に発展したり，社会の構造上，苦しい環境から抜け出せない者もおり，そのような人をエンパワメントする学びも考えられなければならない。

働くということは権利でもある。これまで，女性の社会進出，障害者雇用など，自分らしく生きたい，社会と関わりたい，価値を生み出して貢献したいという要求とともに，仕事が認められてきたという側面もある。女性だからという理由で，特定の職業につくことが難しかったり，管理職や役員への昇格が妨げられるなどの課題も残されている。働く当事者のやりがいや働きがいが認められ，広く理解され，尊重される必要があるだろう。

労働力の搾取ではなく，働く者を力づけ，生きがいややりがいを感じられる労働，人間らしい労働が広がるには，どのような生涯学習・社会教育が求められるのだろうか。望ましい働き方をみんなで考え，それが実現できるようにしていくこと，そして一人ひとりの望む働き方が受け入れられていくこと。その中では，社会や企業のあり方，働き方を捉え返して変革していく学びも必要であり，自分たちが置かれている状況の理解，望ましい生き方や社会とはどのようなものかを考える教養などの学び，自己理解なども含まれてくるのではないだろうか。

4　企業の社会的責任と生活・暮らし

働くという営みは，社会と関わる行為である。その労働の場としての企業についても，生涯学習及び社会教育の観点から捉え返してみよう。第一次産業か

第 8 章　働く大人の生涯学習・社会教育

ら第三次産業まで，あらゆる仕事が，人や社会をより豊かにしようとする中で発展し，私たちの暮らしを便利で豊かなものにしてきた。企業は付加価値を生み出し，利益を得ることで事業を継続・発展させており，社会から求められない企業は存続することが難しいことからも，働くということは少なからず社会に何らかの価値を生み出す営みであるといえる。

　しかし，これまでの経済の発展の中で，企業の過度の営利追求が様々な問題を生み出してきたことも事実である。大量生産と大量廃棄による環境破壊，資源や労働力の搾取，不正や法令違反，暮らしや文化的な営みの破壊などの問題が多々挙げられる。これらの反省から，企業としても社会的責任（Corporate Social Responsibility, CSR）を見直す動きが生じている。企業の社会的責任とは，企業が社会や環境への配慮を十分に行い，ステークホルダーに対して責任ある行動をとることをさす。近年，持続可能な社会の実現を目指し，国連は2015年に持続可能な開発目標（SDGs）を定め，企業も SDGs の推進が求められている。環境問題への対応や，地域社会への貢献なども求められており，単に営利追求を考えるだけではなく，社会や環境にどのような影響を与えるか，どのような社会や環境をつくっていくかを考え，対応していくことが企業とそこで働く人にも重要なテーマとなっている。

　社会的目的と経済活動との結びつきを強調して捉える動きや試みから，社会的企業も注目されている。社会的企業は，経済活動を通して社会的目的を実現し，社会からみて望ましい活動や事業を行っていくという規範性をもつ企業である。[*9] また，ソーシャルビジネスとして，社会的課題の解決にビジネスの手法を用いていく活動や事業も広がりをみせている。営利追求を目的とした一般企業が，社会的企業と同様の社会的課題の解決を目的としたビジネスを展開するようになり，NPO，社会的企業，一般企業などの多様な組織が社会性の高い事業を行うようになっている。

　例えば，ノーベル平和賞を受賞したムハマド・ユヌスは，バングラデシュでグラミン銀行を創設し，土地などの担保を有さない貧困層に対し融資を貸し出し，ソーシャルビジネスを行ってきた。バングラデシュの貧困層は主に農業に

＊9　詳細は米澤（2017）を参照。

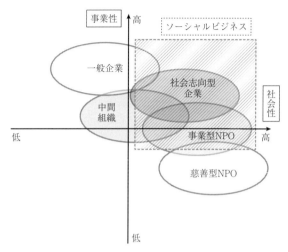

図 8-1　ソーシャルビジネスの組織形態
出所：谷本（2006）。

従事しており，所得が乏しい上，資産もあまりないことから，銀行からお金を借りることは困難であった。そのため，農作物の収穫や販売がない時期は，貯蓄を切り崩すか，地主や仲買人などから高い金利でお金を借りて生活せざるを得ず，そのことが貧困の度合いをさらに深めるという悪循環に陥っていた。借入や返済が適切にできるようにマイクロファイナンスの仕組みを整え，貧困削減に貢献したことは，社会的課題の解決に取り組む持続可能なビジネスであるといえる。また，NPO法人フローレンスは，病児保育問題の解決に事業として取り組んできた。37.5度以上の熱が出ると保育園に子どもを預けることができず，それが原因で仕事を失う女性がいることに対し，新しく病児保育事業を展開することで子育てや仕事を支えている。他にも，発展途上国におけるアパレル製品及び雑貨の企画・生産・品質指導を行い，商品を先進国で販売することを通して，発展途上国の貧困の解決や新たな価値の創造に取り組む企業もある。行政や公的機関だけでは解決できない社会的課題に対して，様々な人や組織が取り組んでいる。ソーシャルビジネスにおいては，活動を持続可能なものにするために事業として収益をいかにあげるかも問われている。社会性と経済性の両方を追求し，相利共生をめざすこれらのソーシャルビジネスの取り組み

第8章　働く大人の生涯学習・社会教育

は，市場や消費者の意識の高まりから，企業の社会的責任が求められるように
なってきた例として捉えられる。

　社会的企業やソーシャルビジネスに限らず，働くことの価値観が多様な広が
りをみせる今日においては，地域で働いて暮らすということも注目される。東
日本大震災は東北地方に多大な被害をもたらすと同時に，福島の原発の問題，
震災復興の取り組みなどを通して，地域で暮らすこと・働くことに改めて目を
向けさせる契機となった。新型コロナウイルスの感染拡大は，在宅勤務やテレ
ワークを加速させるとともに，人口密度の少ない自然が豊かな地域で働くとい
う可能性ももたらした。地方の過疎化の問題と関わり，地域活性のために，
U・Iターンとして働く若者も少なくない。

　地域で暮らし，地域で働く。そこで，地域のために働くという価値や意味も
再度見つめ直されている。地域の人やもの，自然の魅力を伝えるなど，地域リ
ソースを生かしながら産業の振興や雇用の創出に繋げる取り組みがある。地域
おこし協力隊など，よそ者や若者が地域で働き，まちづくりや地域づくりに関
わることで，これまで見過ごされてきた地域の魅力が発見されることがある。
働くということは，その地域の人・自然・文化・歴史・産業などの魅力に気づ
くこと，それを活かすこと，社会や地域の課題を解決することと密接に関わる
ことである。

　近代以降の経済発展は，都市部に労働を集約させる形で行われてきた。地域
から都市部へと労働力が流入し，主に男性が労働力となって収入を稼ぎ，女性
が家庭を支えるという性別役割分業がみられてきた。そこでは，働くことと日
常の生活は分けて捉えられてきたといえよう。そのようななかで，社会教育に
おいては，労働（生産労働）と生活（再生産労働）が分断されるものではなく曖
昧な境界線上にあることが指摘されてきた。暮らしを考える際には，生産労働
と生活を総体的に捉え，その基盤としての地域社会をみつめることができよう。
地域社会は，地域住民相互の働きにより作り出され編み上げられることで創造
される暮らしの場である。[*10]つまり，働く大人の生涯学習・社会教育を捉えよう

＊10　詳しくは，日本社会教育学会（2021）を参照。各論文が，様々な観点から働くことと生活に言
　　　及している。

147

とする際，単に仕事に必要な知識や技術の習得というだけにとどまらず，その仕事が地域や社会といかに関わるかをも学び，考え，深め，いかに暮らしていくかという視点の中で深めていく必要があるのではないだろうか。

課　題

1. (1)　私たちはなぜ「働く」のだろうか？
   (2)　理想的な働き方とはどのようなものだろうか？
   (3)　仕事を通して，どのような社会課題や地域課題の解決に取り組めるだろうか？
2. (1)　身近な社会人（親や知人など）へのインタビューや，社会人の自伝や伝記などを読んで，これまでのキャリアをどのように形成してきたのか，仕事における経験や職場外で何をどのように学んできたのかを調べてまとめてみよう。
   (2)　具体的に労働問題を一つ取り上げ，なぜそのような問題が生じるのか，その解決のためにどのような取り組みや学習がなされているかを調べてまとめてみよう。

文献

石原直子（2021）「リスキリングとは──DX 時代の人材戦略と世界の潮流」経済産業省「第2回デジタル時代の人材政策に関する検討会」資料 https://www.meti.go.jp/shingikai/mono_info_service/digital_jinzai/pdf/002_02_02.pdf（2023年8月27日閲覧）。

倉内史郎編（1970）『労働者教育の展望』東洋館出版社。

笹井宏益（2021）「リカレント教育の普及・定着過程の分析──スウェーデンにおける労働・教育政策に着目して」日本社会教育学会編『ワークライフバランス時代における社会教育』東洋館出版社，48-59頁。

谷本寛治（2006）『ソーシャル・エンタープライズ──社会的企業の台頭』中央経済社。

内閣府（2022）「生涯学習に関する世論調査（令和4年7月調査）」https://survey.gov-online.go.jp/r04/r04-gakushu/index.html（2023年8月27日閲覧）。

中原淳（2010）『職場学習論──仕事の学びを科学する』東京大学出版会。

日本社会教育学会編（2013）『労働の場のエンパワメント』東洋館出版社。

────（2021）『ワークライフバランス時代における社会教育』東洋館出版社。

濱口桂一郎（2013）「日本型雇用システムにおける『教育と労働の密接な無関係』」日本社会教育学会編『労働の場のエンパワメント』東洋館出版社，20-31頁。

宮坂広作（1996）『英国成人教育史の研究 II 』明石書店。

文部科学省（2016）「社会人の大学等における学び直しの実態把握に関する調査研究」https://www.mext.go.jp/a_menu/koutou/itaku/1371459.htm （2023年 8 月27日閲覧）。

米澤旦（2017）『社会的企業への新しい見方──社会政策のなかのサードセクター』ミネルヴァ書房。

渡邊洋子編著（2023）『医療専門職のための生涯キャリアヒストリー法──働く人生を振り返り，展望する』明石書店。

Kolb, D. A. (1984) *Experiential Learning: Experience as the Source of Learning and Development*, Prentice-Hall.

Lave, J., & Wenger, E. (1991) *Situated learning: Legitimate peripheral participation*, Cambridge university press.

（種村文孝）

コラム　ブルシット・ジョブと時間どろぼう

　そもそも働くとはどういうことなのだろうか。現代の資本主義社会は，仕事の効率化，労働生産性の向上，働き方改革などが叫ばれる一方で，ブルシット・ジョブというクソどうでもいい仕事が蔓延していることをデヴィッド・グレーバー（2020）は指摘した。ブルシット・ジョブは，「被雇用者本人でさえ，その存在を正当化しがたいほど，完璧に無意味で，不必要で，有害でさえある有償の雇用の形態である。とはいえ，その雇用条件の一環として，被雇用者は，そうではないととりつくろわなければならないと感じている」というものである。誰も見ない書類の作成，ほとんど仕事のない形だけの受付，文書の体裁をいい感じにして報告する仕事など，無意味だけれども，周囲の人には仕事をしていると見せかけないといけないと感じる仕事が蔓延しているという。教師の多忙化でも，以前よりも書類の作成や事務作業，管理業務における煩雑さがいえるだろう。

　経済も発展し，社会が便利になれば，人々の労働時間は減少し，自由な時間や余暇が増えるのではないかと思われていたが，実際にはそうなっていない。それどころか，AIや機械に仕事を奪われるのではないかという不安も社会を覆っている。ここで興味深いのは，資本主義の発展とともに労働には価値があり，労働をしていない人間は価値がないとみなされるようになったという点である。労働は苦しく辛いものであるが，それを通して人間的に成長し，何かを社会に生み出す価値ある行為であり，素晴らしいものであるという認識が広がった。同時に，働いていないということは，人間的に堕落しており，価値を生み出しておらず，恥ずかしいことだとみなされる。もし，仕事が短時間で済むのであれば，自由時間や余暇が増大してもよさそうだが，経済発展と社会の安定のために雇用の創出が善とされ，効率的な（？）管理運営のもとに多大なチェック業務やブルシット・ジョブが生まれている。意味を感じられない，自分でも有用だと思えない仕事をするというのは，本人たちには苦痛であるが，それを取り繕って生きなければならないという。

　一方で，建設・土木，ゴミ処理・清掃，看護師，介護士，保育士などのエッセンシャル・ワークは，人手不足や労働条件の悪化に悩まされている。グレー

バーは，「その労働が他者の助けとなり，他者に便益を提供するものであれば
あるほど，そしてつくりだされる社会的価値が高ければ高いほど，おそらくそ
れに与えられる報酬は少なくなる」と指摘している。これは容易に受け入れが
たいが，やりがいがある仕事だから，収入が低くても耐えるように求められる
という倒錯が起きているという。そもそも生活に不可欠な家事や育児，人々の
暮らしのケアなどは，報酬を得て行うものではなかった。働くという価値，生
活における価値の前提からもう一度考えてみる必要はないだろうか。

　資本主義的モラルの浸透以前の仕事は，タスク指向であり，仕事と生活のあ
いだの境界線はほとんどなく，社会的交流と労働は混ざり合っており，労働日
や時間は仕事に応じて長くなったり，短くなったりしていた。ある時期は，集
中的に働き，そうでない時は働いていなかったのである。時計による計測をも
とに時間志向での働き方が押し付けられるところに，人間的な働き方との齟齬
があり，ブルシット・ジョブを生むのではないかと考えられる。これはミヒャ
エル・エンデの『モモ』で描かれた時間どろぼうではないだろうか。『モモ』
では，灰色の男たちが，時間貯蓄銀行の口座を開き，人間関係にとられる時間
や一人のお客にかける時間を節約し，貯蓄に回すと高額の利子が付くと勧め，
人びとを忙しい生活に追いやっていた。そこで失われたのは，生活であり，暮
らしであり，遊びであり，豊かな人間関係であった。エンデが問いかけた資本
主義における時間とお金の問題は，私たちにどう生きるか，どう働くかを問い
かけてくるものである。

（種村文孝）

文献

エンデ，ミヒャエル（2005)『モモ』（大島かおり訳），岩波書店。
グレーバー，デヴィッド（2020)『ブルシット・ジョブ──クソどうでもいい仕事の
　理論』（酒井隆史・芳賀達彦・森田和樹訳），岩波書店。

第 9 章

高齢期と学習
── 「自分ごと」 として考える ──

　「高齢期と学習」というテーマをみなさんはどれほど身近に感じるだろうか。自分にはまだ関係ないと思う人も多いかもしれない。しかし，だれしも年を重ねれば高齢期を迎えること，また日本社会全体が高齢化していることを思えば，一度向き合ってみてもよいテーマといえるのではないだろうか。

　この章では，みなさんがこのテーマを「自分ごと」として捉えていけるよう，できる限り高齢「者」ではなく高齢「期」という表現を用いる。人生の中でそれがどういう時期であり，学習という行為とどのように結びつくのか考えてみることはきっと，自らの人生や社会のあり方，さらにはこれまでの学習観を見つめ直す機会となるだろう。

1　現代社会における高齢期

　「高齢期」とはいつから始まるのか。国際的には現在，世界保健機構（WHO）の定義である「65歳以上」を採用するのが一般的となっている。この基準でみると日本は最も高齢化が進んだ国であり，おおよそ3人に1人が高齢者という「超高齢社会」である。第1節では，こうした現状にある日本の高齢期の具体的様相を捉えていきたい。

（1）平均寿命と健康寿命

　日本で高齢化が進んでいる要因の一つとして，長寿化が挙げられよう。[*1]2023年の日本人の平均寿命は男性81.09歳，女性87.14歳であり，「高齢期」とされ

＊1　出生率の低下による少子化が同時進行していることも大きな要因である。

第9章　高齢期と学習

る期間は20年前後ということになる。およそ20年前の2000年がそれぞれ77.72歳，84.60歳，さらにその20年前の1980年が73.35歳，78.76歳であったことをみると，着実に長期化していることがわかる（厚生労働省a）。

　また，「健康上の問題で日常生活が制限されることなく生活できる期間」である「健康寿命」についてみても，2019年で男性72.68歳，女性75.38歳となっており，算出が始まった2001年時点と比べて3歳程度延びている（厚生労働省b）。健康寿命以降の期間（要支援・要介護の期間）が一定程度あるものの，平均寿命とともに健康寿命も着実に延びてきており，全体的な傾向としては多くの人が長い期間，元気に高齢期を過ごす時代が到来しているといえる。なお，こうした状況もふまえ，高齢期を65歳からとする一律の基準については，「現状に照らせばもはや，現実的なものではなくなりつつある」（「高齢社会対策大綱」（2018年2月閣議決定））といった視点から見直しが議論されてもいる。

（2）ライフスタイル

①　家族形態

　次に現代社会の高齢期のライフスタイルについて，まずは社会を構成する基本的単位である家族の形態からみていきたい。厚生労働省の国民生活基礎調査によると，調査が始まった1986年，65歳以上の人がいる世帯の中で最も多かったのは三世代世帯であり，実に44.8％を占めていた。しかし，2023年には7.0％まで減少し，代わりに増えた単独世帯と夫婦のみの世帯がそれぞれ，1986年の13.1％，18.2％から，31.7％，32.0％を占めるにいたっている（厚生労働省c）。つまり，現代の高齢期においては，家族の規模が確実に小さくなってきているのである。こうしたことも影響してか，高齢期になると家族で過ごす時間とともに一人で過ごす時間が増える傾向にあり，特に一人暮らしの場合，1日の大半を一人で過ごすという調査結果も出ている（総務省統計局a）。

②　就労状況

　高齢期の就労に関しては，農林水産業や自営業を営むことから会社などに雇われて働く働き方が主流となって以降，最も影響を与えてきたのは「定年」という雇用システムだろう。[*2]昭和から平成にかけて，定年は55歳から60歳，そして65歳へと引き上げられてきた。高齢期を迎えても働き続ける人は確実に増え

153

ており，2023年の65〜69歳の就業率は52.0％，70〜74歳は34.0％と，10年前の2013年からそれぞれ13.3，10.7ポイント上昇している（総務省統計局b）。2024年現在，70歳までの就業を確保することが事業主の努力義務とされており，就業率は今後も上昇していくものと推測される。[*3]

　とはいえ，他の年代と比べると，高齢期では就労していない人，就労していてもフルタイムではない人が多いのも事実である。総務省統計局による2021年の社会生活基本調査をみると，65〜69歳の就労時間は平日1日あたり平均176分と，最も多い45〜54歳の半分以下となっている（総務省統計局a）。

③　余暇時間の過ごし方

　このように，高齢期においては就労時間が減る一方，増えるのが「各人が自由に使える時間における活動」の「第3次活動」である。同じ社会生活基本調査では，65歳以上で平日1日あたり平均482分となっており，最も少ない25〜44歳の倍近い時間となっている。この第3次活動のうち最も多いのがテレビ・ラジオの視聴や新聞・雑誌の購読に充てる時間であり，平均240分と半分を占めている。この傾向は近年大きく変化しているものではなく，高齢期における余暇時間の過ごし方として定着したものだといえよう。他方，比較的アクティブな活動として，（1日あたりの時間数は少ないものの）1年間で行動した人が多かったものは順に，趣味・娯楽に関わる活動が74.2％，スポーツが60.2％，学習・自己啓発・訓練に関わる活動が28.4％となっている。過去の同じ調査と比較すると，特にスポーツを行う人の割合が他の年代と比べて増えていることが特筆される。

　以上，現代の日本における高齢期は総じて，ある程度健康な状態でありながら，自分で自由に使える時間が増える時期，そしてそれが多くの人におとずれる時期ということになるだろう。近年，この時期を就労などでアクティブに過ごす傾向は高まりつつあるが，一方でゆとりのある余暇時間を一人で過ごす傾向も根強く残っていくと考えられる。

＊2　なお，年齢で一律に退職時期を決める定年という制度については，「年齢差別」であるとの批判もあり，廃止している国もある。

＊3　詳しくは，高年齢者雇用安定法を参照のこと。

2 高齢期におとずれる変化

　さてここまで，時代とともに高齢期のあり方も変化するという話をしてきた
が，高齢期においては一方で，どのような時代であっても直面しうる「老い」
の現実があることもまた事実である。第2節では，具体的にどのような変化が
個々人におとずれるのかみていきたい。

（1）機能的変化

　年齢を重ねると，私たちは自分の身体の変化を日々実感することになる。白
髪やしわが増えるような外見上の変化をはじめ，耳が遠くなったり目が見えに
くくなったりすること，足腰が弱くなったりすることなどはよく知られたもの
だろう。身体のあらゆる器官において細胞の数が減り，機能が衰え，多方面に
影響をもたらすのである。こうした生理的な変化から，高齢期においては活動
量が低下したり，病気やケガのリスクが高まるようになる。また，認知面でも
変化はおとずれる。外部からの情報を認識し，理解し，行動に移すための認知
機能は，加齢とともに低下する傾向にあるのである。なお，機能の低下が進み
社会生活に支障をきたすような状態が続くと，一般的に認知症と診断される。
　このように高齢期になると，様々な機能的変化から「老い」や「衰え」の現
実に直面することになる。それまで当たり前にできていたことができなくなる
といった「ままならなさ」は，個々人に戸惑いを与え，時に閉じこもりや抑う
つ状態をもたらすこともある。こうした事態に私たちはどう向き合えばいいの
か。手がかりとしたいのが，加齢とともに低下しやすい機能がある一方で，安
定して維持される機能もあるということである。代表的な説が，キャッテルと
ホーンが示した「流動性知能」と「結晶性知能」であろう。前者は，情報を処
理する速度や空間を認識する力といった新しい状況に対応する際に必要とされ
る能力で，年を重ねるにつれ徐々に衰えていくとされる。一方の後者は，言語
能力や一般常識的な知識，物事を理解する力や洞察する力などを指しており，
長年の生活経験や学習によって獲得されるものである。この結晶性知能は年月
をかけて培われたものであるため，高齢期においても安定した状態を保つとい

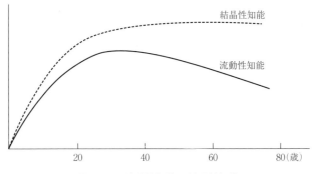

図9-1　流動性知能と結晶性知能
出所：堀（2022：106）。

う（図9-1）。

　興味深いのは，高齢期においては諸機能の低下といった変化に直面するのだが，それに伴う困難をこのような成熟した知的能力（いわゆる「知恵」）によって一定程度補いうるということである。たとえば，高齢になっても演奏活動を続けたあるピアニストは，演奏する作品をあらかじめ厳選して集中的に練習したり，テンポや強弱のつけ方を工夫することで観客にとってより印象深い演奏ができるよう努めていたという[*4]（堀 2009：178）。このように高齢期というものは，様々な機能的変化を引き受けるに足る英知が結集される時期という見方もできるのである。

（2）社会的役割・人間関係の変化

　高齢期においては，人間関係のあり方にも留意が必要である。第1節でみたように，家族形態や就労状況など，高齢期にいたる過程で様々な環境の変化がおとずれる。一般的に私たちは退職や子どもの自立などを経験するわけだが，職業人としての自分，親としての自分といった社会的な役割が変化することで，日常的に関わる人々も変わっていくのである。また，年齢を重ねるにつれ，親や友人など自分にとって大切な人を亡くす「喪失」の経験が増えることも，高

＊4　ポール・バルテスはこれを，高齢期における「選択的最適化とそれによる補償」として論じている。詳しくは，堀（2009）を参照のこと。

齢期における人間関係を考える上で見逃せない事実である。

こうした点についてさらに理解を深めるために，カーンとアントヌッチによる「コンボイモデル」を参照したい。これは，護送船団を意味するコンボイという用語に象徴されるように，個人を取り巻き支える人たちとその個人との関係性を表したモデルである。より具体的には，ある人を中心とした人間関係のネットワークを，①長期にわたり安定した関係性の人々，②時間とともに関係性が変化する可能性のある人々，③役割とともに変化する可能性の高い人々の3層で示したものである。要は，3層は社会的な役割によってどの程度規定される関係性かで区別されるものであり，中心に近い円ほどそうした役割に左右されない関係性となる（図9-2a）。

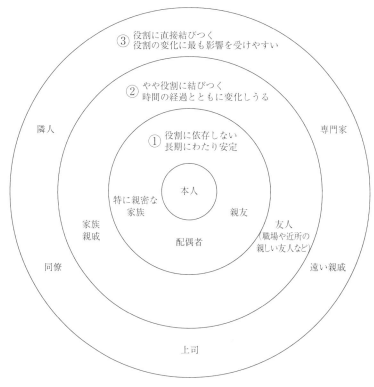

図9-2a　コンボイの仮説的な一例

出典：カーン・アントヌッチ（1993：58）をもとに筆者作成。

このコンボイモデルを用いると，高齢期における人間関係の変化がよくわかる。カーンとアントヌッチが示した1人の女性の事例をみてみよう（図9-2b）。彼女は40年の間に上図で①の層にいた両親や配偶者を亡くし大きな喪失を経験しているが，下図を見ると，それを補うかのように娘や同じく配偶者を失った古くからの友人と強い関わりをもつようになっている。③の層においても職場の上司や同僚との関わりがなくなっている一方で，医者や牧師などと新たな関係性を構築している。このように，年齢を重ね社会的な役割が変化したり喪失を経験したりする中で，関わりをもつ人が変化したり，同じ人でも関わりの程度が変化していることがわかる。また全体として，関わりをもつ人の数が減少している点も特筆されよう。カーンとアントヌッチは，こうした人間関係の築き方には個人差があるものの，①の層が充実している場合，幸福感やストレスへの対処能力が高くなるとしている（カーン・アントヌッチ 1993：61）。また，①の層に限らずこの人間関係のネットワークをいかにして構築し機能させるかが高齢期では重要になると指摘している（同：69-70）。

　以上，第2節でみてきたように，高齢期においては，身体の諸機能の低下や社会的役割・人間関係における喪失といったそれまでの人生とは異なる形の変化に直面することとなる。それらに対して人は戸惑い，時に抑うつ状態となりうるが，こうした「危機」を乗り越えるには，長年培ってきた経験・知恵や人間関係のネットワークが鍵となる。それらをいかに活用あるいは構築・機能させるのかが，高齢期を捉える上で重要な視点になってくるといえよう。次節ではこの点を踏まえながら，具体的な学習事例とともに高齢期と学習について考えていきたい。

3　高齢期と学習

　ここでは高齢期と学習について，高齢期においてはどのような学習が行われているのか（第1項），さらには高齢期というものと向き合うためにはどのような学習がありうるか（第2項），という2つの観点からアプローチする。

第 9 章　高齢期と学習

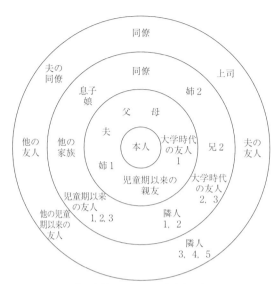

35歳，既婚，2人の子どもをもつ女性

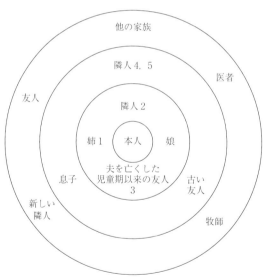

75歳，夫を亡くし，成人した2人の子どもをもつ上図と同一の女性

図 9-2b　生涯発達におけるコンボイの構成の変化——ある
　　　　　女性の生涯の異なる 2 時点におけるコンボイ

出典：カーン・アントヌッチ（1993：62）をもとに筆者作成。

159

（1）高齢期における学習

①　学校型の学習の場——高齢者大学「兵庫県いなみ野学園」

　まず，私たちにとって馴染みのある「学校型」の学習事例を取り上げる。どのような点が高齢期において特徴的なのか，ということに注目してみていきたい。

　兵庫県いなみ野学園は，高齢者を対象とした学校型の学習の場である高齢者大学[*5]の中で最も歴史があり，1969年に兵庫県加古川市に開設された。4年制の大学講座と2年制の大学院講座から成り，約千名の学園生が，主として週に1日，年間30日間通っている。学園には講堂・図書館・食堂などを備えたキャンパスがあり，入学式・学園祭・スポーツ大会といった行事，クラブ活動なども行われているのだが，いわゆる「学校」と異なる点として特筆されるのは学習内容の編成であろう。法に基づきカリキュラムが組まれる学校教育と異なり，高齢者大学のような高齢期の学習の場ではその学習内容を規定する要件はほとんどなく，機関ごとの裁量で編成されているのである。いなみ野学園の場合，大学講座は園芸・健康づくり・文化・陶芸の4学科，大学院講座は地域づくりの1研究科から成り，それぞれ講義に加え実技が充実した内容となっている。

　たとえば文化学科では，地元播磨の歴史から世界の歴史・文化まで，さらには古典文学の朗読からミュージカルの実演にいたるまで，実に幅広い学習内容が展開されている。学校教育においては日本の歴史一つとっても年代ごとに詳細に順序だてて配列された系統的なカリキュラムが組まれるところであろうが，いなみ野学園では複数の大きなトピックを概観するような形で内容が編成されているといえる。こうした編成の原理をどのように理解すればよいのだろうか。高齢者学習の理論と実践を長年研究してきた堀は，たとえば歴史学習の場合，高齢期においては史実そのものへの理解を前面に押し出した内容編成よりむしろ，自分の人生や生活経験をふまえつつエッセンスを理解し，現代を歴史的に読み解いていくような内容編成が学習しやすく適当であると指摘している（堀2022：204-205）。これは第2節の議論とも合致するものであろう。つまりいなみ

＊5　各地域で多様な形で展開され老人大学やシニア大学などと呼ばれることもあるが，近年では名称に「高齢者」や「老人」という言葉を用いない傾向にある（堀　2022：140-141）。なお，「大学」とあるが学校教育法上の正規の大学を指すものではない。

野学園では，高齢期になっても安定しているとされる一般的な知識や物事の理解といった知的能力（結晶性知能）に沿った，高齢期と親和性の高い学習が展開されていると考えられるのである。

またこれと関連するところでは，学習目標や評価に関わる部分も特徴的であろう。いなみ野学園では，学習成果を活かす機会として各種行事での発表や地域社会での貢献活動が想定されてはいるものの，そのために到達すべき基準といったものが明確にあるわけではなく，テストの実施や単位の付与などで評価が行われることはない（大学院講座ではレポートの提出が修了要件とされている）。そこでの学びは，進学や就職，キャリアアップのためといった学校教育における未来志向の学びとは性質を異にする，学びそのものを楽しむためのものであるようにも思われる。いなみ野学園での実践は，学校教育に近い形態をとりながらも，高齢期における学習活動として独自の特質をもち展開されているのである。

② 社会参加活動——読み聞かせボランティア「りぷりんと」

次に，高齢期における社会参加活動の事例として，子どもへの読み聞かせを行う「りぷりんと」の活動を取り上げる。同活動は，2004年に東京都健康長寿医療センター研究所がプロジェクトとして始めたものであるが，現在はボランティア団体として自主的に運営され様々な地域に広がりをみせている。読み聞かせの活動は，絵本や読み聞かせへの理解，体力づくりや発声練習といった3か月間（週1回2時間程度）の事前研修（図9-3）の後，6～10人ほどのグループで定期的に行われている。実施に際しては，保育所・幼稚園・小学校・中学校などの現場施設との打合せの後，対象やニーズに合わせたテーマ決め，どのような絵本をどういった演出で読むかといったプログラムづくり，そして繰り返しの練習など，グループ単位で入念な準備が行われるという。

りぷりんとの活動で注目したいのは，こうした読み聞かせの活動サイクルだけでなく，活動を自主的に運営するための仕組みがあることである。たとえば，地域ごとに定例会が実施され，上記のようなグループでの読み聞かせの活動状況について共有する機会が作られている。そうすることで，ノウハウをお互いの活動に活かすことはもちろん，場合によってはメンバーの編成や役割分担を再検討したりと，自分たちの手で絶えず活動のあり方を見直し進化させている

> 第1回　今読まれている絵本について
> 第2回, 3回　忘れられない絵本、自分を知る
> ●絵本の記憶の掘り起こし、伝えるという技術について
> 第4回　読み聞かせに必要な体づくり
> ●柔軟体操から呼吸法、発声と滑舌
> 第5回, 6回　読み聞かせの練習
> ●読解と表現、文章理解と感情移入
> 第7回, 8回　読み聞かせ発表会
> ●個別発表会、自己採点・講評
> 第9回以降　グループ発表会の準備、実演

図9-3　りぷりんとにおける事前研修の流れ
出所：東京都健康長寿医療センター研究所ホームページ。

のである（倉岡 2016：193-194）。また、高齢期に自主的な活動を展開する上では、一人ひとりの日々の状態を把握し、必要に応じて支え合うことが極めて重要である。りぷりんとにおいては、メンバーがともに定例会で健康学習を行い健康維持に努めつつも、緊急時に代役を立てる体制を整備するなど、読み聞かせ当日に欠席者が出ることを想定した対応策もしっかりと練られており、高齢期にある自分たちの状況に合わせた相互支援の仕組みがある[*6]（世代間交流プロジェクト「りぷりんと・ネットワーク」2015：35-36）。りぷりんとでの学習をめぐっては、絵本そのものへの理解や読み聞かせ技法の習得といったものにとどまらず、こうした日々の自主的な活動を安定的に継続させるための創意工夫の行為自体が一つの学びになっているようにも思われる。

また、このような一連の行為は、同じ活動を担う仲間同士の関係性を深めるもの、すなわちコンボイを再構築するものでもあろう。それは、生活・人生に張り合い（「生きがい」）をもたらし、高齢期における生活の質を高めていくものとなる。関連する調査で、活動を続けている人たちにおいて健康度の自己評価が高まる、身体機能や認知機能の諸側面で低下が抑制されるひいては向上す

---

*6　なお、2014年にはNPO法人りぷりんとネットワークが立ち上げられ、読み聞かせの指導を担う人材の養成など、自主的なグループ活動を安定して継続させるための仕組みづくりは地域の枠を越えて展開されるようになっている。

る，といった様々な効果が報告されている（同：225-263）ことは，こうしたつながりがあることと無関係ではないだろう。

なお同活動は，高齢期の仲間同士のみならず，現場の教員や保護者そして子どもたちという他世代との交流を促すものでもあるが，彼らにもプラスの影響を与えており，高齢者観や地域活動への参加意識の向上などが数多く報告されている（同）。りぷりんとの活動は，高齢期の人々を中心としたつながりを地域の中に創出しうるものであり，彼らが地域づくりの主体になる可能性をもった活動としても注目されるのである。

（2）高齢期と向き合うための学習——みんなで語り合う実践「哲学対話」

最後に，根源的なテーマについても少しだけ触れておきたい。多くの人が高齢期を迎える現代社会において，私たちは高齢期に対して，もっといえば「老い」というものに対してどのように向き合っていけばよいのだろうか。

このように単純に答えの出ない問いを考える上で参考にしたいのが，「哲学対話[7]」の試みである。哲学対話とは，5人から20人くらいで輪になって座り，1つのテーマについて自由に話をしながら一緒に考えていく学びの手法である（梶谷 2018：3）。対話に際しては，表のような8つのルールが設定されている（表9-1）。「①何を言ってもいい」「⑥話しがまとまらなくてもいい」「⑧分からなくなってもいい」など，学校教育の中で「正解」を出すことを求められてきた私たちにとって新鮮なルールが並んでいる。

参加に際して年齢・性別・職業などの条件はなく，むしろ参

表9-1　哲学対話の8つのルール

① 何を言ってもいい。
② 人の言うことに対して否定的な態度をとらない。
③ 発言せず，ただ聞いているだけでもいい。
④ お互いに問いかけるようにする。
⑤ 知識ではなく，自分の経験にそくして話す。
⑥ 話がまとまらなくてもいい。
⑦ 意見が変わってもいい。
⑧ 分からなくなってもいい。

出所：梶谷（2018：47）より筆者作成。

---

[7]　喫茶店のような身近な環境でフランクに語りあう「哲学カフェ」などの名称で同様の活動が展開されている場合もある。また，語り合うテーマを生や死といったものに限定する「デスカフェ」といった活動もある。

[8]　必ずしもこのルールすべてに従わねばならないわけではない。会の目的や場所などに応じて柔軟に運営されている。

加者は多様であるほどよいとされる。様々な立場の人が集まると，普段自分が自明視して問わないようなことに向き合う必要性が生じるためである（同：34-37）。たとえば参加者に子どもがいれば，常識とされているようなことに疑問が投げかけられたりわかりやすい表現が求められたりと，大人にとって「哲学」的な体験の場になりやすいという（同：158-160）。

こうした哲学対話において高齢期に関わるテーマを設定すれば，多様な立場の人が自らの経験をもとに考え自分の言葉で話し，また他者の意見を受け止める中で，自分なりの高齢期の迎え方や高齢社会のあり方について考えるきっかけとなるのではないか。さらには，そうしたテーマでなくとも，対話の場を共有すること自体が，様々な世代・境遇の人たちがお互いの価値観や現実を知る機会，つながり合う機会として有効ではないだろうか。高齢期を迎えることが他人事でなくなったこの現代社会において，こうした地道な取り組みが，実感を伴いながら高齢期について考え続けることを可能にする学びの機会として非常に意義があるように思われる。

課　題

1．(1)　今の自分は何のために・どこで・誰と・何を・どのように学んでいるのか。10年先，30年先，50年先の自分はどうだろうか。それぞれ考えてみよう。

(2)　(1)の結果を比べて気づいたこと，考えたことを書き出してみよう。

2．(1)　本章で取り上げた高齢期の特徴の中から１つを選び，そうした特徴は学習面でどのような可能性を持つか考えてみよう。

(2)　次の現代の高齢社会に関わるトピックの中から１つを取り上げ，①自分がその問題に直面したときのために，今から何ができるか（自助），②今その問題に直面する（しそうな）近しい人のために，今の自分には何ができるか（共助），考えてみよう。

〈現代の高齢社会に関わるトピック〉

独居老人，社会的孤立，孤独死，認知症・徘徊，老老介護・認認介護，空き家問題，災害時の避難，買い物難民，高齢ドライバー・免許返納，年金問題，終活・相続，墓じまい，オレオレ詐欺，デジタルデバイド

第 9 章　高齢期と学習

文献

いなみ野学園大学自治会／いなみ野学園大学院自治会「いなみ野学園―自治会掲示板―」https://www.bb.banban.jp/inamino/（2024年 8 月 8 日閲覧）

カーン，R. L.・アントヌッチ，T. C.（1993）「生涯にわたる『コンボイ』――愛着・役割・社会的支え」『生涯発達の心理学　2 巻　気質・自己・パーソナリティ』（東洋ほか編集・監訳），新曜社，33-70頁。

梶谷慎司（2018）『考えるとはどういうことか――0 歳から100歳までの哲学入門』幻冬舎。

倉岡正高（2016）「よみきかせボランティア活動『りぷりんと』」藤原佳典ほか編著『コーディネーター必携　シニアボランティアハンドブック―シニアの力を引き出し活かす知識と技術』大修館書店，192-196頁。

厚生労働省 a「令和 5 年簡易生命表の概況」https://www.mhlw.go.jp/toukei/saikin/hw/life/life23/（2024年 8 月 8 日閲覧）。

―――― b「健康寿命の令和元年値について」https://www.mhlw.go.jp/content/10904750/000872952.pdf（2024年 8 月 8 日閲覧）。

―――― c「2023（令和 5 ）年国民生活基礎調査の概況」https://www.mhlw.go.jp/toukei/saikin/hw/k-tyosa/k-tyosa23/index.html（2024年 8 月 8 日閲覧）。

世代間交流プロジェクト「りぷりんと・ネットワーク」編著（2015）『地域を変えた「絵本の読み聞かせ」のキセキ――シニアボランティアはソーシャルキャピタルの源泉』ライフ出版社。

総務省統計局 a「令和 3 年社会生活基本調査の結果」https://www.stat.go.jp/data/shakai/2021/kekka.html（2024年 8 月 8 日閲覧）。

―――― b「労働力調査（基本集計）　2023年（令和 5 年）平均結果」https://www.stat.go.jp/data/roudou/sokuhou/nen/ft/index.html（2024年 8 月 8 日閲覧）。

東京都健康長寿医療センター研究所「絵本読み聞かせ世代間交流プログラム『りぷりんと』」https://www.tmghig.jp/research/publication/reprints/（2024年 8 月 8 日閲覧）

日本社会教育学会編（2022）『高齢社会と社会教育』東洋館出版社。

兵庫県生きがい創造協会「兵庫県いなみ野学園」https://www.hyogo-ikigai.or.jp/ikigai/inamino/index.html（2024年 8 月 8 日閲覧）。

堀薫夫（2009）「ポール・バルテスの生涯発達論」『大阪教育大学紀要　第Ⅳ部門』58（1），173-185頁。

――――（2022）『教育老年学』放送大学教育振興会。

森玲奈編著（2017）『「ラーニングフルエイジング」とは何か』ミネルヴァ書房。

りぷりんと・ネットワーク「NPO 法人　りぷりんと・ネットワーク」https://www.nporeprints.com/（2024年 8 月 8 日閲覧）。

鷲田清一（2015）『老いの空白』岩波書店。

（佐伯知子）

コラム　イギリス U3A（The University of the Third Age）の活動理念

　このコラムでは，国際的に展開される退職後の高齢期の人々を中心とした学習活動組織 The University of the Third Age（第三期の大学；以下，U3A と表記する）の中でイギリスの U3A を取り上げ，その活動理念を紹介したい。

　イギリスにおいて，高齢期の人々が対等な「メンバー」として無償で教え合い学び合う U3A の活動は全国で展開され，2022年には設立40周年を迎えるに至っている。展開に際して大きな指針となったのが，設立者の１人であるピーター・ラスレットが1981年に発表した U3A の「目的と原則」であった。そこではまず，８項目から成る「目的」において，イギリス社会全体が高齢化の現実を認識する必要性が指摘される。そのうえで，退職後の高齢期の人々が自分たちの知的・文化的・芸術的な潜在能力に目を向け，その能力を活用し自ら学ぶ機会を創出していくことが，個々人にとっても社会にとっても意義あることとされている。なお，名称の一部にもある「大学」については，「ある特定の活動——必ずしも知的なものに限らない——に情熱を傾ける人々の協働的な集まり」と，その言葉のもつ本来の意味に立ち返ることが提起された。

　ラスレットのこのような発想は，のちの著作で展開した「サード・エイジ」（the Third Age）論においても顕著であった。国際的な U3A 運動の始まりともに誕生した同概念は，人生における一時期を指す。子ども時代の「ファースト・エイジ」，仕事や子育てが中心となる「セカンド・エイジ」のあとに続き，老い衰え依存する「フォース・エイジ」とも区別されるこの時期を，ラスレットは「人生の絶頂期」になりうるものと積極的に意味づけた。彼は，イギリス社会が高齢化していく中で，それまでのセカンド・エイジ中心の価値観を転換させ，自由を享受し自己実現を可能とするサード・エイジ中心の「新しい人生の見取り図」を描くことを人々に提起したのである。

　こうした自己実現を達成するために構想されたのが，それまでの国際的な U3A 運動において主流であった大学主導の形をとらない，学習者自身が教え合い学び合う方式の「イギリス型」の U3A であった。その「原則」は，「教える人も学び，学ぶ人もまた教える」こと（第１条），参加は個人の選択の問題

であること（第2条），教えることに対する報酬はないこと（第4条），相談や他者の手助けなどといった教えること以外の活動もあること（第7条），成績評価や試験は行わないこと（第8条）といった項目から成る。ラスレットは，サード・エイジにおける教育の成果は，ファースト・エイジにおいて顕著な競争原理を取り込んだ試験による達成とは異なり，学習者の精神状態やパーソナリティの変化から明らかになると考えた。ゆえに，教育活動そのものが個人に充足感をもたらし自己実現と結びつくような活動のあり方を構想したのである。

　このようなイギリス U3A の活動理念は，40万人（2021年）とメンバーの数を増やし成長を続ける現在もなお，オリジナルをコンパクトにまとめたものが引き継がれ周知されている。イギリス U3A は，地域に根ざしたメンバー同士の直接的な関わり合い（教え合い・学び合い）にとどまらず，それを維持・活性化させるためのメンバー同士の経験の分かち合い・助け合いのノウハウを全国レベルで蓄積・共有し，結びつきを強めているのである。

　こうしたイギリス U3A の活動のあり方は，高齢期の学びを考えるうえで非常に示唆的である。学習者自身が教え合い学び合うという活動形態は，自らの特性を見極めたり人生経験を振り返ったりと自己への洞察を深めるものであり，高齢期においては特に有効であるように思われる。また，自分たちの手であらゆる活動をつくり上げるための試行錯誤は仲間との結びつきを強め，高齢期の人々をエンパワーするものでもあるだろう。

（佐伯知子）

第10章

地域コミュニティのなかの学校と家庭
——誰がための連携・協働か——

　複雑化する教育問題や地域課題の解決に向けて，学校・家庭・地域の連携と協働が提唱される今日，社会教育・生涯学習において学校支援・家庭教育支援・地域づくりとしての役割が求められる中で，その一翼を担う地域人材の育成に関心が高まっている。本章では，このような連携・協働論が展開されてきた経緯に加えて，具体的な事例をもとに，地域学校協働活動とそれを推進する人々をめぐる現状と課題について学んでいく。はたして連携・協働は，いったい誰のためのものであろうか？

1　学校・家庭・地域の連携と協働をめぐる経緯

（1）「開かれた学校」・「学校支援」から「地域とともにある学校」・「地域学校協働活動」へ

　2023年に閣議決定された「教育振興基本計画」（令和5年度～令和9年度）では，2023年度から2027年度までの5年間の教育政策の目標と基本施策が示され，そのコンセプトとして「持続可能な社会の創り手の育成」と「日本社会に根差したウェルビーイングの向上」の2点が掲げられた。このコンセプトのもとに定められた5つの基本的な方針のひとつに，「地域や家庭で共に学び支え合う社会の実現に向けた教育の推進」が提唱され，それに関連する目標として「学校・家庭・地域の連携・協働の推進による地域の教育力の向上」と，「地域コミュニティの基盤を支える社会教育の推進」が提起されている（閣議決定 2023：8, 10, 64-65）。

　過去の各種答申を顧みると，学校・家庭・地域の連携と協働という考え方は，1996年の生涯学習審議会答申「地域における生涯学習機会の充実方策につい

第10章　地域コミュニティのなかの学校と家庭

て」で示された「学社連携」・「学社融合[*1]」にまで遡る。そこでは，学社連携を「学校教育と社会教育がそれぞれ独自の教育機能を発揮し，相互に足りない部分を補完しながら協力しようというもの」，学社融合を「学校教育と社会教育がそれぞれの役割分担を前提とした上で，そこから一歩進んで，学習の場や活動など両者の要素を部分的に重ね合わせながら，一体となって子供たちの教育に取り組んでいこうという考え方であり，学社連携の最も進んだ形態」というように両者を整理している（生涯学習審議会 1996：22）。この学社連携から学社融合へという考え方のもとに，学校教育と社会教育のそれぞれの側から，これまでに様々なアプローチがおこなわれてきた。主に学校教育においては「開かれた学校」から「地域とともにある学校」へ，社会教育においては「学校支援」から「地域学校協働活動」へという展開がみてとれる。

　1998年の中央教育審議会答申「今後の地方教育行政の在り方について」で述べられている「開かれた学校」は，「学校運営組織の見直し」や「地域住民の学校運営への参画」に重点が置かれたものであった（中央教育審議会 1998）。また，同年の生涯学習審議会答申「社会の変化に対応した今後の社会教育行政の在り方について」では，学校教育と社会教育が連携し，開かれた学校を推進するうえで，「学校施設・設備を社会教育のために利用していくことが必要である」という点が強調されている（生涯学習審議会 1998：21）。このように「開かれた学校」において目指されたものとは，学校運営のための地域社会（社会教育）からの学校支援や，地域社会（社会教育）のための学校開放を中心とするものであった。

　その後，2015年の中央教育審議会答申「新しい時代の教育や地方創生の実現に向けた学校と地域の連携・協働の在り方と今後の推進方策について」では，「開かれた学校」から「地域とともにある学校」への転換が提起され，そこで求められる「マネジメント力」を「学校内の組織運営を管理することにとどま

＊1　学社連携・学社融合に関しては，「‘学社’の‘学’は学校教育であり，‘社’は社会教育であるとされるが，近年，学校と地域の連携の必要性がいわれているので，‘社’については地域社会の中の教育・学習活動とよぶことにする」という捉え方がある（浅井 2010：38）。このような捉え方に基づくならば，学社連携・学社融合は，学校教育と社会教育に加えて家庭教育もその視野に含まれているといえよう。

らず，地域との関係を構築し，地域の人材や資源等を生かした学校運営を行っていく力」と位置づけている（中央教育審議会 2015：10, 33-34）。また，2018年の中央教育審議会答申「人口減少時代の新しい地域づくりに向けた社会教育の振興方策について」では，「これまでの学校支援を中心とした取組から地域との協働による取組」である地域学校協働活動へと移行していくことが重視されている（中央教育審議会 2018：13-14）。このように，学校教育と社会教育の連携・協働は，学校と地域社会のどちらかがもう一方を支援するという一方向的なものから，両者が互いに対等な立場で双方向的に補完し合うものへと変化してきている。

（2）学校運営協議会と地域学校協働本部

　学校・家庭・地域の連携と協働を推進するために，これまでに様々な制度や組織が構築されてきた。

　2004年には「地方教育行政の組織及び運営に関する法律」の改正にともない，新たに学校運営協議会制度が導入された。学校運営協議会は合議制の機関であり，学校運営に関して保護者や地域住民は一定の権限を有している。その主な権限として，①校長が作成する学校運営に関する基本的な方針の承認，②（教育委員会や校長に対する）学校運営に関する意見の申し出，③（任命権者に対する）教職員の採用・任用に関する意見の申し出の3点が挙げられる。なお，2017年の同法改正によって，学校運営協議会を設置することが教育委員会の努力義務とされた。日本では，このような学校運営協議会を設置している学校をコミュニティ・スクールとよび，2023年5月の時点で全国の公立学校におけるコミュニティ・スクールの数は18,135校（導入率52.3%）となっている[*2]（文部科学省 2023：3）。

　そして，学校運営協議会とともに整備が進められてきたものとして，地域学校協働本部が挙げられる。地域学校協働本部は，2008年から文部科学省が実施した学校支援地域本部事業に端を発する。2006年の教育基本法の改正にともな

＊2　ここでいう全国の公立学校とは，幼稚園（幼稚園型認定こども園を含む）・小学校・中学校・義務教育学校・高等学校・中等教育学校・特別支援学校を指している（文部科学省 2023：1）。

って新設された第13条では，「学校，家庭及び地域住民その他の関係者は，教育におけるそれぞれの役割と責任を自覚するとともに，相互の連携及び協力に努めるものとする」ことが定められた。学校支援地域本部は，この条文の趣旨を具体化する方策として始まったものであり，学校からの協力依頼とそれに対応する学校支援ボランティアとの調整をおこなう地域コーディネーターを配置し，学校支援と地域の教育力の向上を図る取り組みである。前述の2015年の中央教育審議会答申によると，「学校支援地域本部の機能を基盤として，引き続きその活動を発展させながら，徐々に，①コーディネート機能を強化し，②より多くの，より幅広い層の活動する地域住民の参画を得て，活動の幅を広げ，③継続的な地域学校協働活動を実施していくことで，地域学校協働本部へと体制が発展していくことが期待され」ている（中央教育審議会 2015：51）。2023年５月の時点で全国の公立学校において地域学校協働本部がカバーしている学校数は21,144校（カバー率61.0%）となっている（文部科学省 2023：5）。

　これらの学校運営協議会と地域学校協働本部のそれぞれの取り組みを一体的に推進していくにあたっては，学校・家庭・地域における多様な主体との連携・協働を図るコーディネーターの役割が重要であり，社会教育・生涯学習を通じてそのような役割を担う地域人材を育成していくことが求められている。

2　社会教育・生涯学習における地域人材の育成

（1）地域人材の多様化

　地域づくりや学校支援に携わる地域人材としては，かねてから生涯学習奨励員や学校支援ボランティアが存在し，学校や社会教育施設などを拠点にして，学校・家庭・地域をつなぐ多様な活動に取り組んでいる。また近年では，2017年の社会教育法の改正によって地域学校協働活動が法的に位置づけられるとともに，教育委員会は，地域住民と学校との情報共有や，地域学校協働活動に取

＊3　生涯学習奨励員とは，「その名称や形態は地域によって様々であるが，多くは自治体社会教育（生涯学習）事業において委嘱された住民によるボランティアであり，主に地域の公民館や学校などを活動拠点にしながら，学級や講座の企画・運営，さらにはまちづくりなどの地域生涯学習の振興に取り組む民間指導者（コーディネーター）としての役割を担っている」（堂本 2018：66）。

り組む地域住民への助言や援助を担う地域学校協働活動推進員を委嘱すること
が可能となった。

　さらに2020年度から改正された社会教育主事養成課程・社会教育主事講習の
修了者には，新たに社会教育士[*4]の称号が付与されることとなった。それにとも
ない，2021年の中央教育審議会答申「『令和の日本型学校教育』の構築を目指
して――全ての子供たちの可能性を引き出す，個別最適な学びと，協働的な学
びの実現」では，「令和の日本型学校教育」の実現に向けた具体的方策のひと
つとして，「地域学校協働活動推進員等が社会教育士の称号を取得し，学校と
連携して魅力的な教育活動を企画・実施すること」が推奨されている（中央教
育審議会 2021：88-89）。

　このように，地域人材に対する期待が高まる中で，学校支援・家庭教育支
援・地域づくりに携わる地域人材は，様々な名称のもとに多様化してきている。
そのような中で，地域学校協働活動推進員には，社会教育士の称号取得などを
通じて，学校内外における連携・協働を促進していくうえで必要となる専門性
を高めていくことが求められている。

（2）地域学校協働活動推進員の役割

　社会教育主事・社会教育士との関連に即して，地域学校協働活動推進員の役
割とその専門性について着目していく。

　教育公務員特例法において「専門的教育職員」として位置づけられている社
会教育主事の数は，2021年度の時点において全国で1,451人となっている。こ
の約20年前（2002年度）の5,383人と比べて，その数は大幅に減少している（文
部科学省総合教育政策局調査企画課 2023：3）。このような状況を背景に創設され
た社会教育士に求められる専門性としては，地域活動・学習活動の組織化を支
援する「ファシリテーション能力」，地域の多様な人材や資源を適切に結びつ
ける「コーディネート能力」，人々の学習ニーズや地域課題を読み解いてわか

＊4　この社会教育士に関しては，社会教育法上の定めがなく，文部科学省令である社会教育主事講
　　習等規程において，養成課程・講習の修了者は社会教育士と称することができる旨のみが明記さ
　　れている。称号取得者のキャリアパスを含め，社会教育士のあり方については，今後，さらなる
　　検討が必要である。

りやすく伝える「プレゼンテーション能力」の３点が挙げられる（文部科学省総合教育政策局地域学習推進課 2025）。

地域学校協働活動推進員に関しては，社会教育法第９条の７において「教育委員会は，地域学校協働活動の円滑かつ効果的な実施を図るため，社会的信望があり，かつ，地域学校協働活動の推進に熱意と識見を有する者のうちから，地域学校協働活動推進員を委嘱することができる」と定められているが，委嘱に際して講習や研修を受けることは必須とされていない。だが前述のように，地域学校協働活動推進員が社会教育士の称号を取得することが推奨されている点からみて，地域学校協働活動推進員も同様にファシリテーション能力・コーディネート能力・プレゼンテーション能力が求められていると考えられる。とりわけ，学校運営協議会と地域学校協働本部の一体化を推進するにあたっては，地域学校協働活動推進員のコーディネート能力がきわめて重要になるだろう。

3 地域学校協働活動の事例
──「小学校区教育協議会─はぐくみネット─」事業（大阪市）

（1）「小学校区教育協議会─はぐくみネット─」事業の概要

ここでは，地域学校協働活動の事例として，大阪市の「小学校区教育協議会─はぐくみネット─」事業について取り上げたい。1999年に大阪府では，学校・家庭・地域社会の協働化に向けた具体的方策として，教育コミュニティづ[*5]くりが提言された。この教育コミュニティづくりに向けた取り組みとして，大阪市では市内小学校区にはぐくみネットが整備され，後に地域学校協働本部として位置づけられている。

はぐくみネットは，2002年度に10小学校区で調査研究事業として開始し，2007年度には当時の全小学校区（297校）で実施されるにいたっている。その主な事業内容としては，「①情報共有・意見交換の場づくり」，「②学校教育を支

＊5　教育コミュニティとは，「地域社会の共有財産である学校を核とし，地域社会の中で，さまざまな人々が継続的に子どもにかかわるシステムをつくり，学校教育活動や地域活動に参加することで，子どもの健全な成長発達を促していこうとするもの」を指す（大阪府社会教育委員会議 1999：7）。

図10-1　田辺大根づくり体験授業（東住吉区田辺小学校区）
出所：はぐくみネットコーディネーター提供。

援する取組」、「③教育コミュニティづくりにつながる活動・行事等の実施」、「④学校・地域をつなぐ情報の収集・発信」の4つに大別される（大阪市教育委員会事務局生涯学習部生涯学習担当 2019）。この事業の中心を担うはぐくみネットコーディネーターは、教育委員会から委嘱された市民ボランティア（地域学校協働活動推進員）であり、2023年度の時点でその数は1,104人となっている（大阪市立生涯学習センター 2024：46）。

その活動の一事例として、東住吉区田辺小学校区の田辺大根づくり体験授業が挙げられる（図10-1）。同校区では、はぐくみネットコーディネーターを通じて、地域と学校の連携・協働のもとに、地域の伝統野菜である田辺大根を校内の学習園で栽培するという体験授業をおこなっている。

収穫した大根は地元の商店街の品評会に出品したり、家庭科の授業の調理実習を通じて、体験授業でお世話になった地域の人々に田辺大根を用いたみそ汁をふるまったりなど、収穫から調理にいたるすべてのプロセスにおいて、地域づくりや学校支援に活かされている（大阪市立総合生涯学習センター 2023：59）。

（2）はぐくみネットの現状と課題

はぐくみネットコーディネーターを対象におこなった調査によると、はぐくみネットコーディネーターの多くが、はぐくみネットの取り組みの効果と成果として、地域と学校の連携強化、子どもや地域住民の交流・相互理解の促進、学校教育の充実化を認識している。その一方でそれらの成果が、教職員の負担

第10章　地域コミュニティのなかの学校と家庭

軽減や子どもの生活習慣の改善および学力の向上，地域課題の解決につながっていると認識している割合は低くなっている（図10-2）。

このような学校・子ども・地域住民への効果と成果に加えて，はぐくみネットコーディネーターの多くが，子どもとのコミュニケーションや活動そのものに楽しさを感じている点は特筆すべきであろう。そのようなやりがいを見いだしている一方で，活動のマンネリ化や仕事・家事・介護による時間的制約といった活動上の課題をかかえていることもうかがえる（図10-3）。

また他団体との関係については，回答者の半数以上が学校・地域団体・

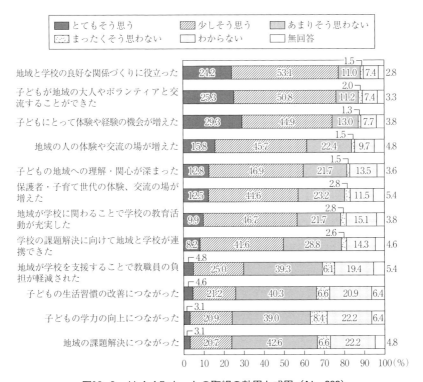

図10-2　はぐくみネットの取組の効果と成果（N＝392）
出所：大阪市立総合生涯学習センター 2023：18。

＊6　大阪市では，大阪市立学校活性化条例によって定められた学校協議会が，学校運営協議会に類似する仕組みとして導入されている。

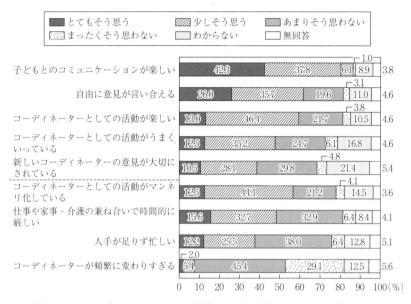

図10-3　コーディネーターとして活動する中で感じていること（N＝392）

出所：大阪市立総合生涯学習センター　2023：21。

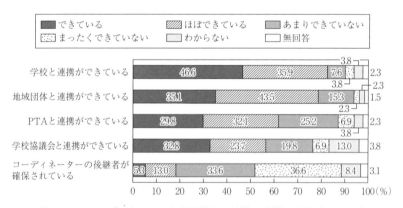

図10-4　コーディネーターと他団体との連携，人材の確保（N＝131）

出所：大阪市立総合生涯学習センター　2023：31。

PTA・学校協議会[*6]とおおむね連携できていると認識している。学校協議会とはぐくみネット（地域学校協働本部）の一体的な取り組みが期待される中で，はぐくみネットコーディネーターがその要となっていることがうかがえる。他団体との連携が深まる一方で，それを継続・発展していくための人材確保の面では大きな困難をかかえていることがみてとれる（図10-4）。

　さらに，はぐくみネットコーディネーターに今後の活動の意向を問うと，「これまで通り活動を続けたい」と回答した者（35.5%）と，「別の人にお願いしたい」と回答した者（35.2%）がほぼ同数で拮抗し，「さらに活動の幅を広げたい」と回答した者（4.1%）は少ないという結果であった（大阪市立総合生涯学習センター 2023：25）。今後，人材確保をめぐる問題がよりいっそう深刻さを増していくことが考えられる。

（3）地域学校協働活動をめぐる今後の展望

　はぐくみネットの事例を通じて明らかであるように，学校・子ども・地域住民・地域学校協働活動推進員のそれぞれに対して，地域学校協働活動は多面的な効果や成果をもたらしている。このような活動の意義を可視化するとともに，地域学校協働活動推進員が過度な負担をかかえることなく，自発的かつ主体的に活動に取り組める仕組みを整えることが重要である。とりわけ，その仕組みづくりにおいては，地域学校協働活動を持続可能なものにしていくうえで，人材確保や人材育成を含めた検討が求められる。全国的にみれば，これまで地域人材の主要な供給源であったPTAの廃止・簡素化・外部委託に大きな注目が集まる中で，日常生活において学校との接点をもたない人々とのつながりをいかにして構築していくかが，今後の焦点となるだろう。

　最後に，教育と地域社会（コミュニティ）をめぐるそもそも論についてふれておきたい。とかくこのテーマは，原理的な検討を要する事柄が数多く存在するにもかかわらず，それらが不問に付されたまま議論が進められがちである。そもそも「地域」とは何か。「つながり」とは何か。「地域づくり」とは誰が何をつくることを指すのか。何をどうすれば「連携・協働」といえるのか……。

　自明視された諸概念を頼りに議論を進めているという点では，本章もまた例外ではない。とはいえ，自明視された諸概念を暗黙の前提として用いなければ，

一向に具体的な議論が進まないのも事実であろう。かつて，歴史学者の羽仁五郎は，「コンミュニティというのは，理論的な概念ではない」と指摘していた（羽仁 1968：65）。社会教育・生涯学習の領域が地域づくりや地域教育に軸足を移している今日，あらためてコミュニティという概念について原理的に考えてみる必要があるのではないだろうか。

課 題

1．(1)　社会教育・生涯学習における連携と協働をめぐるメリット / デメリットについて話し合ってみよう。
　　(2)　コラムで取り上げている三月のパンタシアの「風の声を聴きながら」のミュージックビデオで描かれている学校は，現実にはあり得ない「空想」でしょうか。その点について話し合ってみよう。つぎの URL から，ミュージックビデオのショートバージョンが視聴可能です。三月のパンタシア「『風の声を聴きながら』-Short Ver.-」 YouTube, https://www.youtube.com/watch?v=-NHhXsPCGd4（2024年9月9日閲覧）。
2．(1)　近年，地域コミュニティの教育力の低下が叫ばれていますが，そもそも「地域コミュニティの教育力」とは何でしょうか。また，「地域活動＝社会教育」なのでしょうか。これらについて考えてみよう。
　　(2)　地域学校協働活動によって学校現場の教員の負担を軽減していくためには，どのような工夫が必要でしょうか。具体的な取り組みを調べたうえで考えてみよう。

文献

浅井経子（2010）「生涯学習と家庭教育，学校教育，社会教育」浅井経子編著『生涯学習概論——生涯学習社会への道』理想社，29-43頁。

大阪市教育委員会事務局生涯学習部生涯学習担当（2019）「『小学校区教育協議会―はぐくみネット―』事業（はぐくみネット事業リーフレット（平成27年7月発行，令和元年8月一部改定））」https://www.city.osaka.lg.jp/kyoiku/cmsfiles/contents/0000008/8420/hagukuminet.pdf（2024年9月9日閲覧）。

大阪市立生涯学習センター（2024）『令和5年度 大阪市立生涯学習センター事業報告書』大阪市立総合生涯学習センター・大阪市立阿倍野市民学習センター・大阪市立難波市民学習センター（指定管理者：大阪教育文化振興財団・SPS 共同事業体）。

大阪市立総合生涯学習センター（2023）『令和3年度・令和4年度 調査研究事業 大阪市の教育コミュニティづくり事業に関する調査——はぐくみネット及びはぐくみネットコーディネーター（地域学校協働活動推進員）活動を中心に』大阪市立総合

生涯学習センター。

大阪府社会教育委員会議（1999）「家庭・地域社会の教育力向上に向けて——教育コミュニティづくりの勧め（提言）」https://www.pref.osaka.lg.jp/documents/55272/teigen11.pdf（2024年9月9日閲覧）。

閣議決定（2023）「教育振興基本計画」https://www.mext.go.jp/content/20230615-mxt_soseisk02-100000597_01.pdf（2024年9月9日閲覧）。

生涯学習審議会（1996）「地域における生涯学習機会の充実方策について（答申）」https://www.bunka.go.jp/tokei_hakusho_shuppan/hakusho_nenjihokokusho/archive/pdf/93790601_02.pdf（2024年9月9日閲覧）。

————（1998）「社会の変化に対応した今後の社会教育行政の在り方について（答申）」https://www.bunka.go.jp/tokei_hakusho_shuppan/hakusho_nenjihokokusho/archive/pdf/93791501_01.pdf（2024年9月9日閲覧）。

中央教育審議会（1998）「今後の地方教育行政の在り方について（中央教育審議会 答申）」https://www.mext.go.jp/b_menu/shingi/chuuou/toushin/980901.htm（2024年9月9日閲覧）。

————（2015）「新しい時代の教育や地方創生の実現に向けた学校と地域の連携・協働の在り方と今後の推進方策について（答申）」https://www.mext.go.jp/b_menu/shingi/chukyo/chukyo0/toushin/__icsFiles/afieldfile/2016/01/05/1365791_1.pdf（2024年9月9日閲覧）。

————（2018）「人口減少時代の新しい地域づくりに向けた社会教育の振興方策について（答申）」https://www.mext.go.jp/component/b_menu/shingi/toushin/__icsFiles/afieldfile/2018/12/21/1412080_1_1.pdf（2024年9月9日閲覧）。

————（2021）「『令和の日本型学校教育』の構築を目指して——全ての子供たちの可能性を引き出す，個別最適な学びと，協働的な学びの実現（答申）」https://www.mext.go.jp/content/20210126-mxt_syoto02-000012321_2-4.pdf（2024年9月9日閲覧）。

堂本雅也（2018）「市民ボランティアとの関係性から考える社会教育職員の役割とその専門性——大阪市生涯学習推進員制度を事例に」日本社会教育学会年報編集委員会『日本の社会教育第62集 社会教育職員養成と研修の新たな展望』東洋館出版社，66-77頁。

羽仁五郎（1968）『都市の論理——歴史的条件‐現代の闘争』勁草書房。

文部科学省（2023）「令和5年度コミュニティ・スクール及び地域学校協働活動実施状況調査（概要）」https://www.mext.go.jp/content/20231128-mxt_chisui02-000032854_2.pdf（2024年9月9日閲覧）。

文部科学省総合教育政策局地域学習推進課（2025）「社会教育士ってなに？」https://www.mext.go.jp/a_menu/01_l/08052911/what.html（2025年3月10日閲覧）。

文部科学省総合教育政策局調査企画課（2023）「令和3年度社会教育統計の公表について」https://www.mext.go.jp/content/20230323-mxt_chousa01-000023559_1.pdf（2024年9月9日閲覧）。

（堂本雅也）

コラム　アニメ『スロウスタート』エンディング主題歌「風の声を聴きながら」ミュージックビデオ（三月のパンタシア）にみる成人教育の意味──純粋な知的好奇心の解放

　アニメ『スロウスタート』は，篤見唯子の漫画を原作として2018年に放送された作品である。主人公の一之瀬花名は，１年間の浪人生活を経て高校に入学する。同級生との高校生活を楽しむ一方で，友人関係が壊れてしまうことを恐れるがゆえに，浪人をしていた事実を級友に明かすことができず，悶々とした日々を過ごす。本作は，揺れ動き，もがき苦しみながらも，ゆっくりと歩みを進める一ノ瀬の葛藤を繊細に描いている（篤見唯子・芳文社／スロウスタート製作委員会 2024）。

　入学試験に失敗した浪人経験者であれば，誰しも同様の葛藤を味わったことがあるだろう。しかし，スロウスタートを切ることによって，なぜ肩身の狭い思いをしなければならないのだろうか。同い年という同質性からの逸脱に対する寛容さと，それがもたらす多様性こそが，生涯学習社会における学校に求められているのではなかろうか。

　本作のエンディング主題歌である三月のパンタシアの「風の声を聴きながら」のミュージックビデオ（以下，MV）は，まさにそのことへの一石を投じるものである。三月のパンタシアは，ボーカル「みあ」を中心とするプロジェクト（音楽ユニット）であり，「終わりと始まりの物語を空想する」を活動のコンセプトとしている（三月のパンタシア 2024）。なお，アーティスト名の「パンタシア（phantasia）」はラテン語で「空想」を意味する。

　MV では，子どもが教師で，大人が学習者であるという小学校が描かれる。性別・年齢・社会的立場の異なる大人たちが，子どもの教師の指導のもとに，理科・図工・音楽・体育の授業を受けていく。子どもと大人がともに知に目を開いていくさまには，コンヴィヴィアリティ（conviviality）＝陽気さが漂っている。だが，それらはすべて女子高校生が見ていた夢（空想）であり，眠りから覚めたことで一気に現実世界の教室へと引き戻されていく。彼女が枕代わりにしていたノートのページには，次のように記されている。「誰にでも居場所がある。ただ過ぎてゆく時間の中で　窓から入り込む風が教室を通り抜けて　私

にそっと教えてくれるようだった。その学校は笑顔であふれていた。」（三月の
パンタシア 2018）。

　地域学校協働活動が叫ばれる今日，学校の中で子どもと大人がともに学び合
う光景は，もはや空想ではなくなりつつある。だがそれらの活動において，は
たして大人の純粋な知的好奇心を解放することに，どれほどの関心が向けられ
てきたであろうか。地域づくりや学校支援といった，何かのための学びが強調
されていく中で，大人の純粋な学ぶ喜びが見落とされてはならないだろう。

　かつて「地域社会学校（The Community School）」を提唱したエドワード・グ
スタフ・オルゼン（E. G. Olsen）は，「学校は，成人教育の中心として働くもの
でなくてはならぬ」と述べ，そのような地域社会学校の特徴として「成人の関
心が子どもの興味となる」こと，「教室は経験の浄化所である」ことを挙げて
いた（オルゼン 1950：12, 15, 26）。現代日本のコミュニティ・スクールにおいて
も，このような成人教育への視点がよりいっそう求められているといえよう。

（堂本雅也）

文献

オルゼン，エドワード G.（1950）『学校と地域社会——学校教育を通した地域社会研
　究と奉仕の哲学・方法・問題』（宗像誠也・渡辺誠・片山清一訳），小学館。
三月のパンタシア（2018）「DISC2 風の声を聴きながら -Music Video-」『風の声を
　聴きながら／コラージュ』（初回生産限定盤［CD+DVD]）SACRA MUSIC。
——（2024）「三月のパンタシア Official YouTube Channel」https://www.you
　tube.com/@3phantasiaSMEJ（2024年9月9日閲覧）。
篤見唯子・芳文社／スロウスタート製作委員会（2024）「TV アニメ『スロウスター
　ト』公式サイト」https://slow-start.com（2024年9月9日閲覧）。
＊引用に際して，適宜，旧字体を新字体に改めている。

第11章

「多文化共生」と社会教育・生涯学習
──グローバリゼーションの中で変化していく学習──

　多様な文化的背景をもつ人たちが急増している社会では，「多文化共生」は喫緊の課題でもあるが，「多文化共生」の内実は大変多様であり，かつ，諸外国で移民排斥運動やテロ，右派の台頭等が散見されるように，極めて困難な課題である。そして多文化共生社会の実現のために生涯学習に期待されるところは大きいが，生涯学習も両義性をもつことから，学習如何によって全く異なった「多文化共生」がもたらされる。

　本章では，「多文化共生」が必要となる背景を明らかにし（第1節，第2節），日本における「多文化共生」に関する社会教育・生涯学習の課題について説明する（第3節）。その上で，「多文化共生」の実現のためにどのような生涯学習が必要なのかについて述べる（第4節）。

1　グローバリゼーションと教育

（1）グローバリゼーションと教育ビジネス

　グローバリゼーション（globalization）の教育への影響は大きく，教育の経済化が浸透し，教育を経済投資だとみなす教育言説も世界各地に広がっている。これは，経済成長には人的資本や質の高い労働力が不可欠であり，教育の目的はそれらを育成することだとする考え方である。

　教育を経済投資としてみなすこれらの教育言説には，国家が自国の経済的，産業的成長のために教育への経済投資を重視する考え方もあれば，個人が，将来の経済的恩恵を期待して行うものもある。いずれにせよ，それらは経済面での将来的・即時的な見返りを評価対象とし，それらが期待できる教育内容だけを投資対象としてみなしている。

　このような教育言説の広がりに呼応するようにグローバルな教育市場が生

第11章 「多文化共生」と社会教育・生涯学習

まれ，拡大しつつある。教育市場のグローバル化には，世界貿易機関（World Trade Organization: WTO），サービスの貿易に関する一般協定（General Agreement on Trade in Services: GATS）および知的所有権の貿易関連の側面に関する協定（Agreement on Trade-Related Aspects of Intellectual Property Rights: TRIPs）の影響が大きい。特に，サービスも貿易の対象とし，教育サービスもその中に含むとしたGATSは，教育ビジネスの運営を許可するだけでなく，その競争が教育サービスをより改善させるという想定に基づき，営利目的の教育企業を後援している（スプリング 2023：186）。それにより，教育サービスの自由化が起こり，世界市場が拓かれた。

（2）高等教育とグローバリゼーション

グローバリゼーションと，教育への市場原理の導入の影響を特に大きくうけている高等教育では，その新たに生み出された知を商品として販売し，留学生を勧誘し，海外に分校を設置するといったマーケティング戦略に沿った教育サービスの提供が進められている。同時に，eラーニングやバーチャル・ユニバーシティといった教育サービスも，国内外で供給されている。

これら一連の高等教育のサービスはGATSによって保護されており，TRIPsはその知的所有権を保護している。これらを背景に，高等教育はグローバル・ビジネスとなっており，熾烈な留学生獲得競争が起こっている。

なかでも，高等教育のグローバル・オンライン学習の進展は目覚ましい。これは，地理的，経済的等の理由により，高等教育をうけたくてもうけられなかった世界中の人たちにも学習機会を提供することから，彼らが容易に高等教育にアクセスできる可能性をひらいたとともに，人的資本の向上にも貢献している。他方，MOOCs（Massive Open Online Courses）のような無料のグローバル・オンライン学習であっても，Coursera などの営利企業の参入によってグローバル・ビジネスとなっている側面があり（スプリング 2023：152-153），企業にとっても新たな市場開拓になっているといえるだろう。

しかし，世界中のすべての大学が，このような教育ビジネスを展開できるわけではない。国際的な市場に参入できるほど十分な高等教育システムを確立している国の高等教育はグローバル・ビジネスを展開することができ，経済的な

メリットも大いに期待できるが，そうではない国の高等教育の場合はビジネスに参入することもできないことから，国家間，あるいは高等教育間の格差が拡大することが懸念される。

（3）国際共通言語

　加えて，高等教育をはじめとする学校教育では教育に用いる言語の問題が不可避である。授業で用いられる言語を使いこなすことができるか否かは在学中のパフォーマンスに影響するが，それだけではない。

　例えば現在，政治やビジネスの場面はもとより，日常，互いに相手の言語を知らない者同士がコミュニケーションをしようとするときにですら，英語を使う人も多いように，英語の有用性は言を俟たない。また，英語はグローバル・コミュニケーションの国際共通言語として利用されることも多い。

　ただし，国際共通言語としての英語は，世界中にある様々な英語（world Englishes）ではない。国際共通言語としての英語とは，理解しやすくするため，標準化されている英語である。これは出版物等でも多く用いられ，学校教育においては第二言語としてもっとも学習される言語であり，教育サービスのグローバル貿易における中心的言語である。このようなことから，国際共通言語として利用される言語を教授言語として使用している高等教育ほど，広く望まれることになる。

　そして，この国際共通言語としての英語の修得は，英語を母語としない人たちから望まれる傾向が強く，英語による教育サービスの市場は拡大している。このことから，国際共通言語としての英語を母国語とする国は「教育サービスの世界的マーケティングの最前線」となっている（スプリング 2023：199）。

　英語による教育サービスはあらゆる国で市場を開拓しており，とくに高等教育の確立が不安定である国家ではその国の高等教育に成り代わってしまうほどの力をもつ可能性もある。「グローバルな高等教育オンライン講義は，高等教育の世界文化に貢献している」（スプリング 2023：148）と評されているほどである。

　反対に，日本語のように国際共通言語としての価値をもたない言語を主な教授言語とする高等教育は，教育サービスの市場が制限される。このように，言

語の違いもまた世界中の高等教育の間で市場格差を生んでいるのである。このため，非英語圏の大学の中には英語で授業を行ったり，入学時期を英語圏の学校教育制度に合わせる等するケースもある。約半世紀前にされた，「外国モデルに高い価値を置く文化政策は，従属の過程を強化することになるであろう」（ジェルピ 1983：24）という指摘は正鵠を射ているといえよう。

2　グローバリゼーションとシティズンシップ

（1）在留外国人の増加

　新自由主義経済とグローバリゼーションの進展はグローバル企業を育み，世界中で大勢の人々の移動も生じてきた。その一部は戦争や政治的圧力によって国を追われた難民申請者だが，よりよい生活や豊かさ，新天地を求めての移民の数は圧倒的である。そして彼らの移入先の中には，テロや排斥運動，右派の台頭等が起こっている国もあり，「多文化共生」は極めて困難な，かつ喫緊の課題であり続けている。日本も例外ではなく，出入国在留管理庁によれば，2022年末，在留外国人の数が初めて300万人を超え，翌年末には341万992人と過去最高を更新し続けている。彼らは195もの様々な国・地域から日本に入国し，日本各地で各々生活を営んでおり，多国籍化，多民族化，多文化化が急速に進行している。[*1]

　日本では外国人の受け入れを1990年頃まで，あまり積極的に行ってこなかったが，「出入国管理及び難民認定法」の改正（以下，1990年入管法と表記する）[*2]・施行以降，外国人登録者数の急増と出身国の多様化が起こり始める。この1990年入管法は「定住者」という在留資格をつくり，日系3世等の日本での居住と就労を原則可能にした。そして高い技能や専門能力をもって働く外国人材を積極的に受け入れる一方，単純労働に従事する外国人材の受け入れについては慎重な姿勢を保持していた。しかし実際には，当時，単純労働に従事する労働力

＊1　無国籍を除く。出入国在留管理庁ホームページ https://www.moj.go.jp/isa/publications/press/13_00040.html（2024年8月24日閲覧）。

＊2　1989年12月，出入国管理及び難民認定法の一部改正案が国会で可決，成立。同法は1990年から施行された。

の需要が高く，単純労働者は受け入れないという建前を維持しながら実際には単純労働者の受け入れをする方法として，研修生や留学生などの資格の援用，いわゆる「サイドドア」からの受け入れがひろまりはじめた。

その後，1993年からは「外国人技能実習制度」が開始された。この制度は発展途上国への技能の移転や国際貢献を目的とし，技能研修のために，発展途上国の人々を幅広い分野で一定期間受け入れるものである。この制度によって高い技能を習得し本国の経済発展に貢献している実習生たちがいる一方で，日本で不足する労働力の補塡という，その本来の目的から外れた使い方をされる例もあり，国外からも外国人技能実習制度は労働搾取だとして批判されてきた。[*3]

（2）外国人材受け入れと「共生」

しかし，2006年3月には総務省「多文化共生の推進に関する研究会報告書～地域における多文化共生の推進に向けて～」や総務省「地域における多文化共生推進プラン」がだされ，多文化共生施策が政府でも掲げられるようになる。さらに，2014年には，日本政府は外国人材の活用を成長戦略にかかげ，積極的に外国人材を受け入れるように政策を転換した。その後，出入国管理及び難民認定法の一部改正により[*4]，「特定技能」という新しい在留資格が新設され，介護等12業種[*5]での外国人材の受け入れが可能となり，さらに外国人材の受け入れが拡大された。とくに「特定技能2号」という在留資格は，在留期限を廃し，家族の帯同を認めるものであり，受け入れ見込み数の上限もないことから，外国人材受け入れの大きな転換点になった。2023年6月には入管法が改正され，

＊3　これに対し，日本政府は人身取引撲滅のために努力してきており，例えば，米国務省人身取引監視対策部の2023年人身取引報告書では「人身取引撲滅のための最低基準を十分には満たしていないが，満たすべく相当の取り組みを実施している」，「政府は前年の報告書対象期間と比較して，全体的に取り組みを強化している」と一定の評価をうけた。だが，「技能実習制度における移住労働者の労働搾取目的の人身取引の報告が依然としてあったが，政府は技能実習制度内での労働搾取を目的とした人身取引被害者や男性の人身取引被害者を1人も認知しなかった」等の指摘をうけ，結局，日本は第2階層にランク付けされた。（https://jp.usembassy.gov/ja/trafficking-in-persons-report-2023-japan-ja/）

＊4　2018年12月に成立し，2019年4月から施行された。

＊5　当初は14種類だったが，3種が1種にまとめられた。さらにその後，16分野に拡大された（令和6年3月29日閣議決定）。

第11章 「多文化共生」と社会教育・生涯学習

さらなる外国人の急増と多国籍化，多民族化，多文化化が各地で起こり，「多文化共生」は喫緊の課題となっている。

その「多文化共生」について，「多文化共生の推進に関する研究会報告書〜地域における多文化共生の推進に向けて〜」(2006)は，「国籍や民族などの異なる人々が，互いの文化的ちがいを認め合い，対等な関係を築こうとしながら，地域社会の構成員として共に生きていくこと」だとし，この実現をかかげていく。

出入国在留管理庁の設置や日本語教育の推進に関する法律も成立し[*6]，2022年6月には『外国人との共生社会の実現に向けたロードマップ』が外国人材の受入れ・共生に関する関係閣僚会議で決定された。また，『外国人材の受入れ・共生のための総合的対応策（令和6年度改訂）』でも，「在留資格を有する全ての外国人を孤立させることなく，社会を構成する一員として受け入れていくという視点に立ち，外国人が日本人と同様に公共サービスを享受し安心して生活することができる環境を全力で整備していく」「受け入れる側の日本人が，共生社会の実現について理解し協力するよう努めていくだけでなく，受け入れられる側の外国人もまた，共生の理念を理解し，日本の風土・文化や日本語を理解するよう努めていくことが重要である」などと明記されている。この対応策では円滑なコミュニケーションと社会参加のために，日本語教育の質の向上や外国人向けの相談体制の強化など5つの施策がかかげられており[*7]，2024年からは「日本語教育の適正かつ確実な実施を図るための日本語教育機関の認定等に関する法律」が施行されている。このように，日本では，近年，「共生社会」の実現と日本語教育の充実が優先課題になってきている。

＊6　日本語教育推進法第1条には，「この法律は，日本語教育の推進が，我が国に居住する外国人が日常生活及び社会生活を国民と共に円滑に営むことができる環境の整備に資するとともに，我が国に対する諸外国の理解と関心を深める上で重要であることに鑑み，日本語教育の推進に関し，基本理念を定め，並びに国，地方公共団体及び事業主の責務を明らかにするとともに，基本方針の策定その他日本語教育の推進に関する施策の基本となる事項を定めることにより，日本語教育の推進に関する施策を総合的かつ効率的に推進し，もって多様な文化を尊重した活力ある共生社会の実現に資するとともに，諸外国との交流の促進並びに友好関係の維持及び発展に寄与することを目的とする。」とあり，共生社会の実現に向けて，日本語教育を充実させることを志向した法律であることがわかる。

＊7　円滑なコミュニケーションと社会参加のための日本語教育等の取組，外国人に対する情報発信・外国人向けの相談体制の強化，ライフステージ・ライフサイクルに応じた支援，外国人材の円滑かつ適正な受け入れ，共生社会の基盤整備に向けた取り組みである。

（3）「シティズンシップ」の変化と「多文化共生」

「共生社会」の実現と日本語教室の充実が優先課題になった背景には，既述した通り，グローバリゼーションによって世界各地から異なる文化をもつ人たちが多数移住していることに加え，「シティズンシップ」（citizenship，以下，一括して「シティズンシップ」と表記する。）概念が多様化してきたことがある。

論者によって異なる意味で用いられる程「シティズンシップ」は多義的な言葉だが，従来，「国有の領土を持ち主権を有する国民国家の構成員に付与されることを前提としてきた」（小林 2021：76）。このため「シティズンシップ」は国家の成員資格と結びついた一連の権利と義務をも意味するものであった。

だが，20世紀後半，欧州では EU 市民権や合法的な永住権の資格を持つ外国籍市民であるデニズン（denizen）等が認められ，国家の成員ではない人たちにも市民権が保障されるようになり，従来の「シティズンシップ」概念では十分対応できない事態が起こってきたのである（小林 2021：76-77）。

ヨーロッパ諸国では多様な文化をもつ人たちをホスト国の経済・社会・政治生活の中に組み入れていく「統合」（integration）政策に多文化主義アプローチが用いられてきた。しかし，個人主義の発達や社会移動，従来からある共同体の衰退などにより，多くの西側先進諸国は社会的統合と連帯の維持に困難を抱えている。「昨今の西側諸国における教育制度は，市民形成と国民的アイデンティティの問題に主要な関心を払うことをやめてしまったかのようである」（グリーン，2000：240）といった指摘もある。「大勢として一九九〇年代から二〇〇〇年代にかけて，移民の受入れや統合のあり方をめぐる議論の中で，多文化主義の語，発想は姿を消し」ていったともいわれる。「移民の受入れと統合への多文化（主義）アプローチは，すでに時を経た歴史的な対象とみる見方」もあり，「統合」をめぐる模索が続けられている（宮島 2021：208-229）。

一方，日本でも，地方自治法の定める「住民」には国籍要件はない。つまり，以前は「国民と外国人という二分法に基づく国民国家型市民権制度を前提としていた」（小林 2021：77）が，新しい「シティズンシップ」をもつ人たちの出現により，「国家と民衆との中間項である共同体が政策的な焦点となる時代」（牧野 2005：29）が到来したと考えられる。換言すれば，多様な文化的背景をもつマイノリティとの共存，共生を，共同体（コミュニティレベル）で構想し，

第11章 「多文化共生」と社会教育・生涯学習

さらにそれを政府は国家的な統合へと括り返す必要がでてきたのである。そしてその一つの象徴が「多文化主義」およびこれに基づいて行われる多文化教育なのであり（牧野 2005：29），従来の「国民」の育成を教育の目的とする学校教育制度は大きな転換期を迎えているといえよう。

3 「多文化共生」に関する社会教育・生涯学習の課題

（1）日本社会における学習権の課題

　21世紀に入り，日本各地では「多文化共生」をキーワードにした様々な取り組みがなされてきている。なかでも，多様性を受け入れ，多文化共生社会を共創することに教育が果たす役割は大きいと期待されている。

　多文化教育は学校教育で行われることが多いが，特に2019年の出入国管理及び難民認定法の改正により，日本では，外国人材，所謂ニューカマーの急増に従って，同伴する家族，とくに第二世代（子ども）の教育問題が深刻になっている。

　日本では，日本国憲法第26条「一，すべて国民は，法律の定めるところにより，その能力に応じて，ひとしく教育を受ける権利を有する。二，すべて国民は，法律の定めるところにより，その保護する子女に普通教育を受けさせる義務を負ふ。義務教育は，これを無償とする」として，教育を受ける権利を国民に対して保障している。そして，この教育を受ける権利の保障は，「経済的，社会的及び文化的権利に関する国際規格（A規約）」，「児童の権利に関する条約」の国際法等に基づき外国籍の子どもも対象としており，彼らも日本の公立学校で無償で教育を受けることができる。しかし，在留外国人には就学義務が適応されないため，在留外国人の保護者たちの裁量が彼らの子どもの教育機会に大きく影響する。

　在留外国人たちの中には自分の子どもたちを日本の公立学校に入学させることを選択する人や外国人学校やインターナショナル・スクールに入学させることを選択する人もいれば，不就学を結果的に選択する人たちもいる。本国にいつ帰国するかわからないという不明瞭な将来への見通しとともに，公立学校で用いられる教授言語が日本語であること，そしてその日本語の日本国外での有

189

用性の低さもまたその理由であろう。特に日常生活で日本語を話す「生活言語能力」と，学校での学習に必要な「学習言語能力」とは異なり，後者の習得の方が年月がかかるとされる。このため，たとえ日常生活では流暢に日本語を話しても授業にはついていけない子どもが多くいる。

　また，たとえ日本語を理解できても，日本の独特な学校文化を知らない外国人の子どもたちは学校生活の中で戸惑うことが多い。教室での教師による同調誘導（ex. 結城 1998）や生徒間での同調圧力（菅野 2008）等は全世界の学校文化[*8]に共通するものではない。このため，文化的，社会的コンテクストの異なる子どもは，たとえ日本の公立小中学校に入学しても授業や学校になじめず戸惑いや疎外感を深めやすいのである。

　他方，在留外国人の子どもたちは，自らのルーツへの誇りと文化的アイデンティティの危機にさらされるという問題も抱える。とくにニューカマーはその人数と多様性が著しく，かつ「ルーツ」ではなく「ルート」に留意しなければならないと言われるほど多様な文化的背景をもつ場合も少なくなく，文化的アイデンティティの問題は複雑である。

　そして，在留外国人の子どもの将来的な問題も指摘されている。2021年に実施された文部科学省調査によると，日本語指導が必要な児童生徒数は前回調査より7,181人増加し，合計5万8,307人となっている。[*9]しかも，15歳以上で日本に移り住んだ子どもは，日本語を学ぶ場が少ないため，日本語の読み書きができず，高校への進学もできず，就職においても不利な立場におかれると指摘されている（甲斐田 2021：106）。外国人の子どもたちの非正規就学率や，進学も就学もしない者の率は，全高校生のそれよりも高い。[*10]このため，彼らは不安定な就労を余儀なくされ，貧困になるというケースに陥りやすいだけでなく，彼

＊8　例えば「どこのグループさんが一番でしょうか？　あっ，ひょうグループさんが早い！　りすグループさんもいいお姿勢になりました。」といった「目に見える集団単位名」を使用した同調誘導や，「せいちゃんは，もう5歳になったんだから，みんなのお仲間入りしないと。それとも，もう一回，おまめさんに逆戻りしちゃいますか？」のような，逸脱行為をとる子どもに逸脱修正を誘導する方法は，教師がよく用いる手法である。教師らは「一方で均質的・調和的な処遇をおこないつつ，他方で差異的・排斥的な処遇をおこなうことで教室秩序を維持」するが，時に，このような方法は逸脱する個人を顕在化し，集団から疎外する機能をももつことにもなる（結城 1998：160-166）。
＊9　文部科学省『日本語指導が必要な児童生徒の受入状況等に関する調査（令和3年度）』。

らを放置することは，将来的に共生社会の醸成の妨げになることが懸念されている（和田 2020：28）。つまり，多様な文化的背景をもつ人々を地域がどのように受け入れるのか，そして子どもたちに対してどのように学校は対応するのかが焦点となっている。前者については，総務省は2012年に「多文化共生の推進に関する研究会報告書〜災害時のより円滑な外国人対応に向けて〜」を公表し，地域における多文化共生推進プラン策定後10年になる2016年には多文化共生事例集作成ワーキンググループを開催した。翌年には「多文化共生事例集〜多文化共生推進プランから10年 共に拓く地域の未来〜」も公表され，経験の共有もされつつある。後者についてはこれまでも各教育現場では日本語指導が必要な子どもにきめ細やかな対応をする等なされてきたが，政府も「公立学校における帰国・外国人児童生徒に対するきめ細かな支援事業」や「定住外国人の子供の就学促進事業」，「日本語指導が必要な児童生徒の受入状況等に関する調査」を実施する等してきている。加えて，既述した日本語教育の推進に関する法律や「外国人材の受入れ・共生のための総合的対応策（令和6年度改訂）」のように，外国の子どもだけでなく大人たちへの日本語の教育や学校現場での工夫などきめ細やかな対応等も重視されてきており，今までにまして今後の展開が期待される。

（2）「多文化共生」と社会教育

　日本では「多文化共生」に向けた社会教育についても，元木（1995），朝倉（1995）を嚆矢とし，議論されてきた。それらは基底に人権やマイノリティへの視座がある点で共通しており，現在もなお，その重要性は明らかである。

　だが，「これまでの『多文化共生』は，日本人が外国人を保護し支援するという二項対立的な概念に偏りがち」であり（川村 2019：31），「『外国人』は苦

＊10　「高校生等の中退率は，前回9.6％から5.5％に改善したものの全高校生等に対する割合は依然として高い（全高校生等1.0％）。進路状況では，大学などに進学した生徒は，前回42.2％から51.8％に改善しているものの，全高校生等に対する割合は依然として低い（全高校生等73.4％）。就職者における非正規就職率は，39.0％（前回40.0％）であり，全高校生等の12倍であった（全高校生等3.3％）。進学も就職もしていない者の率は，前回18.2％から13.5％と改善したものの，全高校生等（6.4％）※の2.1倍であった」（文部科学省『日本語指導が必要な児童生徒の受入状況等に関する調査（令和3年度）』）。

労している・助けてあげなければならない存在だとする前提」に対しても批判がある。「『外国人』の多くは，言葉・文化・制度の壁をかかえており，教育・医療・社会福祉など多様な領域で支援が必要になる。その実践には，奉仕やおもてなしの精神があり，その献身的な『善』であるはずの活動のどこかに，日本人のやり方を絶対的だと考える『一方的な上から目線』が存在するのではないか」（結城 2021：74）。言い換えれば，そのような支援の方法は，善意に満ちた，しかし，「抑圧と表裏一体のものである」（佐藤 2019：21）ともいえよう。例えば，先住民，オールドカマー，ニューカマーが其々受けてきた同化，排除，差別等の経験は多様であり，其々の歴史的経緯を十分認識した上で対応を行わなければ，さらなる差別を生じかねない。また，従来のような国籍重視では，日本国籍はもっているが異文化を内在する人たちを無視することにもなる。

　つまり，在留外国人への教育を受ける権利の保障やボランティア活動などは決して否定されるべきではない。しかし，教育やボランティア等が「社会における優位性に無自覚のまま」（佐藤 2019：21），かつ当事者の抱えるコンテクスト（ルーツ，文化的アイデンティティ，歴史等）を考慮しないならば，善意で行われているその活動自体が，さらなる差別を生みかねないのである。

（3）「多文化共生」社会の創出にむけた模索

　グローバリゼーションや新自由主義による教育の市場化等が著しい中では，多様な人達に開かれた社会教育の果たす可能性は大きく，貴重である。社会教育は，どのような人にとっても安心できる居場所を提供し，多様な人たちが互いのことを理解したり交流したり，ともに活動できるきっかけをもたらすからだ。実際，学校の外でも，フリースペースを運営するなどして，多文化共生の居場所作りをしている地域や図書館の活動（cf. 矢野 2007），日本語教室，外国人が多く在籍し，移民第二世代の学びの場としても役割を期待される夜間中学，識字学級なども各地で行われている。また，子どもにとって初めての集団社会であり，かつ保護者に代わって養育を引き受ける場である保育園の現場では，ニューカマーの保護者たちにとっても，日本の集団社会に初めて入ることになるケースもあることから，生徒とその保護者両方に対しての言語の配慮はもとより，お互いの文化的な違いを学び，相互理解の場にしようとしている保育園

第11章 「多文化共生」と社会教育・生涯学習

も多数ある。*11 これらの教育現場では，互いのことを知り，互いに心地よい関係をどのようにすればつくれるかを手探りで模索し続けている。その模索こそが，同じ地域で生活する者同士による新たな共通の価値の創造でもあり，様々な経緯で日本に来て暮らす人々が安心できる居場所や学習する場を増やすことにも貢献しているといえる。換言すれば，このような地域に根ざした，互いの顔がみえる活動は，多様な人びとが互いに地域の構成員だと認め合う中での，その全員にとっての生涯学習であり，「相互に敬意を払い，尊厳を認め合いながら，一人ひとりが自分の選択に応じた生き方を実現できる多文化共創社会」にも繋がるといえる（川村 2019：42-43）。

4 「多文化共生」と生涯学習

（1）生涯学習と「多文化共生」

　ただし，生涯学習は両義性をもつため，社会的弱者を抑圧している既成秩序への従属の強化に資することも，それへの闘争に変えていく力にすることもできる。ジェルピ（E. Gelpi）はその両義性を踏まえたうえで，第2章に記載されているように，社会的弱者のエンパワメントのための武器として生涯学習を意義づけ，「人々を抑圧しているものに対する闘争に関わっていく力」をこそ生涯教育の意義とした（ジェルピ 1983：16）。反対に，もし，既存の競争的社会秩序に適応することでエンパワメントに繋げることを生涯学習の意義とするのなら，前節で述べたような，経済的に効果のある学習が主軸となる。そして当該社会で即時的に有用な知識や資格や言語等をもたない移民等はそれゆえに社会的弱者となり，学習すべき対象者とされる。しかし，これは各人の文化や文化的アイデンティティ，学習歴，経験等を無価値化することにもなる。前平泰志によれば，こういった議論を通じてジェルピが主張しているのは，「生涯教育

＊11　平野（2022）によると，東京の23区の中でも地域の人口構成や職業の傾向等により，保育園によって状況が異なる。各保育園は，そこに通う子どもや保護者の文化的背景に配慮し，各保育園はそれにあわせて，保護者への連絡事項には英語，中国語，ベトナム語等を日本語に併記して相互の意思疎通を図ったり，互いの言語で園児があいさつをしたり，互いの文化を紹介する場を設ける等して，保護者と園や保護者間の相互理解を志向するなど努力していることがわかる。

の学習方法は，従来の学校教育の教師中心の知識伝達形態であってはならず，単なる独学，独習の域を越えた学習者中心の主体的な学習，すなわち自己教育あるいは『自己決定学習』（self-directed learning）でなければならない」ということだという（ジェルピ 1983：30［訳注］）。

　同じく社会的弱者のエンパワメントに注目したフレイレ（P. Freire）もまた，教師中心の知識伝達形態の教育を「銀行型教育」として批判する。「銀行型教育」では，「知識」はもっている者からもっていない者へと与えられるが，「知識が与えられるもの，施されるもの，である，ということ自体が，抑圧のイデオロギーを広く知らしめるための基盤」だからである（フレイレ 2018：133）。ゆえに，フレイレは対話を重視し，対話を必要とする「問題解決型教育」こそが「革命的な未来」を志向するものだとした。「ヒューマニゼーション」，つまり「人間化の問題」をフレイレは自著『被抑圧者の教育学』の中心テーマとしたが，その困難さの一因は，すべての人間は人間としての尊厳を持っているにもかかわらず，被抑圧者の人間化を抑圧者の暴力が阻むことだとした。その「抑圧者の振う暴力というのは，被抑圧者があたかも人間として存在することを禁じるかのようなものなのであり，この暴力に対抗するということは，人間として存在することの権利を求める深い渇望に根ざして行動するということである」（フレイレ 2018：100）。

　しかし，「被抑圧者が自分が抑圧されている原因について意識的にならないかぎりは，どんなに搾取されていてもそれを運命と『受容する』ことが続く。そればかりか，自由を求める闘いや世界のうちで自らの存在を確認するために必要なことに対しても，受動的で距離をとるようになる。このようにして抑圧者の『共犯』となってしまう」（フレイレ 2018：116）。

　なぜなら，被抑圧者は，「人間らしい生活」は抑圧者のそれだという思い込みがあり，「人間らしい生活」を望む彼らは，抑圧者のようになりたいという思いも持っている。換言すれば，被抑圧者は「抑圧者を自らの内に『宿し』，抑圧者によって『注入された』抑圧者の『影』と共にある」という，「被抑圧者の存在の二重性」をもつからだ（フレイレ 2018：111）。そのため，もし被抑圧者が経済的，政治的，社会的に向上し「自己実現」を果たしたとしても，社会の中での差別構造は彼らの手によって強化され，さらに次世代にも繋げられ

てしまう。

であるから，「変革の指導者が追及する変革の仕事への道筋において，『解放のプロパガンダ』を出すようなことは間違っている。被抑圧者に自由への信頼というものを『注ぎ入れる』こととも違うし，対話することもなしに，信頼を勝ち取ることができると思うことも間違っている。解放のために自分たちが戦わねばならないのだ，という被抑圧者たちの確信は，変革の指導者によって与えられるものではなく，自らの意識化によってもたらされるものだということをしっかりとわかっておく必要があると思う」（フレイレ 2018：122）として，フレイレは被抑圧者自身による「意識化」を重視した。

（2）「冷たい多文化主義」を超えて

以上のように，社会的弱者や被抑圧者にとって生涯学習は重要である。これに対し，グッドマンのいうようにマジョリティも学習をし，変わる必要があるのもまた事実である。だが，特権集団であるマジョリティの中で，社会不公正に関心をもち，学習や活動に参加する人は少ない。

社会不公正に関する議論は，被抑圧者の側のことに集中し，そのダイナミズムのもう一方の側面である特権集団の特権という現象にほとんど関心が払われない。そして，特権集団は，自分の社会的アイデンティティに自覚をしていない場合が多い。なぜなら，彼等にとって特権はあって当然のものであり，「劣位集団の人々の経験と比較するまで，それが特権であることに気づかないことが多い」からだ（グッドマン 2017：26-34）。さらには，特権集団と劣位集団の間では抑圧の定義が異なることも，社会不公正に関する議論を滞らせる。特権集団は「個人があからさまな差別を行うことだけが不公正と考えるかぎり，彼らは社会的抑圧の深さと広さは理解できない」のである（グッドマン 2017：37）。

つまり，どのような形を「対等な関係」とみなし，「互いの尊重」とみなし，「共生」とみなすのかは立場によって異なる。加えて，「文化」の多様性や柔軟性により（イーグルトン 2006），どのような形の社会をも「多文化社会」と名付けることもできる。例えば，宮島（2021）は，オランダやイギリスの外国人や移民が多く住むコミュニティの様子を「冷たい多文化主義」と表現している。そこでは，「異なるいくつかの文化が，干渉しないが，相互の交流もなく，他に

は『われ関せず』とばかりに並存される状態」がつくられており，異なる文化をもつ人たちは互いに「表向き文化的寛容をみせながら，内心では，それら多文化に理解も関心ももたず，時に軽蔑感すら抱いていたりする」（宮島 2021：293）。

　この背景の一つとして，オンライン・コミュニティの発達と新自由主義の浸透があげられるだろう。例えば，在留外国人たちは同じルーツを持つ者同士でオンライン・コミュニティを形成し，ニュースも日常の相談も会話もすべてそのSNS内のやりとりで事足りる。もしSNSで得られないような情報が必要な際はネット上で検索し，翻訳ソフトを使って読むことができる。買い物や移動の際も，移住先の言葉（文字を含む）をほとんど使う必要がない。また，彼らはお金を稼ぐことが移住の第一の目的であり，移住先の文化（言語を含む）に興味が薄い人もいる。ましてその文化（言語を含む）の学習が経済的利益に直結していない場合はなおさらである。そして，彼らの多くは現地の言葉をあまり必要としない仕事に従事しており，「おつかれー」など，職場での潤滑油になる程度の簡単な挨拶が話せれば困らない。「表向きの文化的寛容さ」をみせあうことで，互いに，目の前の日々をやり過ごすことができるのだ。

　グローバリゼーションが加速度的に進み，コストパフォーマンスを最重視する風潮の中にあって，このような「文化的並行世界」が各地に乱立する現象は必然といえるかもしれない。しかし，その限り，互いの文化への無関心や無理解，誤解，不満，嫌悪感等を各人が秘かに抱えたまま，「冷たい多文化主義」が確固たるものとなっていく。

　だからこそ，即効的な経済効果や経済的合理性以外を志向した，互いへの，または自分自身への無関心を超えるための学習の重要性が指摘できる。その学習は直接的な経済的見返りはなく，その観点からはコストパフォーマンスが極端に低いが，誰もがその学習の対象者であり，学習主体であり，共に学習することで，互いに敬意を払い，尊厳を認め合う「多文化共生」社会を共に創っていく道が拓かれていくといえるだろう。

課　題

1．(1)　在日外国人についてのルポルタージュを1冊，読んで「多文化共生」
　　　について考えてみよう。

第11章 「多文化共生」と社会教育・生涯学習

  (2) 『ぼくはイエローでホワイトで，ちょっとブルー』（ブレイディみかこ著，2019年，新潮文庫）にでてくる「他人の靴を履いてみる」ことについて考えたことを話し合ってみよう。

2. (1) 在留外国人の中には，日本の公立学校へ子どもを就学させることを拒否する人もいます。その理由について考え，話し合ってみよう。
  (2) 2023年，ディズニー映画『リトルマーメイド』の実写版が上映された際，PC（political correctness）が話題になりました。他の映画などの事例も挙げながら，PCについて考え，話し合ってみよう。

文献

朝倉征夫（1995）「多文化・多民族共生社会と社会教育の課題」日本社会教育学会年報編集委員会『多文化・民族共生社会と生涯学習』東洋館出版社，25-38頁。

イーグルトン，テリー（2006）『文化とは何か』（大橋洋一訳），松柏社。

甲斐田万智子（2021）「差別と向き合う」島田燁子・小泉博明編著『人間共生学への招待［第3版］』ミネルヴァ書房，101-120頁。

川村千鶴子（2019）「協働・共創を支える「安心の居場所」──内発的社会統合政策を拓く」渡辺幸倫『多文化社会の社会教育──公民館・図書館・博物館がつくる「安心の居場所」』明石書店，31-44頁。

菅野仁（2008）『友だち幻想──人と人の「つながり」を考える』筑摩書房。

グッドマン，ダイアン J.（2017）『真のダイバーシティをめざして──特権に無自覚なマジョリティのための社会的公正教育』（出口真紀子監訳，田辺希久子訳），上智大学出版。

グリーン，アンディ（2000）『教育・グローバリゼーション・国民国家』（大田直子訳），東京都立大学出版会。

小林宏美（2021）「人権保障の国際化」島田燁子・小泉博明編著『人間共生学への招待［第3版］』ミネルヴァ書房，63-81頁。

佐藤郡衛（2019）『多文化社会に生きる子どもの教育──外国人の子ども，海外で学ぶ子どもの現状と課題』明石書店。

ジェルピ，エットーレ（1983）『生涯教育──抑圧と解放の弁証法』（前平泰志訳），東京創元社。

スプリング，ジョエル（2023）『教育グローバル化のダイナニズム──なぜ教育は国境を越えるのか』（北村友人監訳，山田雄司・鈴木耕平ほか訳），東信堂。

平野恵久（2022）『ルポ 「多文化共生保育は今」』リフレ出版。

フレイレ，パウロ（2018）『被抑圧者の教育学 50周年記念版』（三砂ちづる訳），亜紀書房。

牧野篤（2005）『〈わたし〉の再構築と社会・生涯教育──グローバル化・少子高齢社会そして大学』大学教育出版。

宮島喬（2021）『多文化共生の社会への条件——日本とヨーロッパ，移民政策を問いなおす』東京大学出版会。

元木健（1995）「社会教育研究と多文化・民族共生社会」日本社会教育学会年報編集委員会『多文化・民族共生社会と生涯学習』東洋館出版社，10-24頁。

矢野泉編著（2007）『多文化共生と生涯学習』明石書店。

結城恵（1998）『幼稚園で子どもはどう育つか——集団教育のエスノグラフィー』有信堂高文社。

————（2021）「グローバル化する社会と学校」油布佐和子編著『教育と社会』学文社，64-78頁。

和田義人（2020）「外国人との共生」小山望・勅使河原隆行・内城喜貴編著『これからの「共生社会」を考える——多様性を受容するインクルーシブな社会づくり』福村出版，23-28頁。

（飯田優美）

コラム 「多文化共生」社会——『子どもたちの階級闘争——ブロークン・ブリテンの無料託児所から』

「多文化共生」の実現は，困難を伴う。

「英国最低水準一パーセントに該当するエリアの施設」で保育士として働いていたブレイディみかこ氏のエッセイは，しかし，「多文化共生」を考察するうえで示唆に富む。

それはブレイディ氏の子どもの小学校でのこと。絵にかいたようなソーシャル・クライマーとなったヴェトナムからの移民を両親にもつ子どもは，自分のバースデー・パーティにクラスメイトを全員招待するが，クラスで唯一の黒人であるRだけをパーティに呼ばず，排除する。

パーティの招待状がRにだけ届いていないことに気づいたブレイディ氏の子どもは，ヴェトナム人の子どもに，招待状を『入れ忘れたんじゃない？』と訊くと，ヴェトナム人の少年は，「急にもじもじして，『お母さんが決めたことだから』って」とこたえるのである（ブレイディ 2017：64）。

そして，ブレイディ氏の子どもは

「Rは，なぜか外国人の子のパーティには招待されないんだよね」

「Tもそうだし，ポーランド人のMも。メキシコ人のVもそうだった。外国人って，Rが嫌いなの？」

というのである（ブレイディ 2017：65）。

これは，P.フレイレが指摘していた，被抑圧者にありがちな志向パターンでもある。被抑圧者には，抑圧者のようになりたいという思いもある。彼らが望む「人間らしい生活」とは，抑圧者がしているような暮らしをすることだという思い込みもある。

その結果，このヴェトナムからの移民のように，経済的，社会的に向上し，「自己実現」を果たしたとしても，つぎは彼らの手によって，社会の中での差別構造は強化され，さらに次世代にも繋げられてしまうだろう。

しかも，被抑圧者からのし上がった人ほど，より暴力性が増すとされる。今から100年ほど前にトルストイは『蝋燭 或は，善良な百姓がどうして悪い管理人に打ち勝つたかと言ふ話』の中で，次のように書いている。

「これは地主時代のことであつた。／農奴から出た，つまり泥の中から出て公爵氣取になつた管理人くらゐいけないものは外になかつた！　彼等の爲に百姓の生活は臺なしにされてしまつた。／管理人は，権力を握ると，どつかりと百姓の上に据わり込んでしまつた。／手初めに，彼は先づ百姓を，きまり以上の義務耕作に追ひ立てはじめた。」

　その後も，この管理人はますます鬼畜のようなことをしていくのだが，ある農奴が働く様子について報告を聞いた時，彼は「俺はもう駄目だ」と言い，自責の念に駆られ，最後には無惨な死に方をする。[*1]

　しかし，なぜ，彼は抑圧者の側でありながら，自責の念に襲われたのだろうか？　フレイレもいっているように，抑圧者の側の人々は自らの行動に対して意識化することは大変困難であるのに，なぜこの管理人はそれができたのだろうか？

　社会変革の営みのためには，共感だけでは不十分であり，道徳・宗教心が合わさらなければならないとグッドマンはいう。そしてこの公爵氣取の管理人は，農奴出身であるにもかかわらず，農奴をこき使い，彼らが疲弊したり不平を言ったりしている様を報告させてそれを聞くのを喜びとしており，しかも，復活祭にも自分の農奴を強制的に働かせるほど信仰心の薄い人である。それでも，復活祭に働かされていたある農奴の足元に蝋燭が灯っていたという話を聞いた時に，彼の中で共感と道徳・宗教心の残滓らしいものとが結合したのだろうか？

　さて，ブレイディ氏の話に戻す。

　移民先で立身出世を果たしたそのヴェトナム人らに対して，「下層の英国人」は安定した職がなかなか見つけられず，とくに保守党政権下では苦しい生活を強いられていた（ブレイディ　2017：161-168）。

　「下層の英国人」は移民とは違い，新天地を見つけたわけではなく，希望に満ちてもいない。彼らは，ネイティブであり，日常生活の中では言語の問題がないものの，その言語のせいで「下層英国人」という別のカテゴリーに入れら

＊1　1985年に岩波書店から出版された『人はなんで生きるか　他四編　トルストイ民話集』（岩波文庫　赤619-1）では，本コラムで取り上げた「無残な死に方」については詳細が記載されていない。このため，もしその無残な死に方を知りたい方は，文末に文献として挙げた1932年に同社から出版された本を参照して下さい。

れる。そして英国人であることから，PC も彼らを対象とはしない（ブレイディ 2017：7-10）。英国人である彼等は，マジョリティかつ社会的弱者なのである。

「移民」ばかりに注目すれば，こういったマジョリティの社会的弱者は，自己責任という重石によって社会の底に，ヘドロのように沈められ，社会から存在自体を忘れ去られることになる。

仕事が見つからず，職安にサンクションをかけられ，四週間生活保護も止められ，日々の食事にも事欠いていたジャックの母親は，しかし，自分たちのためにスーパーで食料を買ってくるというブレイディ氏らに凄む。

「そういうのやめてくれない？　あたしたちはファッキン物乞いじゃないんだ」（ブレイディ：　2017：166）。

21世紀になってなお経済的格差は拡大しており，それが人間の尊厳を侵食するとき，人権の蹂躙も起こってしまう。そしてその危険性を回避する方法が善意の拒否しかなく，それでしか人間としての矜持を保つことができないとき，より大きな悲惨さが招き寄せられてしまうのではないだろうか。

ちなみに，ジャックの母親に凄まれたとき，ブレイディ氏と一緒にいた友人は「あげるなんて誰も言ってないでしょ。いつかお金ができたときに，私たちの慈善センターに寄付してちょうだい」と言い返す。そしていくつかのやりとりの後，ジャックの母親は「プリーズ」と言って，ジャックと一緒にブレイディ氏らが買い物に行くことを受け入れる。

「多文化共生」の完成形はない。そして価値観の多様化等が著しいなかで，道徳・宗教心に期待することは，もしかしたら，困難を極めるかもしれない。だが，彼女たちのように双方向的に話ができる状態・関係があれば，それに向かって共に進むこともできるのではないだろうか。

（飯田優美）

文献

トルストイ（1932）「蝋燭　或は，善良な百姓がどうして悪い管理人に打ち勝つたかと言ふ話」『人はなんで生きるか　他四篇　トルストイ民話集』（中村白葉訳），岩波書店，99-115頁。

ブレイディみかこ（2017）『子どもたちの階級闘争――ブロークン・ブリテンの無料託児所から』みすず書房。

第12章

「障害」（ディスアビリティ）からみる
社会教育・生涯学習
——「障害の社会モデル」と学び——

　社会教育・生涯学習がもつ変わらない魅力の一つに、「誰もが・どこでも・いつでも学べる」ことが挙げられる。そこではもちろん「健常者」と「障害者」の区別はない。しかし、歴史的に見て、健常者の学びの形が社会教育・生涯学習の主流を作ってきた事実は否定しがたいものがある。そこで本章では、社会教育・生涯学習を健常者から障害者への拡張として捉えるのではなく、反対に、障害当事者たちの生き方から私たちの学びのスタイルについて考えてみる。するとそこには日頃当たり前だと思っていた考え方・学び方を捉えなおす、思わぬヒントが隠されているかもしれない。

1　「当事者研究」という学びのスタイル——〈わたし〉を知るとは？

（1）「発達障害」当事者研究——自分の身体から自分を知る

　フランスの教育学者ポール・ラングランは、「生涯教育」（l'éducation permanente）という考え方を提唱するにあたって、教育には年限はなく、生きているかぎりは続けられるべきものであり、「学校」という枠から抜け出し、余暇であれ労働であれ、人間が活動するすべての場で行われうることが大切だと指摘した（詳しくは第2章を参照）。また、生涯教育とは「何か外部からのもののように生活に参加してくるのでは」なく、受けることで手に入る財産のようなものでもなく、そのひとの「存在の領域」（どのようにあるのか）に関わるものだとも主張している（ラングラン 1971）。私たちはここで、それまでの学校教育中心の教育観を転換したラングランの企てに倣い、学校教育という枠組みの外側で、自分の在り様を探ったひとりの障害当事者（「発達障害」当事者）の学びに着目してみよう（綾屋・熊谷 2008, 2010）。

202

第12章　「障害」（ディスアビリティ）からみる社会教育・生涯学習

　「明らかに人と交われる気がしない。人との間に一線を感じる自分はいったい何者なのか」。対人関係と自身のアイデンティティに幼い頃から悩んでいた綾屋紗月は，30歳を過ぎた頃，「自閉症スペクトラム」（アスペルガー症候群）の当事者による手記を読み，書かれた内容が自身の体験とあまりに近しいことに驚く。そして自身も医師から同じ診断を受けることで，自分の抱えていた苦労が自分ひとりの「思い込み」ではなく「確かにある」という実感を得る。

　しかし一方で，医師から受けた，自閉症スペクトラムの診断基準である「社会性の障害」「コミュニケーションの障害」「想像力の欠如」といった医学的な説明では，自分が日々体験している様々な出来事がどうにも腑に落ちなかった。そこで学生時代の仲間（熊谷晋一郎）にサポートしてもらいながら，自分の身体に起きていることを丁寧に掘り起こすこと（＝「研究」すること）にした。

　ファミレスや喫茶店で綾屋は自分の内側の体験を様々に語り，それに聞き手の熊谷が「おもしろいね」，「そこのところ，もっと詳しく聞きたい」，「その表現だと分かりにくいのだけど，別の言葉で言うとどうなる？」などと質問しながら，ふたりで分析を深め，ノートに記していった。ある程度，語りと分析が書きたまってから，それらの記述を見直すと，「この体験とこの体験は，実は同じ原因から始まっているのではないだろうか」，「これら５つの体験は，実は連続した変化ではないか」と記述が整理され，それまでバラバラに感じていた体験に意味や見通しがついてくるようになった。こうした研究と学びの過程を経ることで綾屋は，自分の抱えていた苦労は，「他人とコミュニケーションを取りにくいこと以前に，大量に感じる身体の内外の情報を絞り込み，意味や行動にまとめあげるのが人よりもゆっくりであること，まとめあげた意味や行動が人よりもほどけやすいこと」に起因することがわかってくる。

　たとえば，「おなかがすいた」という空腹感とそれへの対処を例にとってみよう。私たちは，おなかがすいてくると，胃のあたりがへこむ，頭がボォーとして考えがまとまらないといった身体感覚から「これは空腹である」とからだの状態を判断する。そして自然と「何かを食べたい」という気持ちになり，そこから実際に何かを食べる行動へと比較的スムーズに（ほぼ無意識に）移っていくだろう。しかし，綾屋は，この過程が人よりもゆっくりで，移ろいやすいという。

203

まずもって「おなかがすいた」という感覚が本人の中で判然としない。胃の
あたりがへこむ感覚が生じないからではない。そうした感覚に加えて，鼻水が
とまらない，足がしびれている，頭皮がかゆい，といった「空腹感」とは関係
のない様々な身体感覚があふれかえって，同じような重みをもって本人の思考
に訴えてくるためである。こうした様々な感覚を，頭の中で選り分けて，「空
腹で何かを食べたい」という一つの判断にまとめあげるのが難しい。仮に，
「何かを食べたい」という判断がまとまったとしても，今度は何かを食べると
いう具体的な行動へ移る際に同様の困難が生じてくる。「食べたい」という判
断と一緒に，全身が筋肉痛，腸が止まっている，いまは仕事中だから「食べた
くない」という判断も同時並行で生起してきて，「食べたい」と「食べたくな
い」の相反する選択肢の前で行動がとれなくなってしまう。

　綾屋は，こうして身体内部の情報と身体外部の情報とをすりあわせて，自分
の〈したい性〉（「〜したい」という意志の志向性）をまとめあげるのに時間がか
かり，行動へと移れないことがしばしばある。そこで安心して日常生活を送る
ために，たとえば「十二時になったら昼ご飯を食べます」など前もってどのよ
うに行動するかを決めて，自分がその時したいかどうかに関わらずに行動する
という対処を試みている。つまり〈したい性〉ではなく，〈します性〉を軸に
パターン化して行動する，ということだ。もちろんパターン化したからといっ
て，その通りにいかない場合も多く，まとめあげた行動のパターンがほどけて
パニックを起こしたり，固まって動けなくなってしまったり，具合が悪くなっ
てしまうこともある。

　また，感覚・意図をまとめあげ行動するのがゆっくりで移ろいやすいという
ことは，他人とのコミュニケーションにおいても，相手の所作（ふるまい）や
人格（キャラ）が断片的に，大量に自分の内側に入ってきて，行動の意図を判
断するのにまとまりがつきにくいことを意味する。「あなたは楽しんでいるよ
うに見えますが，ほんとうのところはどうですか？」「さっきのセリフには力
強い意気込みを感じられましたが，じつは社交辞令ですか？」「展開が早くて
ついていけなかったのですが，五つ前に戻ってもいいですか？」と，本当は自
分の判断が正しいかを逐一確認しながらやりとりを続けたいと思っても，私た
ちの社会一般は，引っかかりのないスムーズなやりとりを社交の常識として措

第12章　「障害」（ディスアビリティ）からみる社会教育・生涯学習

定しているため，綾屋は，最低限のスマイルと相槌で，「あなたの話している
内容は，たしかに私に通じていますよ」というサインを会話相手に示し，その
場をやり過ごしている。それでも，新しい出会いの場で見知らぬ人がたくさん
いると，他者の新しい像が大量に侵入してきて，普段の自分がどのような人で
あったのか「自己像」すらもあやふやになってしまう困難を抱えている。

とはいえ，綾屋は幸いにも，さきに見てきた熊谷との「研究」活動を経るこ
とで，自分の抱えている苦労の根が見えてきただけでなく，自分の体験の語り
が他者に肯定的に受け止められ，かつ，仲間とともに解釈と理解を深めていく
ことで，徐々にだが，外部から他者像が否定的に侵入してくる傾向がやわらぐ
ようになった。また，意味や行動にまとめあげるのがゆっくりである自分に無
理のない，等身大の動きや「自己感」，自分の軸をもてるようになった。それ
はまさに自己の生に関する絶え間ない学びのプロセスである。

（2）べてるの家の「当事者研究」──コミュニケーションの中で自分をほどく

障害当事者である綾屋紗月が行った学びには，ひとつのルーツがある。浦河
べてるの家の「当事者研究」である。浦河べてるの家は，北海道浦河町にある
精神障害等をかかえた当事者の地域活動拠点（居場所や就労等のためのスペース）
である。べてるの家では，これまで摂食障害，幻聴，被害妄想，自己虐待など
様々な症状をテーマに，当事者が「研究」活動をしてきた。その学びの要諦は，
安心できる仲間とのコミュニケーションの中で自分をほどいていくことにある。

べてるの家の「当事者研究」とは，「日常実践のなかで，問題を抱えた個人
がそんな自分の苦労を客観視しながら，仲間に語り，仲間と共にその苦労が発
生する規則性についての仮説を考え，対処法を実験的に探りながら検証してい
く」活動であり，その「研究」成果が，「コミュニティが共有するデータベー
スに登録される」協働的な営みである（綾屋・熊谷 2010）。当事者研究の意義に
ついて，べてるの家で長年ソーシャルワーカーを勤める向谷地生良は，次のよ
うに語る。

つらい症状や困った事態に遭遇したとき，自分の苦労を丸投げするよう
にして病院に駆け込み，医者やワーカーに相談していた日々とは違った風

205

景が，そこ（引用者注：当事者研究のこと）から見えてくる。それは浦河流に言うと「自分の苦労の主人公になる」という体験であり，幻覚や妄想などさまざまな不快な症状に隷属して翻弄されていた状況に，自分という人間の生きる足場を築き，生きる主体性を取り戻す作業とでもいえる（浦河べてるの家 2005）。

　向谷地の考えでは，精神障害者とは「語ることを封じられた人々」であり，べてるの家の他の活動（利用者による頻繁なミーティングや自身の抱える幻覚や妄想を自由に語る「幻覚＆妄想大会」といったイベント）と同様に，当事者研究も「語ることをとりもどす」歩みのひとつである。当事者研究が始まったのは，統合失調症を抱えて家庭内暴力や自傷行為といった「感情の爆発」を繰り返す青年・河崎寛に，「仲間と一緒に爆発の研究をしてみないかい」と向谷地が提案したことがきっかけと言われているが，河崎の「爆発」に対して自らの行いを反省させたり，自分を見つめさせたりといった自己内在的な行為を促すのではなく，「研究」という他者とのやりとりに開かれた営みに誘うことで，自らの苦労をおおやけに語り，人とのつながりを取り戻す機縁となっている。

　したがって，べてるの家の「当事者研究」においては，障害当事者の学びは独りで行われるものではなく，べてるの家の理念の一つでもある「弱さを絆」とした共同性をその本質としている（石原 2013）。また河崎が向谷地たちとの「研究」の結果，自己の病名を「統合失調症・爆発依存型」と名付けたように，当事者研究は，外部から与えられた専門的な障害カテゴリー（例：「統合失調症」という病名）を当事者の抱えている苦労にあわせて読み替え，語り直していく点に特徴がある。そこには「自分の苦労を取り戻す」語り直しの過程があり，自らの"語りの獲得"（林 2023）という，新たな学びが生みだされている。

2　「障害」理解のリフレクション——障害の個人モデルから社会モデルへ

（1）地域で生きる障害者——「障害」（ディスアビリティ）を生きる

　「当事者研究」をはじめとした障害当事者の学びにふれるとき，私たちは「障害」とは何か，という基本的な問題を再考することになる。「障害」という

第12章　「障害」（ディスアビリティ）からみる社会教育・生涯学習

言葉を聞くと，一般には，手・足がうまく動かない，耳が聞こえにくい，精神に疾患を抱えているなど，「身体（心身）に何らかの機能不全がある」ことがイメージされるだろう。こうした生物学的な機能不全のことを「インペアメント」と呼ぶ。しかし，さきに見てきた障害当事者は，綾屋にしても，河崎にしても，何らかの身体の機能の働きにくさそのものが，生きていくうえでの困難や苦労につながっているのではなく，それらは，社会や制度，周囲の人たちといった，周りとのかかわりや相互作用によって浮き上がってくる。こうした身体と社会との相互作用の結果として障害当事者に生じてくる不利益のことを「ディスアビリティ」と呼ぶ（佐々木 2019）。当事者研究の学びは，障害当事者が自らの抱える苦労を問い直すことでおのずと，ディスアビリティの次元を明るみに出す。

　ただし，「障害」をインペアメント／ディスアビリティの二つの側面から捉えることは，単に言葉の面からのみ考えるということではない。実際に，足がうまく動かないという身体的な「障害」（インペアメント）をもつ A さんの日常生活を考えてみよう。A さんが日々の移動に困る，地域のスーパーで買い物をすることも，行きつけの喫茶店や地元の図書館に行くこともできずに悩んでいる時，「障害」（ディスアビリティ）が生じていると考えられる。しかし，これはインペアメントがディスアビリティに直結しているわけではなく，たとえば電動車いすのような器具を用いたり，移動を支援する介助者がついたりするだけで，A さんの行動の制限は緩和されるかもしれない。地域で生きる A さんにどのような「障害」（ディスアビリティ）が現れるかは，社会や制度，周囲の人たちとの間にどのようなかかわりや相互作用があるかに大きく左右される。

　このように A さんの抱える苦労をディスアビリティの観点から捉え，それをもたらす社会の側の変革を図るアプローチを「障害の社会モデル」と言う。障害の社会モデルは，障害当事者の生活上の困難をあくまで本人のインペアメントが原因だと捉え，その機能の回復や個人の努力を第一に求める「障害の個人モデル」（または障害の医学モデル）とは対照的な考え方である。こうした考え方は，イギリスの障害当事者の社会運動から，社会から孤立させられ，社会参加や地域での日常生活から排除されている人々の抵抗から生まれ，世界に広がっていった。「自立生活条項」と呼ばれる，障害者権利条約の第19条（どこ

で誰とどんな風に暮らすかは自分で決められる）は，その結晶である。

障害の社会モデルの立場に立つとき，私たちは「障害」（ディスアビリティ）をめぐるやりとりを通して，障害当事者の周りにいる人々，「健常者」とされる人々にも自己変容を促す学びが生じる事態を見てとることができる。以下では，身体障害者の「介助」の現場と「障害疑似体験」の二つの事例をとりあげたい（前田 2023，村田 2023）。

（2）障害者の「介助」から考えるコミュニケーションの学び

障害者が家族と住んでいた家や入所施設から離れ，地域で自立して暮らし始める時，「障害」（ディスアビリティ）は日々の生活の中で様々なかたちで立ち現れてくる。とりわけ，日常生活を送るために他人の介助が必要不可欠な重度障害者の場合，介助をめぐるコミュニケーションは葛藤含みのものとなる。地域で自立生活を営む重度身体障害者の介助に長年携わり，介助の現場で調査を行ってきた社会学者の前田拓也は，健常者が障害者の介助が「できるようになっていく」プロセスを，介助者・健常者の側からは一見すると「できてしまう」問題をも捉え直すかたちで，説得的に提示してくれる（前田 2023）。

たとえば，湯気の立ったできたてのラーメンを食べることを介助する場面である。介助者は，自分の手を使ってうまく食べることができない当事者の代わりに，箸でどんぶりの麺をつかんで口元に持っていこうとする。しかし，そのまま持っていくと，麺が熱くてやけどしてしまうと懸念して一度，手元の小鉢にうつして「ふーふー」と息を吹きかけ熱を冷まし，唇の先で大丈夫な温度かを確かめてから，相手の口元に運んだ。介助者の意図としては被介助者の「安全」を配慮してのことかもしれないが，安全面ではよくても衛生面ではどうだろうか，また自分の子どもでもない，家族でもない他人にすることだろうか，という疑問が残る。とはいえ，前田の見立てでは，こうした事態に対して，介助された障害者が「気持ち悪いし，汚いからやめてくれ」と介助者を注意するのは，なかなかに難しいという。なぜなら周囲からは，やけどせずにとりあえず食べられていることで，介助が一見「うまくいっている」（可もなく不可もない状態で成功している）ように見えるからである。

しかし，これは介助された障害者の立場からすれば，不本意なかたちで「で

きてしまった」にすぎない。もしかしたら，ラーメンを食べようと思った当人は，多少，舌や上あごをやけどしながらでも，熱い麺を「これこそがラーメンだよな」と，ずるずると音を立てながらすすりたかったのかもしれない。つまり，介助活動の基本となる利用者本人の意向の尊重という観点からいえば「介助は失敗している」が，この「障害」（ディスアビリティ）は，介助関係において，健常者である介助者が「効率性」と「安全性」，そしてある種の「行儀良さ」を当たり前のものとして志向するため表に出にくい性質がある。前田のインタビューに答えて，ある男性介助者は，自分の介助のやり方について省みながら，次のように語る。

　　Ｂ：ほんとしょうもないことですけど，自分の家で決めてるルールを自分
　　　　がふつうやと思って，「ふつうやで，一般的に」と一般論を出したと
　　　　き危ないなと思います。「完全に押しつけているな，俺」と思って。
　　　　めちゃくちゃだらないですけど，生ごみを袋に入れて捨てるとか，
　　　　敷布団のシーツは週一回くらい洗濯しようとか，自分ルールですけど
　　　　そういうのを［利用者に］言うのはよくないなと思ったりします。

　健常者が障害者の介助を「できるようになっていく」プロセスでは，こうした自身の価値観や習慣をもとにした，一見すると介助が「できてしまう」問題について，それを「介助の失敗」として顕在化させて捉え返すことが必要だと，前田は主張する（第14章4「教育とケアに求められること」を参照）。
　しかしながらＢさんのような気づきや考え方を，介助する人の意識の高さや低さ，感性など，個人の問題へと還元するのであれば，それは「障害」の問題を障害者個人の努力に求める個人モデルの考え方と，コインの裏表の関係である。そうではなく，「障害」（ディスアビリティ）が社会や制度，周囲の人たちとのかかわりの中から生起してくるのと同様に，その克服の過程も，介助者が当事者への関わり方について内省が促されるコミュニケーションの場や制度をどのように構築するかが肝要である。たとえば，介助現場での「引き継ぎ」場面（新しい介助者に，当事者の指示を聞きながら介助の基本を教えること）は，その格好の舞台である。そこでは当事者の声を尊重した形で複数の介助者が共在す

る場をどのようにデザインするか，他の介助者の動きを見ながら，介助者自身の「健常者本位の当たり前のやり方」へと目が向くよう，いかに工夫するかが課題となるだろう。

　障害の社会モデルの考え方に沿っていうならば，障害者を「介助」するとは，障害当事者を直接的に介助することはもちろん，介助者同士のミーティングなど介助をめぐる様々な場を通して，介助者が健常者として「当たり前」になっている身体の動かし方を省みて「介助のやり方」を学び，調整していく過程である。それは，広い意味での「コミュニケーションの学び」と捉えることができる（第6章2「経験による学習と変容的学習」を参照）。

（3）「障害疑似体験」から考える身体の学び

　「障害疑似体験」とは，車いす体験やアイマスク体験に代表されるように，ある「障害」（インペアメント）の状態を意図的に作り，疑似的に体験する活動のことである。日本では，学校教育や自治体の職員研修，企業研修などで広く行われ，「障害」の特徴や「障害がある」ことでの暮らしにくさ，困難な状況への理解の促進を目的として実施されることが多い。

　しかし，一方で，疑似的な体験がゆえに，障害当事者の実感とは離れたかたちで，プログラムの参加者が「できないこと」に目が向きすぎてしまい，恐怖や不安からかえって事実誤認や「障害」への否定的な感情，障害者の能力の特別視が強まることが懸念されている。また，プログラムの構成によっては，「障害」の理解が個人の能力（および能力の欠損）へと焦点化され，「障害」の政治・社会的な要因，つまり「障害」（ディスアビリティ）をめぐる問題が看過されてしまうという批判もある。たとえば，重度の身体障害を抱えながら地域で暮らした森修の「介助」に携わったMさんの語りを見てみよう。

　　　M：ある時期，森さんと一緒に外出することが多かったんです。そうする
　　　　　とね，僕は森さんとね一体にならないといけないんですよ。例えば森
　　　　　さんの目線に近い形で街を見ますよね。その時に自転車がたくさん置
　　　　　いてあって，ガタガタって不便な町の「障害」者の立場になって見る
　　　　　こともできる。階段を上ろうと思ってもなかなか手伝ってくれる人が

いない。で、［中略］すごい森さんの立場に立てる自分が増えてきたんですー（林 2023）。

　街を障害当事者とともに歩くといった、Mさんのような生きた学びは、学校体育館や公民館といった施設での短時間で、簡易な疑似体験からは出てきにくいかもしれない。しかしながら私たちはここで「障害疑似体験」すべてを否定的に見ようとしているのではなく、反対に、教育学者の村田観弥の議論とプログラムを手引きにして、「日常」や「身体」について考えるひとつのきっかけ、自己理解の契機として、この体験活動を捉えなおしてみたい（村田 2023）。

　村田の障害理解プログラムは、大学の教員養成課程の授業にてワークショップ形式で行われ、概ね次の手順で実施された。

① 　アイマスク体験（**体験活動→**体験者間でのディスカッション→当事者の談話にふれる教材）

② 　車いす体験（当事者との座談会→**体験活動→**体験者間でのディスカッション）

　このプログラムでは、短時間の活動や一度きりのふり返りで、個人が実感した「障害」体験の困難さや恐怖がいたずらに強調されることを避けるために、十分な活動時間と、障害当事者の語りに触れたり、体験者間で意見交換することで、自身の「障害」理解を相対化しながら深めていく工夫がされている。たとえばアイマスク体験後、視覚障害者がどのように世界を見ているのか語る動画を視聴した学生は、次のように気づきを記述している。

　　目が見えなくてもその人の中でカラーがあったり、匂いがあったりしていて、自分の世界に誇りをもって前向きに生きている強さというものを感じた。障害がある・ない、目が見える見えないで判断したりを簡単にしてはいけないと思ったし、［中略］あまり違いを決めつけたり、疑似体験で感じたことや大変さを同じとしてはいけないと思った。

　一方で、村田のプログラムでは体験活動をとおして感じた個々人の驚きや困惑、不安や違和感といった感覚や感情を「障害」理解のノイズとして排除するのではなく、「日常」を捉え返す気づきの起点として活かす方向で構成されて

いる。たとえば車いすで移動する体験をとおして学生たちは，床が土，アスファルト，芝生と変わると車いすを漕ぐ力の配分や速度が変化することや，自分の目線の高さやすれ違う人の視線，物の見え方が異なることに気づいていく。

　　コンビニや食堂で一番上の商品に手が届かなかったり道が狭かったり，そもそも車いすで自分と物との距離ができてしまい，届かないということがよくわかった。目線も立っているときより低いため，見える範囲が狭くなり少し怖いと思った。

　ここでは，社会的な「障害」（ディスアビリティ）に遭遇することで初めて，たとえ疑似的ではあっても「障害」（インペアメント）のある「身体」が意識される様子が伺える。さらに，別の学生が記した，車いす利用者用のスロープが実は「スロープだからといって簡単に上がれるわけではなく，［中略］介助者がいるという前提でつくられているようだった」という気づきに表れるように，私たちは「障害」（インペアメント）の個人的な体験へ漸近的に迫ることで初めて，「障害」（ディスアビリティ）が様々なかたちで立ち現れてくる「社会」の在り様を問うことができる。「障害」を捉えるインペアメント／ディスアビリティの二つの側面は，先に論じた「当事者研究」と同様，各人固有の「身体」を通した経験を媒介にしてつながっている。
　興味深いことに村田の報告では，疑似体験を30分以上じっくり経験すると学生は，開始直後とは異なる「身体」感覚を帯びてくるという。体験当初の「怖い」「大変」「難しい」という感覚が，活動に慣れて色々なことができるようになってくると，当初の感覚は障害者の「日常」とは異なることに自ずから気づいていく。さらに体験後はそれまでと違った風景を身体が捉えるようになる。「点字があることに気づくようになった」，「足裏で点字ブロックを意識するようになった」，「床の材質や道路の傾きが気になるようになった」など，これまで感じることなく生きてきたマジョリティたる「健常者」としての身体の構えが崩され，疑似体験の経験者は「障害」（ディスアビリティ）の一端を生きるようになる。
　「障害疑似体験」は確かに，障害当事者への誤解や思い込み，偏見が生起し

やすい側面があるが，他方で方法論的な工夫を経ることで，健常者視線での「障害」理解の相対化や「身体」のローカルな経験を通した自己変容を促す機縁ともなりうる。それは，「障害の社会モデル」の観点から，マジョリティである健常者が社会のあちらこちらに埋めこまれているバリア（社会的障壁）に気づくチャンスだ（松波 2024）。

3　グローバルな知から〈ローカルな知〉へ

社会教育・生涯学習における知や学びとはどのようなものか。これまで「当事者研究」という学びのかたちや「介助」におけるコミュニケーションの学び，「障害疑似体験」を通した身体の学びを見てきたが，それらはいずれもグローバルな時代における〈ローカル（局所的）な知〉の表れである。〈ローカルな知〉とは，前平泰志の定義によれば，「時間的，場所的に限定され，人々の生きる状況に依存してのみ意味を持ちうる知識」であり，学校で教わる知と異なり，「資格や免状を取得する手段として使うことができず功利性のないトリビアルな知」である（前平 2008a）。しかし，体系性や客観性などの点では学校で学ぶ知識に及ばなかったとしても，私たちが地に足をつけて生きていくためには，この〈ローカルな知〉の存在や考え方を欠かすことはできない。

〈ローカルな知〉の存在とは対照的に，学校教育とは一般に，教育の対象である子どもに外部から「グローバル（普遍的）な知」を伝達することを目的としており，「グローバルな知」は知が生みだされ，育まれた場から抽象化され成立している，「どこでも使える」知である。しかし，前平（2008b）の卓抜な表現を借りるならば，学ぶことは本来「どこでもないどこか」で学ぶのでも，「どこでもいいどこか」で学ぶのでもない。そのひとが生まれ，育ち，暮らし，学ぶ「場」と，そのひとの学びのプロセス・知とは分けられない。べてるの家の人々が仲間たちとの「当事者研究」を通して得た，自分の苦労を取り戻す「語り」は，地に足をつけて生きていくための，まさに〈ローカルな知〉である。そのひと固有の歴史と身体が刻まれたローカルな「場」の存在と切りはなしては，そのひとの「語り」＝〈ローカルな知〉が生みだされる姿は考えられない。

しかし，〈ローカルな知〉がたとえ時間的，場所的に限定されているとはいえ，生涯にわたる人の育ちと学びが絶え間ない動的な過程であるように，その身体が住まう「場」も固定されたものではなく，常に変容している。たとえば「障害疑似体験」を通して「健常者」としての身体の構えが崩された人は，今度は「障害」（ディスアビリティ）のある「場」（社会空間）を変えようと働きかけるかもしれない。「障害の社会モデル」の考え方はその入り口である。反対に，「障害」（ディスアビリティ）が様々なかたちで立ち現れる社会空間が，「障害」（インペアメント）のある身体を障害当事者に意識させ，排除してきたことは歴史が教えるとおりである。たとえば今日でも，賃貸物件を借りる際に「火事を出す」という理由で断られる視覚障害のある人や「緊急時にインターホンで連絡がとれない」という理由で断られる聴覚障害のある人を想像してみよう（松波 2024）。その人の生きる状況，住まう状況に即した〈ローカルな知〉を探る余地はないのだろうか。ここでは，〈ローカルな知〉と「場」とは，単純に人が空間をつくっているということだけでなく，空間もまた人を形づくっていることがわかる。こうした「状況に埋め込まれた」学びの可能性と困難は，「どこでもないどこか」で行う「どこでも使える」知の伝達だけを見ていると後景に退いてしまう。

　グローバルな時代において私たちは，都市を中心にして時間と空間とが加速度的に縮減されていくのを目の当たりにしている。資格や免状を取得する手段として使うことができない〈ローカルな知〉は，たとえその人固有の知として，そのときどきに活用されるものであったとしても，普段顧みられることは少ない。しかし，障害当事者たちをめぐる生き方や学びのスタイルを，〈ローカルな知〉という観点から捉え返すと，社会教育・生涯学習とは多くの知識を学んだり，「できないことを，できるようにすること」だけでなく，たとえば綾屋紗月の自己教育の姿に表れるように，時にはこれまで学び蓄えてきた知識を手放し，その前提を自身に固有の知として問い直す営みであることが想像されるだろう（第1章3「ゾンビ・カテゴリーにはならない「社会教育」・「生涯学習」に向けて」を参照）。

第12章　「障害」（ディスアビリティ）からみる社会教育・生涯学習

課　題

1．(1)　学校時代に体験した「障害疑似体験」はどのような学びでしたか？
　　(2)　地域で生活していて感じる「障害」（ディスアビリティ）はあります
　　　　か？　どのようなものですか？
2．(1)　下記のノンフィクション・ルポルタージュ作品を参考にしつつ，「障
　　　　害」（ディスアビリティ）から見る学びのスタイルについて，あなたの考
　　　　えをまとめてください。
　　　　①渡辺一史（2013）『こんな夜更けにバナナかよ──筋ジス・鹿野靖明
　　　　　とボランティアたち』文藝春秋。
　　　　②アーヴィング・ケネス・ゾラ（2020）『ミッシング・ピーシズ──ア
　　　　　メリカ障害学の原点』（ニキ・リンコ訳），生活書院。
　　　　③綾屋紗月・熊谷晋一郎（2008）『発達障害当事者研究──ゆっくりて
　　　　　いねいにつながりたい』医学書院。

文献

綾屋紗月・熊谷晋一郎（2008）『発達障害当事者研究──ゆっくりていねいにつなが
　りたい』医学書院。
─────（2010）『つながりの作法──同じでもなく違うでもなく』NHK出版。
石原孝二編（2013）『当事者研究の研究』医学書院。
浦河べてるの家（2005）『べてるの家の「当事者研究」』医学書院。
佐々木洋子（2019）「『障害』にふれる」上原健太郎・ケイン樹里安編『ふれる社会
　学』北樹出版。
林美輝（2023）『語りを生きる──ある「障害」者解放運動を通じた若者たちの学び』
　晃洋書房。
前田拓也（2023）「介助を教わり『失敗』する──身体障害者の介助現場における介
　助する／される関係を通した『障害者を理解すること』」佐藤貴宣・栗田季佳編
　『障害理解のリフレクション──行為と言葉が描く〈他者〉と共にある世界』ちく
　せプレス，155-184頁。
前平泰志（2008a）「グローバリゼーションの中で『ローカルな知』を」『毎日新聞』
　（2008年2月1日大阪夕刊12頁）。
─────（2008b）「序〈ローカルな知〉の可能性」日本社会教育学会編『ローカル
　な知の可能性──もうひとつの生涯学習を求めて（日本の社会教育第52集）』東洋
　館出版社，9 -23頁。
松波めぐみ（2024）『「社会モデルで考える」ためのレッスン──障害者差別解消法と
　合理的配慮の理解と活用のために』生活書院。
村田観弥（2023）「障害擬似体験を「身体」から再考する」佐藤貴宣・栗田季佳編

215

『障害理解のリフレクション——行為と言葉が描く〈他者〉と共にある世界』ちとせプレス，123-154頁。

ラングラン，ポール（1971）『生涯教育入門』（波多野完治訳），全日本社会教育連合会。

（鈴木伸尚）

コラム　二つのフランス映画（「音のない世界で」/「ヴァンサンへの手紙」）に見るろう者のコミュニティと学び

　映画「音のない世界で」（1992年制作）は，フランス・パリのろう学校を主な舞台としたドキュメンタリー作品である。小学校年齢のフローラン，アブー，カレンたち学校の生徒は，ヘッドホンを耳にあて，電子機器を通してモニターに映し出された自分の「声」を見ながらフランス語の発声法を学び，うがいを使った訓練を通して発声の感覚を体得していく。ろうの子どもたちにとって発声の練習はたいへんな苦労を伴うことが映像内のやりとりから伺える。

　フランスは，世界で最初の手話を用いるろう学校ができた国である。1760年頃，シャルル・ミシェル・ド・レペ神父が手話を用いて教育する学校を設立する。この学校がパリ国立ろう学校のもとになり，手話による教育（手話法）が広まっていく。しかし，1880年にイタリアのミラノで開かれた第2回国際ろう教育者会議を契機に「手話法は口話法より劣っている」と見なされ，手話による教育が禁止される。以後，フランスのろう学校でも，授業は聴者である教師の音声を中心に行われ，子どもたちには発音と読唇術の練習が課される口話教育が主流となった。「音のない世界で」にて，ユーモアのある語りでろう者の世界に導き入れてくれる，ジャン＝クロード・プーラン先生は，「私はろう学校で，誰にも教わることなく手話を覚えた。耳の聞こえる赤ん坊が言葉を覚えるようにね」と自身の体験談を語る。これはろう学校の中で手話による教育が禁止されていた背景を踏まえると，正規の学校教育の裏側で，コミュニケーション言語としての手話が，〈ローカルな知〉としてろう児たちのコミュニティ内を伝播していたことを示唆する。

　生涯教育の研究者である前平泰志は〈ローカルな知〉という概念を生み出すにあたって，ひとりのろう者（丸山多香子さん）との出会いにふれている。「私は生まれたときから聞こえていませんし，それを当たり前だと思っています。聴覚障害という言葉はピンときません」と語る丸山さんは，祖父母，両親，妹と家族の全員がろう者という家庭環境の中で育ち，家族内で代々受け継がれてきた独自の手話を用いて生きてきた。この手話には家族と丸山さん個人の生きた歴史，「個有性」が刻み込まれており，まさに〈ローカルな知〉（時間的，場

所的に限定され，人々の生きる状況に依存してのみ意味を持ちうる知識）を体現している。身近な人と手話で存分にやりとりする世界を生きてきた丸山さんにとって，「聴覚障害」（耳が聞こえにくい）というインペアメントを強調した表現は，聴者の世界では馴染み深いものでも，丸山さん自身の生き方とは重ならず，得心がいかないのだろう。

　とはいえ，すべてのろう者が身近に安心できるコミュニティや馴染みの言語（「母語」ではない自然な言語としての「第一言語」）をもてるわけではない。ドキュメンタリー映画「ヴァンサンへの手紙」（2015年制作）は，聴者の両親をもち，口話教育で育った，亡きろう者の友人・ヴァンサンへのオマージュ作品である。監督のレティシア・カートンは聴者だが，1990年代後半，手話を学び始めた頃に，パリのデフクラブ（ろう者のため文化拠点）でヴァンサンに出会う。そしてヴァンサンが亡きあと，故郷からの手紙を届けるように，パリ，リヨン，トゥールーズ，クレルモンと，フランス各地にいるろう者の友人やコミュニティを訪ねて回り，かれらの生き方や心の声を撮影していく。そこには，社会からの抑圧への怒りや，ろう教育の在り方，「手話」との出会いや家族への愛や葛藤が映し出されている。映像を通して私たちは，ろう者の団結を示すためのデモ行進，文化的で詩的な手話劇，バイリンガルろう教育の現場など，多様なろう者のコミュニティと学びの姿を知ることができる。映画製作と時同じく2010年，手話を否定した1880年ミラノ会議の決議が，同じ国際ろう教育者会議で正式に却下される。

　かつて発達心理学者の浜田寿美男は「障害」をひとつの「文化」として捉えなおした。その要諦は，障害を「個性」といった個人の特性にかかわる観点で捉えるのでなく，あくまで人と人がともに生きる，その共同的な生き方をひとつの「文化」として探ることであった。木村晴美・市田泰弘による「ろう文化宣言」（1995年）は，ろう者が用いる手話を聴者が用いる音声言語と対等な言語だと主張し，手話を用いて生き合うかたちを一つの「文化」（ろう文化）として宣言したものだ。「音のない世界で」と「ヴァンサンへの手紙」，〈ろう文化〉を主題とした二つのドキュメンタリー作品は私たちに，次のような問いを静かに投げかける。そもそも学びとは何だろうか。それは社会で主流とされる個の能力をいかに伸ばしていくかだけだろうか，それよりむしろ，他者とともに生

きるかたち＝文化をどのように探っていくか，ではないかと。　　　（鈴木伸尚）

文献

浜田寿美男（1997）『ありのままを生きる――今ここに生きる子ども』岩波書店。

前平泰志（2008）「グローバリゼーションの中で『ローカルな知』を」（毎日新聞
　　2008年2月1日大阪夕刊12頁）。

牧原依里・宮本匡崇・大久保渉・西晶子編（2018）『『ヴァンサンへの手紙』公式パン
　　フレット』。

第13章

ジェンダーと社会教育・生涯学習
──「女性の学習」の歩みを考える──

　本章では，「女性の学習」の歩みに注目し，ジェンダーの視点に立つ社会教育・生涯学習の役割と課題について考える。成人期の女性の学びは，「男は仕事，女は家庭」の性別分業社会とかかわり，行われてきた。その道のりをみていくことで，ジェンダーの視点から学ぶ意味について考える。

1　成人期の学びとジェンダー

（1）学習へのアクセスとジェンダー

　みなさんは，成人期の学びにどのようなイメージをもっているだろうか。社会に出る前の学校での学びとは異なり，自らの興味関心に沿って自発的に学ぶ姿だろうか。あるいは，生きがいや教養を得るためや健康な生活を営むために，現状に満足せず，向上心を持って意欲的に取り組む学習者を想像するだろうか。たとえばこのように学習者像をイメージしてみるとして，それでは，その学習者はどんな毎日を過ごしているだろうか。

　家庭生活，職場，地域社会で様々な役割を担う成人期において，学習者が置かれている状況はいうまでもなく一様ではない。さらには，社会の状況によって学習のあり方が一変することを，新型コロナ感染の時代を生きている私たちは知っている。学びにアクセスする条件は，その人が日々担う立場や役割はなにか，どのような社会に生きているのかによって異なり，また変化するといえるだろう。

　このように学習者をとりまく状況に注目するとき，重要となるのがジェンダーの視点である。ジェンダーとは，性別が社会的につくられることを示す概

第13章　ジェンダーと社会教育・生涯学習

表13-1　「学習をしていない理由」ランキング（性別）

(%)

順位	男性		女性	
第1位	特に必要がない	50.3	特に必要がない	42.5
第2位	きっかけがつかめない	33.1	きっかけがつかめない	26.6
第3位	仕事が忙しくて時間がない	30.3	仕事が忙しくて時間がない	25.8
第4位	学習より優先したいことがある	11.7	家事・育児・介護などが忙しくて時間がない	21.9
第5位	身近なところに学習する場がない	9.0	学習するための費用がかかる	17.6
第6位	学習するための費用がかかる	8.3	身近なところに学習する場がない	11.6

出所：内閣府（2022a）より筆者作成。

念である。ジェンダーの視点に立つと，人の役割や活動が性別と結びついていることがみえてくる。「男は仕事，女は家庭」と表現される性別分業のパターンである（江原 2021）。

　学習者をとりまく状況も性別分業と関係しているのだろうか。ここでは一例として，内閣府が2022（令和4）年に実施した「生涯学習に関する世論調査」の調査結果から，学習活動へのアクセス状況について男女別でみてみよう。表13-1は，この1年あまりにわたって，月に1日以上学習していない理由の回答結果のうち，上位6位を男女別に示したものである。

　男女ともに第1位は「特に必要がない」，第2位は「きっかけがつかめない」，第3位は「仕事が忙しくして時間がない」となっていて，学ばない理由は共通している。一方，第4位にランクインしたのは，男性では「学習より優先したいことがある」に対して，女性では「家事・育児・介護などが忙しくて時間がない」であった。男性で「家事・育児・介護などが忙しくて時間がない」と回答した割合は5.5％と女性に比べて著しく低く，ジェンダー格差が最も大きい理由となっている。さらに学習阻害の理由として，女性では第5位に「学習するための費用がかかる」が上がっており，その割合も男性の2倍を超えている点も注目される。学習へのアクセスに対して男女が置かれている状況に違いがあること，学習と性別分業とが結びついていることがわかる。

（2）成人期の学びと性別分業

　性別分業は，成人期の学習活動にどう影響しているのだろうか。内閣府は数

年に一度「男女共同参画社会に関する世論調査」を行い,「家庭生活」「職場」「学校教育の場」「政治の場」「法律・制度の上」「社会通念・慣習・しきたりなど」「自治会やPTAなどの地域活動の場」の8分野における男女平等の達成度について,人々の意識を調べている。2022（令和4）年の結果では,「自治会やPTAなどの地域活動の場」が「平等」と回答した割合は40.2％であった。これは,「学校教育の場」の68.1％に次いで2番目に高かったものの半数には届いていない（内閣府 2022b）。

地域活動の場は,活動の大半を女性が担っている。しかし,2022年時点の自治会長に占める女性の割合は6.8％,PTA会長に占める割合は17.4％となっており,組織のリーダーは男性が務めるという性別分業の現状がみえてくる（内閣府 2023：145）。

本章では,成人期の学習活動と性別分業とのつながりに注目し,「女性の学習」として取り組まれてきた学びの実践,法制度,学習のための場の成り立ちについてみていく。

2　「女性の学習」とジェンダー

（1）「家庭婦人」の学習

成人期の女性の学びは,「婦人教育」と呼ばれてきた。戦後の社会教育行政は,「婦人教育」の定義について,「婦人教育とは,いうまでもなく婦人を対象とする教育である。婦人といっても,女子青年層は青少年の対象となり,女子の勤労者は労働者教育の面で主として対象となるから,主に「家庭婦人」ということになる」（文部省社会教育局 1952：20）と説明している。当時の「婦人教育」は,成人で結婚していて妻,母として家事,育児に専念する「家庭婦人」としての女性たちを学習対象に置いていたことがわかる。

1970年代以降,「国際婦人年」をきっかけに,女性解放の解決を目指す「婦人問題学習」,のちに女性問題学習と呼ばれていく学習活動が広がっていった（本章第3節を参照）。女性問題学習は,女性の学習,男性の学習を固定して捉えるのではなく,なにを学ぶのかを学習者自身が問い,学び直す学習活動の要素を含んでいた。そのため,「成人の教育・学習において,どうして男性と女性

第13章　ジェンダーと社会教育・生涯学習

をちがったように捉えるのであろうか。最も適した時期に，最も適したものを学ぶということは，あくまで本人自身の学習関心を前提にして成立するのであるから，男女のちがいではなく，その人個人の生き方にかかわる問題である」（室 1982：4）ということがあらためて確認されたのである。

　その中で次第に注目されていくようになるのが，それまでの「婦人教育」が設定していた「家庭婦人」という立ち位置であった。次項で詳しくみていくように，学習者自身が「家庭婦人」であった学習活動において，自らの立場について考え，新たな学習の課題を発見していった。

（2）女性問題学習の実践

　「婦人問題」を学ぶという学習実践は，この社会で妻，母であること，引いては女性，男性であることの意味を問い，性別分業の克服という新たな学習課題を見出していった。

　「婦人問題」を学び，研究する学習グループは，1950年代からすでに女性学，地域女性史の実践や活動ともつながり，各地で誕生していった（井上 2021）。また，生活綴方，生活記録運動と呼ばれる教育実践において，この時期，紡績工場で働く女性たちによる，働きながら学ぶサークル運動が行われた（辻 2015）。

　1960年代には，東京の国立市の公民館で託児つきの学習講座が開設された。公民館保育室活動と呼ばれた子育て中の若い女性の学習活動は，今日まで行われてきている。子どもを育てる「母」である学習者が，学習活動の間，子どもをあずける保育室を公民館に設置すること，すなわち，子どもをあずけて学ぶこと，それ自体が学習活動に位置づけられているところに女性問題学習としての特徴があった。性別分業の社会で女性が学ぶことの意味を，子育てをする日々の中で自らに問い，学習者同士で考える学習活動が展開されていった（村田 2021）。

　このように，女性問題学習という枠組みは，結婚しているかどうか，職業に従事しているかどうかで切り分けられてきた学習活動の枠組みを超えていった実践であったとみることができる。たとえば，女性労働問題学習と呼ばれる学習実践は，働くことをめぐる権利を学習課題に位置づけたうえで，性別分業の社会において女性が働くことで直面する問題について学び，考える場，学習者

223

自身のネットワークが創出されていった（廣森 2001）。

　1990年代後半以降，「男女共同参画」の観点から，男性の家庭内役割の参画を促す学習活動が活発になっていった。最近では，21世紀の政策課題であるワークライフバランスの観点から，家族や労働をめぐる価値を問い直し，これからの社会教育・生涯学習に求められる役割を考える様々な実践や研究が取り組まれてきている（日本社会教育学会 2021）。

　このように，学習者自身が，性別分業の現状を見据えて学習活動を行ってきたことがみえてくる。ジェンダー平等がいまだ実現をみない現在において，その挑戦は終わっていないといえるだろう。

3　法制度とジェンダー

　戦後日本の「女性の学習」に関する法制度上の歩みを，ジェンダーの視点からたどってみよう。戦後から現在に至る長い道のりについて，ここでは，国内の女性を対象とした社会教育・生涯学習の法令や政策と女性の人権，ジェンダー平等をめぐる国際的な潮流との連動に注目することで，今日に続く教育・学習の課題を考える。

（1）「婦人教育政策」の時代（1950年代・1960年代）

　1946（昭和21）年公布・翌年施行の日本国憲法は，法の下の平等を規定し，性別によって政治的，経済的，社会的に差別されないこと（第14条），婚姻における両性の平等（第24条）などを定めた。1947（昭和22）年公布・施行の教育基本法は，性別によって教育上差別されない教育の機会均等（第3条）を規定するとともに，教育機会が男女で不平等な戦前の別学体制を見直し，教育上男女の共学（第5条）が認められなければならないと定めた。教育における男女平等，女性の地位向上は，戦後の成人期の教育・学習活動においても重要な課題として掲げられた。

　戦後の成人期の教育・学習に関する法制度は，「婦人教育」を特設して進められたところに特徴がある。第2節でみてきたように，とくに当時「家庭婦人」と表現されていた雇用労働に従事せずに家事・育児を担う女性を想定して

第13章　ジェンダーと社会教育・生涯学習

展開してきた。このような「婦人教育」を特設する行政のあり方は，1956（昭和31）年度から全国に文部省委嘱の婦人学級を設置し，1961（昭和36）年には文部省社会教育局に婦人教育課を新設するなど，1950年代後半ごろに確立した（西村　1982：148）。

　1960年代を中心とする高度経済成長期は，産業構造の転換を背景として，男は仕事，女は家庭」と呼ばれる性別分業が定着し，「専業主婦」という女性のライフスタイルが主流化していった時期である。1960年代の社会教育行政が着手したのが家庭教育の振興であった。1964（昭和39）年度に国庫補助事業として開設された家庭教育学級は，両親等に対する家庭教育に関する学習の機会の拡充を目的とするものであったが，実態は「母」である女性を対象とするものであった（西村　1982：155）。

（2）「国際婦人年」の時代（1970年代・1980年代）

　国際連合は1975（昭和50）年を「国際婦人年」と定めて，メキシコ・シティで世界会議を開催した。この「国際婦人年」をきっかけに，性別による差別と不平等の問題は，国際社会において早急に解決すべき課題であるとの認識が高まった。メキシコ会議では，以後10年にわたる「世界行動計画」が採択され，1980（昭和55）年にコペンハーゲン会議，最終年の1985（昭和60）年にナイロビ会議が開催された。この間の1979（昭和54）年に国連総会において女性差別撤廃条約が採択され，1981（昭和56）年に発効された。日本はこれを1985（昭和60）年に批准，発効した。

　国内でも国際的な潮流に連動した市民運動，教育・学習活動がこの時期活発になっていった。たとえば学校教育における成果のひとつに，家庭科の男女共修の実現があったが，成人期の教育・学習上の論点としても，「国際婦人年」以降，女性が母，妻としての家庭内役割を学ぶことを内容とする学習ではなく，その前提にある性別分業そのものを学習の課題に掲げる「婦人問題学習」に関心が寄せられていくこととなった。1977（昭和52）年には，初の国による女性教育施設となる国立婦人教育会館（国立女性教育会館）が設立された（本章第4節を参照）。

225

（3）「男女共同参画」の時代（1990年代・2000年代）

1995（平成7）年，北京で開催された第4回世界女性会議では，北京宣言及び行動綱領が採択された。北京宣言では，「世界中の女性の地位の向上とエンパワーメント（力をつけること）」，「女性及び男性の教育及び保健への平等なアクセス及び平等な取扱いを保障し，教育を始め女性のリプロダクティブ・ヘルス[*1]を促進する」ことなどが宣言され，その実現に向けた行動綱領を採択することによって，国による政策に「ジェンダーの視点が反映される」ことが求められた（山下ほか 2015：136-138）。

国内では，1999（平成11）年に男女共同参画社会基本法が制定され，各地の女性センターは，男女共同参画センターと名称変更されるなど，女性政策，女性教育政策は，「男女共同参画」の時代を迎えた。制定時の「男女共同参画基本計画」では，社会教育の分野において，「男女共同参画の視点」からの家庭教育の推進や学習機会の提供を行うとともに，家庭や地域で固定的な性別分業の意識にとらわれない教育を行うための学習の開発や指導者の養成が求められた（内閣府 2000）。

2006（平成18）年に制定された新教育基本法では，教育目標に男女の平等を重んずる態度を養うこと（第2条），あらゆる機会，あらゆる場所における学習とその成果を活かす社会の実現を図る生涯学習の理念（第3条）が定められた。新教育基本法の制定以降，社会教育・生涯学習政策において，学習する個人に焦点が当てられていく傾向は強まっていった。

（4）「女性活躍推進政策」の時代（2010年代後半〜現在）

現在，少子高齢化，人口減社会に歯止めがかからない状態である。一方で，不足する労働力を求めて2015（平成27）年に制定された女性の職業生活における活躍の推進に関する法律（女性活躍推進法）が制定され，「女性活躍推進政策」が進められている。

2020（令和2）年「第5次男女共同参画基本計画」では，「さらに，より長い

＊1　これに関わる権利概念をセクシュアル・リプロダクティブ・ヘルス＆ライツ「性と生殖の健康・権利」と言う。産む・産まないの自由，選択を含む性と生殖に関わる自己決定を尊重することは，女性及びセクシュアリティの権利であることが確認されてきている。

人生を見据え，固定的な性別役割分担意識や性差に関する偏見・固定観念，無意識の思い込み（アンコンシャス・バイアス）にとらわれずに，『教育，仕事，老後』という単線型の人生設計ではなく，人生ステージに応じた様々な働き方，学び方，生き方を選べるよう，男女共同参画の視点を踏まえた生涯学習や能力開発を推進する」（内閣府 2020：112）と掲げられている。

私たちは，「男は仕事，女は家庭」の性別分業に基づくライフスタイルでは立ち行かない時代を生きているといえよう。そしてこのことは，「女性」，「男性」をひとくくりに捉える教育・学習活動が成り立たなくなったことと無関係ではないだろう。

4　学習のための施設とジェンダー

学ぶためには場が必要となる。社会教育・生涯学習の現場では学習者自らが，学びの場を求め，つくることに力を尽くしてきた。その中で主としてジェンダーに関する学習の拠点としての役割を担ってきている女性教育施設と呼ばれる場もまた，その設立の経緯をみると，施設建設を求める声や活動のすえに設置されたことがみえてくる。自分たちの学びの場をつくること，これもまた学習活動のひとつとみることができる。

（1）学習の場をつくる

文部科学省が実施している「社会教育調査」によれば，女性教育施設は，「女性又は女性教育指導者のために各種の研修又は情報提供等を行い，あわせてその施設を女性の利用に供する目的で，地方公共団体，独立行政法人又は一般社団法人・一般財団法人・公益社団法人・公益財団法人が設置した社会教育施設」（文部科学省 2022）と説明されている。2021（令和3）年現在，全国に独立行政法人1施設，公立271施設（都道府県44施設，市（区）216施設，町村11施設），私立86施設の合計358の施設がある（表13-2）。

社会教育の学習の場は，学習者，活動団体の建設運動がきっかけで施設設置が実現していった。たとえば，青年団や婦人会の活動において拠点づくりが展開されていったところもあった。

表13-2　都道府県・設置者別女性教育施設数

2021年10月1日現在

| | 計 | 独立行政法人 | 公　立 | | | 私立（法人） |
			都道府県 （うち指定管理者）	市（区） （うち指定管理者）	町村 （うち指定管理者）	一般社団法人・一般財団法人・公益社団法人・公益財団法人
全　国	358	1	44（29）	216（68）	11（1）	86
北海道	30	—	1	14	3	12
青森県	6	—	1	2	—	3
岩手県	2	—	1	1	—	—
宮城県	3	—	1	2	—	—
秋田県	6	—	3	1	—	2
山形県	4	—	1	3	—	—
福島県	4	—	1	2	—	1
茨城県	—	—	—	—	—	—
栃木県	5	—	1	2	—	2
群馬県	4	—	1	1	—	2
埼玉県	14	1	1	11	1	—
千葉県	8	—	1	7	—	—
東京都	40	—	1	30	—	9
神奈川県	16	—	1	8	—	7
新潟県	11	—	—	5	—	6
富山県	7	—	1	2	1	3
石川県	4	—	1	2	—	1
福井県	5	—	1	4	—	—
山梨県	4	—	3	1	—	—
長野県	10	—	1	4	—	5
岐阜県	3	—	1	2	—	—
静岡県	11	—	1	6	—	4
愛知県	15	—	1	9	—	5
三重県	4	—	1	3	—	—
滋賀県	5	—	1	3	—	1
京都府	10	—	1	9	—	—
大阪府	16	—	1	15	—	—
兵庫県	19	—	1	17	—	1
奈良県	2	—	1	1	—	—
和歌山県	3	—	1	2	—	—
鳥取県	7	—	1	4	1	1
島根県	5	—	1	3	—	1
岡山県	9	—	1	8	—	—
広島県	6	—	1	3	—	2
山口県	6	—	—	1	—	5
徳島県	4	—	1	2	—	1
香川県	4	—	—	1	—	3
愛媛県	3	—	1	2	—	—
高知県	4	—	1	2	—	1
福岡県	14	—	1	11	1	1
佐賀県	3	—	1	—	1	1
長崎県	3	—	—	1	—	2
熊本県	5	—	1	1	2	1
大分県	1	—	—	1	—	—
宮崎県	4	—	1	2	—	1
鹿児島県	2	—	—	1	—	1
沖縄県	7	—	1	5	—	1

注：「指定管理者」とは，地方自治法第244条の2第3項に基づき管理者として指定されている者をいう。
出所：文部科学省『令和3年度社会教育調査』より筆者作成。

第13章　ジェンダーと社会教育・生涯学習

その一例として愛知県では，1971（昭和46）年，女性の学習活動の拠点として「愛知県婦人文化会館」が誕生した。その背景には，県内の地域婦人会を組織する愛知県地域婦人団体連絡協議会が，活動10周年を迎えた1967（昭和42）年に学習の場をつくろうと動き出したことがあった。当時，地域婦人会の会員数は，全国で最も多い30万人で，県内各地で関係機関に建設を要望し，募金活動を行った。学びの場を求める多くの学習者の熱意が伝わってくる（愛知県教育委員会 2023）。その後，「愛知県婦人文化会館」は役割を終え，現在県内には，表13-2の通り，15の施設が人々の学習の拠点となっている。

（2）学習の場をつなぐ・支える

1977（昭和52）年，国による初めての女性教育施設である「国立婦人教育会館」が開設された。宿泊もできる自然豊かな場所に誕生したこの施設は，1975（昭和50）年の「国際婦人年」の記念事業として誕生した。

当時，女性のための社会教育施設は少なかった。「学習しようとする婦人は，だれでも，宿泊をともにしながら研修でき，人間的交流を深めることができるとともに婦人教育に関する情報資料の収集および，提供を行うことのできる婦人教育施設」（志熊 1972）が構想されたのである。

このような背景から「国立婦人教育会館」は，学習の場の整備，情報の提供，学習を促進するリーダー養成のための全国的な施設として誕生した。2001（平成13）年には「独立行政法人　国立女性教育会館」となり，現在まで「男女共同参画を推進する唯一のナショナルセンター」として，研修，調査研究，広報・情報発信，国際貢献に関する事業を行い，全国のジェンダーに関する学習や実践，研究活動をつなぎ，支えてきている。

5　ジェンダー，セクシュアリティに立つ社会教育・生涯学習に向けて

ここまでジェンダーの視点，とりわけ性別分業とのつながりから，「女性の学習」として出発した成人期の学びがどのような歩みをたどってきたのかをみてきた。その歩みからは，ジェンダーの視点から学びの意味を考えることによ

229

って、学習のあり方は大きく変わることがみえてくる。たとえば、「男は仕事、女は家庭」の性別分業社会をあたり前とみなすのか、それともあなたやわたしが自分らしく生きることをはばむ壁とみなすのかによって、学びのデザインは変わることを示している。

　しかしその道のりは一定の方向に進むわけではないことは、ジェンダーという概念が多方面で用いられるようになった1990年代後半以降のジェンダー平等教育、性教育へのバッシングが物語っている（堀川 2023）。ジェンダーバッシングと呼ばれるこの動きは、ジェンダー概念が「生物学的」な性別の違いそのものを否定するとして、ジェンダーを掲げた講座や学習が開催できない事態さえ引き起こした。

　このような揺れ戻しや反動は、たとえば、女性解放、フェミニズムの歴史をふりかえると明らかなように、社会に根強くある差別や不平等の問題に取り組む際にしばしば起こってきた。しかし本章でみてきたように、社会が抱える問題を学習の課題にして今日まで粘り強く取り組まれてきていることもまた事実である。

　146か国のジェンダー平等を測るジェンダーギャップ指数において、2024年現在、日本は118位にとどまっている（World Economic Forum 2024）。ジェンダーは、性別を否定するのではなく、性別をめぐる格差、不平等をみるための概念であること、ジェンダー平等な社会の実現に向けた学びに不可欠な視点であることを繰り返し確認することが求められている。

　自分自身と社会を問い、なにをどのように学ぶのかという学習課題は、セクシュアリティの視点からも考えていく必要があることを最後に触れておきたい。

　セクシュアリティは定義が難しい概念とされている。なぜなら、人の「性」のあり方は多様であり、それらを把握すること自体が難しいためである（加藤 2017）。そのようなセクシュアリティにかかわる概念として、ひとつは、性的な欲望の対象がどのような性に向くのかを意味する「性的指向（セクシュアル・オリエンテーション）」がある。それは、異性愛、同性愛、両性愛などの言葉で表現されている。

　もうひとつは、自分の性をどのように認識しているのかを表す「性自認（ジェンダー・アイデンティティ）」という言葉である。生まれもって割り当てられた

第13章　ジェンダーと社会教育・生涯学習

性別と自認する性別が同じである人をシスジェンダー，異なる人をトランスジェンダーと呼ぶ。

セクシュアリティの視点に立つと，人は「女か男か」という性別二分化では捉えきれない多様な存在であることがみえてくるだろう。男性の学習，女性の学習と区別して設定することにどんな意味があるのかを，その都度注意深く問うことが求められている。

課　題

1．ジェンダー，セクシュアリティの視点に立つ学習講座を企画してみよう。
　⑴　だれに向けてどのようなテーマで行うのかを決めよう。
　⑵　学ぶ内容と方法を出し合おう。
　⑶　案内チラシをつくって，発表してみよう。
2．女性教育施設における学びの意味を考えてみよう。
　⑴　身近な地域にある女性教育施設で行われている学習講座について調べてみよう。
　⑵　調べた学習講座について，ジェンダー，セクシュアリティの視点から共通点や違いを書き出してみよう。
　⑶　ジェンダー，セクシュアリティの視点から女性教育施設で学ぶ意義を考えてみよう。

文献

愛知県教育委員会編（2023）『愛知県教育史』第6巻。

井上輝子（2021）『日本のフェミニズム──150年の人と思想』有斐閣。

江原由美子（2021）『ジェンダー秩序　新装版』勁草書房。

加藤秀一（2017）『はじめてのジェンダー論』有斐閣。

志熊敦子（1972）「国立婦人教育会館（仮称）の設置について」全日本社会教育連合会『社会教育』第27巻第8号，64-65頁。

辻智子（2015）『繊維女性労働者の生活記録運動──1950年代サークル運動と若者たちの自己形成』北海道大学出版会。

内閣府（2000）「男女共同参画基本計画の変更について」https://www.gender.go.jp/about_danjo/basic_plans/1st/（2023年8月25日閲覧）。

───（2020）「第5次男女共同参画基本計画─すべての女性が輝く令和の社会へ─」。

───（2022）「生涯学習に関する世論調査」。

―――――（2023）『令和 5 年版男女共同参画白書（令和 5 年版）』。

西村由美子（1982）「戦後婦人教育政策の成立――婦人教育課設置の意義をめぐって」日本社会教育学会・室俊司編『婦人問題と社会教育（日本の社会教育第26集）』東洋館出版社。

日本社会教育学会編（2021）『ワークライフバランス時代における社会教育（日本の社会教育第65集）』東洋館出版社，138-149頁。

廣森直子（2001）「女性労働問題学習ネットワークの可能性――労働権にかかわる学習を事例として」日本社会教育学会編『ジェンダーと社会教育（日本の社会教育第45集）』東洋館出版社，176-188頁。

堀川修平（2023）『「日本に性教育はなかった」と言う前に――ブームとバッシングのあいだで考える』柏書房。

村田晶子（2021）『「おとなの女」の自己教育思想――国立市公民館女性問題学習・保育室運動を中心に』社会評論社。

室俊司（1982）「生涯学習論と婦人問題」日本社会教育学会・室俊司編『婦人問題と社会教育（日本の社会教育第26集）』東洋館出版社。

文部科学省（2022）「社会教育調査　調査の概要」https://www.mext.go.jp/b_menu/toukei/chousa02/shakai/gaiyou/chousa/（2023年 8 月25日閲覧）。

文部省社会教育局（1952）『社会教育の現状』。

山下泰子ほか編（2015）『ジェンダー六法　第 2 版』信山社。

World Economic Forum（2024）*Global Gender Gap Report 2024.*

（亀口まか）

コラム　それはだれのため，なんのための学びなのか
——リスキリングと「女性の学び」

　リスキリング。学び直しとも訳されるこの言葉を聞いたことがあるだろうか。国会で首相が「育休中のリスキリングを支援する」と発言し，たちまち炎上したことで知ったという人もいるかもしれない。日本の育児休業取得率は男性より女性が高い現状を考えると，リスキリングへの期待は，女性に向けられていることがわかる。これに対して，育休を休みだと思っているのか，子育てを甘くみてはいけないなど，重要な論点を含んだ発言が，メディアやSNS上に相次いだ。

　しかし今なぜ，リスキリングなのか。それはだれのため，なんのための学習なのか。

　現在の日本社会では，急速に進行する少子高齢化とそれに伴う生産年齢人口の減少などの人口問題を背景に，労働者，人材としての女性の活躍が国をあげて期待されてきている。

　「女性活躍・男女共同参画の重点方針 2023（女性版骨太の方針 2023）」（女性が輝く社会づくり本部・男女共同参画推進本部 2023年6月）では，「女性の所得向上・経済的自立」を掲げて「女性デジタル人材の育成」を促している。

　たしかに育休やその後の職場復帰は，キャリア形成の壁と捉えられてきた側面があり，男性労働者が取得に踏み切れない理由のひとつでもある。育休取得によるキャリア中断に直面する女性労働者のためのリスキリングは，就労継続の支援策としても提案されたのであろう。それほど，国は女性が働くことを期待している。労働力不足，少子高齢化の解消に向けてなんとかしなければならない。国の未来が賭かっているのだ。その必死さがひしひしと伝わってくる。国が女性の職業生活を支える目的で女性活躍政策に力を入れる理由はここにある。

　気になるのは，その政策が「女性の経済的自立」「男女共同参画社会の形成」「固定的な性別役割分担意識や無意識の思い込み（アンコンシャス・バイアス）の解消」というように国は女性活躍の鍵に，女性の自立や性別分業の解消を掲げる点である。だが，これらは第13章でみてきた通り，成人期の学び，とくに女

233

性の学習活動において，長い時間をかけて取り組まれてきた学習テーマである。そこには，性別分業社会ゴリゴリの現実にときに立ちすくみ，沈黙し，あなたの声も私の声も聴くにはどうすればいいのかと逡巡してきた道のりがある。家事，育児，介護，仕事に追われる日々の中で，私たちはすでに学んできているし，ままならない日常を生き抜くために学び直してきている。それは，どのように働き，学び，生きていくのかという，キャリア形成，家族形成を学習者自身が描いていくプロセスでもある。このような学びは，学習するその人自身のための学びである。

　現在，国の女性活躍政策として打ち出されているリスキリングは，国，政府の立場からのものであることは押さえておく必要があるだろう。そしてぜひ，学習者の立場からリスキリングについて考えてみたい。そうするとたとえば，本章が示すように，そもそもめいっぱい働き，ケア役割を担っているために学習から遠ざかってしまっている大人の学びの実情にまず目を向ける必要があるだろう。そこには，ジェンダー格差を伴いながら，仕事の時間，家事・育児・介護などのケアの時間に追われて忙しい生活のリアルがみえてくる。すでにリスキリングを含めた学習の時間が選択肢から削り取られているリアルが国の政策に欠けていることを，「育休中のリスキリング支援」への疑問の声は指摘している。

　生活のリアルは，それ自体が学習の課題である。これまでの「女性の学習」は，そのリアルと向き合ってきた豊かな歩みを私たちに示してくれている。その歴史に学びつつ，ジェンダーの視点からみえてくる生活のリアルを受けとめる社会教育・生涯学習のあり方をみなさんと考えていきたい。　　　　（亀口まか）

第14章

教育とケア
——両者の共通点に注目して——

　本章の目的は，教育とケアという一見すると全く異なる営みにある共通点について考えることである。最初に結論的なことを言ってしまえば，少なくとも理念上は，教育もケアも当事者（教育される人≒学習者，ケアされる人）の最善あるいはそれらの人の今以上に充実した生を目指して行われるということである。教育とケアというそれぞれの営みは，おそらく全く異なったものとして認識されていると思われるし，実際に行われている行為としても異なったものである。しかし，これらの営みを子細に見ていけば多くの共通点を見ることができる。本章はそのような「発見」を手助けするために書かれている。

1　教育という営み

（1）教育をどう捉えるか

　本書の読者は，多くの場合大学生と思われるが，読者であるあなたは教育という営みをどのようなものとして捉えているだろうか。仮にあなたが大学1年生であるとすると，多くの人は小・中・高と少なくとも12年間の学校教育を経験してきたことだろう。12年の経験があれば，その道のちょっとしたプロとみなされてもおかしくない。筆者は，今まで勤務した大学で，教育に関する授業において「現在のあなたは，教育ということをどう捉えているか」という質問を，初回の授業で行ってきた。その詳細な記録は残していないが，およそ以下のような回答に収斂する。曰く「教育とは，教え育てる（教えて育つ）ことである」「教えられたことを学ぶことである」「社会に出た時に必要なことを教えてもらい，学ぶことである」。もちろん，回答のバリエーションはもっといろ

235

いろあるのだが，ここでは大胆にまとめてみた。これらの回答は，教育とはどういう営みかという問いに対する回答として決して間違ってはいない。しかし，この回答に対して筆者が「誰が誰に対して何を？」と問いを重ねると，ほとんどの場合が「先生が児童・生徒に対して教科を」，あるいは明らかにそれらを連想させるこたえが返ってくる。つまり，回答者たちが経験した学校教育がその下敷きとしてあるのである。しかし，この教育という営みを生涯学習という観点から考える時，上の回答では少し教育の捉えが狭いように思われる。

（2）学習と教育

　ここで教育の辞書的な定義を確認しておこう。『教育思想事典』（増補改訂版）によれば，「教育は学習を促し助成する作用として理解される」（教育思想史学会 2017：138）とある。まずはこのことについて説明しよう。以下は，筆者が授業で使用することのある映像の要約である。

　ある10歳の少年が，学校で学ぶ意欲を失ってしまった。彼は元々学ぶことが嫌いなわけではなかったが，学校で提示されるあれやこれやの指示をうまく受け止めることができず，自らの学びのペースが乱されてしまったことが，学習意欲を喪失してしまった原因のようである。そこで，心機一転，彼は別の学校に転校した。新しい学校の教師たちは，彼にどのような興味・学習意欲があるのかを面談で聞き取ろうとしたが，彼は何の興味も学習意欲も示さなかった。そこで教師たちが行ったことは，彼を見守ることであった。その後，彼は学校には来るものの，無気力に日々を過ごした。しかし，しばらくすると彼は図書室の本に興味を示し，熱心に本を読みふけるようになった。それは新しくできた友達の影響によるものであったかもしれないし，彼の本来持っていた興味に合致する本が目にとまったことによるのかもしれない。ただ，結果として彼は彼にとって面白そうな本を手当たり次第読むようになり，「読書ってとても面白いよ」と言うまでになった[*1]。

　このプロセスを，「教育＝教えられたものを学ぶ」という図式で見ると，彼に対して全く教育は行われなかったというように見える。しかし，先ほど示し

＊1　『NHK スペシャル　世紀を超えて　市民が学校を創る　アメリカの試み』NHK，2000年。

た「教育は学習を促し助成する作用」という見方を採用すれば，教師たちが彼に取った態度は極めて教育的なものであったと言うことができる。換言すれば，時と場合によっては，見守ることは教育的な行為であるということである。誤解のないように付け加えておけば，いつでもどこでも，単に見守ることが教育として作用するわけではない。恐らく，教師たちは彼からの聞き取りによって，彼には元々学習意欲がなかったわけではないこと（そもそも初めから何事にも興味を持たない人というのは存在するのだろうか？），何らかのきっかけによって，彼の学習意欲は現在のところは抑制されてしまっていること，しかし，今後の関わり次第によって彼の学習意欲を取り戻すことは可能であること，これらのことを理解したのであろう。その結果として，決して「勉強しなさい」というような言葉をかけることはせず，その一方で温かいまなざしで彼の行動を見守った。その結果として，彼は図書室の本に興味を示して読み始めた，つまり「学習を促し助成した」わけである。ねらいのない見守りは放置に等しいが，教師たちの関わりはそういうものではなかったのである。

　一見，「何かを教える（例：授業で数学を教える）ことこそが教育である」とは正反対の行為に見える「（ねらいを持って）見守る」という行為が，教育的な意味を持つことがあるのである。ここで，先ほど示した教育の定義を，一部書き換えよう。「教育とは，ある意図（ねらい）を持って，学習者が学習することを促進したり，支援したりすることである」と。

　ただ，教育という営みをどう捉えるのかということに関しては様々な議論がある。例えば教育とは経験の再構成（再組織）であると考えたJ.デューイや，生涯学習の領域においては「自己教育」という考え方もある（第1章参照）。

2　ケアという営み

（1）『もうひとつの声で』

　それでは，本章で検討するもうひとつの事柄であるケアとはどのような営みであろうか。すでに「ケア」というカタカナ語として国語辞典にも記載されるほど，日常的な言葉として定着しており，ケアマネージャー，デイケア，ターミナルケアなど，主に医療・福祉の領域で流通している用語である。ここでは

もう少しケアについて掘り下げてみよう。

　ケア care とは，「世話」や「気遣い」，「看護」等を意味する用語であったが，これほど人口に膾炙するきっかけのひとつといえるのは，日本においては，キャロル・ギリガン『もうひとつの声で』（*In a Different Voice* 1982）の出版とその受容である。ギリガンは本書において，師でもある L. コールバーグの道徳性の発達に関する理論への批判を試みている。それをかいつまんで要約すれば，コールバーグの道徳性の発達モデルは，「男性」の発達モデルを基本としており，そこに現実の女性を当てはめると，その道徳性の発達は低位のものとなるが，現実の男性と女性の置かれた状況，発達段階における男性と女性に対する周囲からの働きかけは異なっており，それによって発達する道徳性は異なるものになるであろうから，それを道徳性の発達として高いか低いかというのは不当な判断であり，従来の「男性」の発達モデルとは異なる「ケアの倫理」をも念頭においた発達モデルを構想する必要がある，というものである。つまり，心理学における「男性」中心主義的な発達理論への批判である。

　「当時は『女性的』な声として聞こえていた『もうひとつの声』（すなわち，〈ケアの倫理〉の声）とは，実のところ〈人間の声〉のひとつなのだということです。それは，家父長制の声とは異なります。家父長制の声から聞こえてくるのは〔男か女かの二つの性しかないとする〕性別二元論や，ジェンダーによって上下を割り当てる階層構造〔こそが正しいと断ずる強弁〕にほかなりません。したがって，家父長制が勢力をふるっていたり，押しつけられているような事情のもとでは，この〈人間の声〉は抵抗の声となり，〈ケアの倫理〉は解放の理論となります」（ギリガン 2022：7，〔　〕内は訳者による補足）。

　このような議論は，単なる80年代の，学問上の議論であるだけではない。例えば，「#MeToo」として知られる運動は，「女性の声」が社会に受け入れられておらず，そのことによって女性は不利益を蒙っている，ということを主張し，社会の変革を目指す抵抗運動であるということからも，ギリガンの議論の延長線上にあるといえる。

（2）メイヤロフのケア論

　さて，ケアについてであるが，現実における典型的なケアという行為は，例

えば，親（保護者）が乳幼児を世話して育てる，看護師が患者を看護をする，親族が高齢者の世話をする等ということであり，そこには自らのニーズを自ら満たすことができない人々に対して，別の人々がそのニーズを満たすべく，気を配り，配慮し，支援するという構造が共通に見いだされる。つまり，ケアという行為の基本は，自らニーズを満たすことができない人を対象として，そのニーズを満たすこと，あるいはニーズを満たすことを手助けすることであるということだ。

　ギリガン『もうひとつの声で』より以前にケアについて論じたミルトン・メイヤロフは，「ケアすること」（On Caring）において，「ケアのいかなる特定の場合をとってみても，その対象とは常に特定の誰かあるいは何かであり，"一般的な対象（generalized other）"というものではない」としている（メイヤロフ1987：185）。つまり，ケアという営みは，誰か（単数の場合も複数の場合もありうる）が，特定の他者のために行う行為，つまり特定の他者の求めているニーズを満たす，あるいはそれを助ける行為であるということである。その上でメイヤロフは，ケアという行為に重要な事柄を14項目にわたって述べている。それを列挙すれば以下のようである（同：186-210）。
①差異の中の同一性，②他者の価値の感得，③他者の成長を助けること，④関与と受容性，⑤専心，⑥相手の不変性，⑦ケアにおける自己実現，⑧忍耐，⑨結果に対する過程の重要性，⑩信頼，⑪謙遜，⑫希望，⑬勇気，⑭責任における自由

　この中からいくつかの項目に関して，メイヤロフの述べていることを簡潔に示しておこう。①「私たちは相手と一体である（同一性）と感じると同時に，相手のもつかけがえのない独自性，また自分自身のもつ独自性（差異）を，よりしっかりと意識する」（同：186）。つまり，ケアする者とされる者は別々の存在であるという意識を保ちながら，ケアという行為を通してある種の一体感，あるいはそう感じる関係性を形作っていくということであろう。

　④「ケアにおいて私たちは，相手が自分のやり方で成長するのをたすけるのであり，相手はこうあるべきであると私たちが考えるとおりに相手を形成していくのではない。［中略］自らの成長したいという要求を理解でき，それにこたえていこうと努力する人のみが，相手のそうした要求をきちんと理解でき

る」（同：192-193）。つまり，ケアする者は，ケアされる者に何らかのかたちで
関与するが，それはケアされる者のニーズを理解して受け入れ，ケアされる者
の成長に資することで，ケアが成り立っているということである。

⑥「ケアにおいては，［中略］ただ相手が実際変わらないというだけではな
く，相手が一定であり，単に一時的な存在ではないと感得されなければならな
い。ケアされるその相手は，その人が独自の存在であり，かけがえのない，他
とひきかえることのできない存在であると感得されなくてはならない」（同：
195-196）。成長等によってケアされる者も変化するが，その人の存在そのもの
は不変であり，そのことを念頭においてケアがなされるべきであるということ
である。

⑦「他者へのケアをすることにより，また他者を他者たらしめるべくたすけ
ることにより，私たちは存在しているのだといえる。重ねて言えば，相手の自
己実現をたすけることが，とりもなおさず，私たちの自己実現にもなるのであ
る」（同：196-197）。ケアされる者のニーズを満たすこと，それがその者の自己
実現につながっているのだとすれば，そのこと自体がケアする者にとっての自
己実現（＝喜び）であるということである。

⑨「ケアにおいて第一義的に重要なのは，結果よりも過程のほうである。
［中略］もし今現在の過程よりも，将来にかける期待の方がより重きをなすに
至り，現在というものが，その先にあるものに到達するための単なる手段とし
て扱われてしまうと，ケアすることは不可能になってしまう」（同：200）。何ら
かの目標や結果を定めた上でケアを行うことも否定されないが，今目の前にい
るケアされる者の様子や要求を設定された目標や結果に従属させてしまうこと
は，ケアされるものにとって十分なケアとはいえず，その意味で過程が重要に
なってくるということである。

⑭「ケアそのものが，責任をとるべき行為とみなし得ることである。これは
自分の行為には自分で責任をとるという文字どおりの意味でなく，他者の成長
への要求に対して応答できるという責任である。例えて言えば，他者からの呼
びかけに対し，自分がこたえ得るということである。［中略］ケアすることに
より，私たちははじめて自由な存在となるのである。それは，私たちが自己を
実現するからであり，またそれゆえに責任ある行為（ケアすること）は，自由

第14章　教育とケア

ということばの重要な意味と切っても切れない関係にあるのである。責任ある人（ケアする人）は自由である」（同：209-210）。ここでの「自由」という語は，少し特徴的な用いられ方をしている。「～からの自由」「～への自由」という，私たちが使い慣れた意味とは異なり，ケアという責任ある行為，そしてそこに生まれる関係をつくり上げていくことに加わることによって自由になる（責任ある行為を行うことによる自己実現を通して自由になる）という意味合いであろう。

このような，ケア論の古典ともいうべき論考でメイヤロフが示したケアの要素は，言ってみれば，ケアをする側の人に求められる事柄である。以下では，もう少し具体的な事例をみながら，ケアする人に求められるものについて考えてみたい。

3　ケアする人に求められるもの

上でも述べた通り，ケアという行為は，様々な場面で様々な人を対象として行われている。ここでは障害者に対する介助者のケアをひとつの例として取り上げてみたい。なぜなら，本章冒頭でも述べたように教育とケアの間には共通する点が存在するが，ここでケアする人に求められるものについて考えることがその共通点を考える助けになると思われるからである。

『こんな夜更けにバナナかよ　愛しき実話』[*2]（以下，「映画」）という映画がある。大泉洋演じる筋ジストロフィー患者である鹿野靖明（1959-2002）とそれを支える介助ボランティアを描いた映画である。原作は，渡辺一史『こんな夜更けにバナナかよ　筋ジス・鹿野康明とボランティアたち』[*3]（以下，「原作」）である。そこには筋ジス患者である鹿野（ケアされる人）とそれを支えるボランティアたち（ケアする人）の様々なやりとりが描かれている。

筋ジストロフィーとは，徐々に体中の筋肉が弱っていく病気であり，鹿野は12歳から15歳まで家族から離れ，国立療養所八雲病院に入院し，そこで生活することになるが，20代前半には札幌市内で自立生活を始める。筋ジスは次第に

＊2　前田哲監督『こんな夜更けにバナナかよ　愛しき実話』「こんな夜更けにバナナかよ　愛しき実話」制作員会，2018年。
＊3　渡辺（2003）。

241

筋肉が弱っていくことからも，24時間介助が必要となり，当初は鹿野一人で学生などを対象に自らボランティア募集のビラ配りをしたりしてボランティアを集め，自立生活を実現していく。映画で描かれている時期は主に1994〜95年であり，現在の制度とは異なるが，障害者がボランティアを含む介助者の力を借[*4]りつつも地域で暮らすことの重要性と困難さが描かれている。

（1）摩擦と対立

　まず，主に「原作」をもとにケアする人に求められるものはどんなことかについて考えてみたい。「原作」では，著者の渡辺が，鹿野とボランティアたちとの関係を探るべく，実際に鹿野とボランティアに会い，インタビューを積み重ねていく。ボランティアには主婦などもいるが，学生が多く，ビラによる勧誘や張り紙，友人からの紹介等々，鹿野はあらゆる手段を使ってボランティアを募集していたようである。そして，当然のことであるが，何か高い意識を持ってボランティアに参加する者もあれば，偶然，なんとなくという感じでボランティアになる者もいたようだ。「ボランティアは『人のため』というが，それ以前に，みんな自分をどうにかしてほしいと思って飛び込んでくるのかもしれない」（渡辺 2003：92）。

　渡辺が取材した当時，大学院生だった学生ボランティアの山内太郎も，そのような一人であったようだ。一浪後に大学に入学するも，思い描いた大学生活とはほど遠い日々を送り（留年後，麻雀にはまる日々），ボランティアをすることで生活を立て直すことを思いつく。「とにかくこのままではヤバイかなと思って。それに，ボランティアってなんか"正しい道"ってイメージあるじゃないですか」（同前）。

　山内はある日の「介助ノート」に次のように記している。「ただ暇だったし，何となくやってみるかっていう気で始めたボランティアだったが，いつのまにか『鹿野さんのために行ってるんだ』という自分がぶっ飛んで，何というか，自分のためというか，うまく言えないけど，鹿野さんを通して自分を知る，鹿

＊4　淺野目祥子「90年代と現在の介助体制の違い」『こんな夜更けにバナナかよ　愛しき実話』パンフレット，20頁。

野さんに自分を教えてもらいに行く，という自分が今いるような気がします」
（同：94）。

　このように一見鹿野を仰ぎ見るような山内も「反抗」することがあった。それは，筋力の低下が呼吸にも影響を与え，気管切開して人工呼吸器装着後に禁煙していた鹿野が山内に対して「太郎，久しぶりにタバコ吸いたい。タバコ買ってきて」と言ったが，山内はさすがにそれはまずいと思い「やだ」と言った時のことである（同：98-99）。「シカノさんが『吸いたい』っていうから，吸わせてやればいい。それが『介助』だって言えばそれまでなんですけど，そのまま黙って従っていたら，多分ストレスがたまってボランティアやめちゃっただろうなと，今になって思うんですよ。それに，シカノさんにとっても，ボランティアが単なるイエスマンだと面白くないんじゃないかなと思って」（同：99）。「原作」著者の渡辺は，「もし介助者が障害者との摩擦や対立を避けて，ただ黙って従ったり，逆に突っぱねたりするだけでは，『介助者対障害者』から『個人対個人』の関係には，なかなか踏み込めない」（同：100）と述べるが，このような「摩擦や対立」を経ることで，ケアされる人とケアする人の間の関係性は形作られていくのだろう。

　少し補足すれば，ケアする人がケアされる人の要求を突っぱねた時点だけを見れば，ケアされる人のニーズは満たされなかったことになるが，このような事態を通して，互いの関係性は，言いたいこと，言うべきことを言い合える関係性に近づいているように見える。優しいことだけでなく，厳しいことでも率直に言い合える関係性とでも言えようか。その時点だけでなく長期的に見れば，このような関係性を築いていくことによってケアされる者とケアする者の間の相互理解は深まっていくのではないだろうか。

（2）同情と共感

　鹿野の傍らには山内のようなボランティアがいた一方で，「映画」の方ではまた別のタイプのボランティアの姿が描かれている。「映画」は，460頁に及ぶ「原作」をドラマ化しているのでどうしても脚色されている印象が強いが，恐らく実際にいたボランティアのエピソードから造形された登場人物であろう。

　学生ボランティアの城之内充（矢野聖人）は買い物から帰ってくると「ワイ

ン買ってきました。お気に入りのサラミもどうぞ」と鹿野に勧める。鹿野が
「ありがとう。城之内くんは気が利くねぇ」とこたえると，すかさず「来月の
シンポジウム，友達も誘いました。楽しみです」と伝え，それに続けて「俺が
わがままに振る舞うのは，他人に迷惑かけたくないって縮こまっている若者に，
生きるっていうのは迷惑掛け合うことだと伝えたいからだ，鹿野さんのあの言
葉にハッとしました」と言うのであった。そのすぐ後に「実家に急用」ができ
たので今晩の泊まりのボランティアには入れないと言って，結局その穴埋めを
田中久（三浦春馬）がする羽目になるので，劇中で城之内という存在は，鹿野
の言葉に感動しつつもその場を要領よく渡っていく人物として描かれている。

　その城之内が，主婦ボランティアである前木貴子（渡辺真起子）の誕生パー
ティーの準備をしている鹿野宅に電話をかけてきて，ボランティアを辞めると
いうシーンがある。

　　鹿野：「電話一本で辞めるって，何なんだよ……」
　　城之内：「本当に困っている人を助けたかったんですけど，鹿野さんって，
　　　　　人生を謳歌しているっていうか，自由だし，幸せそうじゃないですか」
　　鹿野：「何言ってるんだよ。俺が人生楽しんじゃいけないのかよ。俺のこ
　　　　　とわかったような口きくな。あのな，もしもし，切りやがったよ」

　城之内は，ボランティアをしている時に聞いた鹿野の言動に心を動かされつ
つも，自分が助けたかったのは「本当に困っている人」であって，人生を楽し
んでいて自由で幸せそうな鹿野ではないと言ってボランティアから去って行っ
た。これは城之内が描いていたであろう，かわいそうで健気な障害者観から鹿
野がはみ出していたということなのだと思うが，「原作」の渡辺の言葉を借り
れば，城之内は自分の描いた「介助者対障害者」という役割と属性で成り立っ
ている人間関係の図式から抜け出すことができなかったからということでもあ
るだろう。それでは，喫煙を拒否することで「個人対個人」の関係に近づいた
山内との違いはどこにあったのだろうか。

　恐らくそれは二人の言動の根底にあった同情と共感の相違であろう。この
ことについて，ブレイディみかこは，次のように述べている。「つまり，シン

244

パシーのほうはかわいそうな立場の人や問題を抱えた人，自分と似たような意見を持っている人々に対して人間が抱く感情のことだから，自分で努力をしなくても自然に出て来る。だが，エンパシーは違う。自分と違う理念や信念を持つ人や，別にかわいそうだとは思えない立場の人々が何を考えているのだろうと想像する力のことだ。シンパシーは感情的状態，エンパシーは知的作業と言えるかもしれない」（ブレイディ 2019：75）。

　城之内は，「本当に困っている人を助けたい」というある意味では「高い意識」を持ってボランティアに参加したのかもしれない。しかしそれは，一方では，自身の持つ「障害者」観を鹿野に対して押しつけることでもあり，そこから立場の違う他者としての鹿野に対する想像を膨らませることはなかった。それに対して山内は，「暇だから，何となく」ボランティアに加わることになるが，喫煙の拒否を一つの契機として鹿野を対等な個人として理解しようとする。そこには山内個人の感覚として鹿野の喫煙を受け入れられないという思いと同時に異なる他者に対する想像という行為（「ボランティアが単なるイエスマンだと面白くないんじゃないかなと思って」）があったのだろう。

4　教育とケアに求められること

（1）他者を想像すること

　ここまで，ケアとケアする人に求められるものについて述べてきたが，これは教育をする人＝教育者（ここでいう教育は，前述の通り学習を支援することを指しており，その意味では教育者とは学習を支援する人のことであり，もちろんそこには，社会教育・生涯学習関連職員も含まれる）にも共通することが多いように思われる。

　例えば，メイヤロフは14項目にわたってケアを構成する要素というよりはケアする人に求められるものについて述べていたが，この多くは教育者にとってもあてはまるものである。ひとつ例を挙げれば，先に引用したように，⑦「ケアにおける自己実現」について，メイヤロフは「他者へのケアをすることにより，また他者を他者たらしめるべくたすけることにより，私たちは存在しているのだといえる。重ねて言えば，相手の自己実現をたすけることが，とりもなおさず，私たちの自己実現にもなるのである」と説明している（メイヤロフ

1987：196-197）。自己実現とは，一般的には，自分のなりたいものになる，自分のしたいことをするという意味合いで用いられると思うが，ケアする人にとっての自己実現とは，ケアされる人が幸せになること，あるいは生活の質が高まったと実感することなどが実現されることである。

　一方，教育者にとっての自己実現も，教育の結果として学習が促進され，学習者が成長すること，能力を伸ばすこと，自己実現する（なりたいものになり，やりたいことをする）ことなどが実現されることである。つまり，ケアする人や教育者にとっては，他者の喜びや成長こそが，自らの喜びにつながるということである。

　この他者の喜びを自らの喜びとするということは，どういうことだろうか。この反対，つまり，自らの喜びを他者の喜びにするということは，自らの価値観を時に無自覚に他者に押しつけることになることもあるだろう。そこには，先述した通り，他者に対する想像がない。そうではなくて，他者の喜びを自らの喜びとするためには，他者への想像，他者に対する理解が伴う必要がある。そこで求められるのが，他者を慮ること，つまり共感ということになる。

　ブレイディは先ほど触れた箇所で同情と共感について，オンライン版のオクスフォード英英辞典（https://www.oxfordlearnersdictionaries.com/）における言葉の意味を次のように訳している。「シンパシー（sympathy）は『1．誰かをかわいそうだと思う感情，誰かの問題を理解して気にかけていることを示すこと』『2．ある考え，理念，組織などへの指示や同意を示す行為』『3．同じような意見や関心を持っている人々の間の友情や理解』［中略］一方，エンパシー（empathy）は，『他人の感情や経験などを理解する能力』」（同前）。同じ他者を慮るといっても，両者には隔たりがある。まず，前者は感情かあるいはそれに近い心性であり，同時にその対象は自らと同じかあるいは自らに近い存在に対するものであるということであって，後者は，能力であることから意図的に身につけることができるものであり，その対象は自分に近しい者には限らないということである。他者に対して感情的に寄り添うということも，重要な心の動きではある。しかし，ケアにしても教育にしても他者に対して継続的に関わっていくことに違いはない。だからこそ，他者と継続的に関わるという時，立場の異なる，意見の異なる他者への感情を一度横に置いて，他者はどう感じ，

考え，どのように行動する（したい）だろうかということを想像してみることが重要になるのである。

（2）する側の満足とされる側の満足

　自らとは異なる他者の内面を想像してみることは重要であるが，それと同時に考えてみるべきことがある。他者のことを慮る，想像するということは，常に他者を誤解すること，他者の意図を読み誤ることを孕んでいる。誤解や誤読によるズレは，教育・ケアする人とされる人の間のやりとりによって徐々にでも解消していけばよいが，時にする人の側の「善意」によって，される人の意図が先取りされてしまうことがある。いわばパターナリズムの問題である。

　パターナリズムとは，「語源的には，親が，子供に対する親の権威によって，あるいは子供を保護するという理由で，子供に強制を加えることを意味する。転じて，国家や社会が同様の理由でその成員に強制を加えることを指す」（廣松ほか 1998：1273）とされるが，本章の文脈では，この説明の前段が重要である。言い換えれば，教育・ケアする側の人が，その立場や「善意」から，される人の意図を先取りして，その人のためになるからという理由で，何かを決定してしまうということである。いわば「あなたのことは，あなた以上に私のほうがわかっているのだから，私の言う通りにすることが，あなたのためになるのだ」ということである。仮にこのような事態が生じたとすると，誤解や誤読を解消する契機も，自らの「善意」が他者にとってもよいものであるかどうかの省察も見いだすことは困難である。少なくとも，教育やケアは，する側が満足するためでなく，される側の満足をねらいとして行われる必要がある。

　ここまで教育とケアに共通することに関して考えてきた。このふたつの営みには共通することは多いといえるが，実際に行われる行為としては重なる部分もありつつ別のことである。ケアが関わる医療や子育てや障害者介助や高齢者介護と教育が別物であることを考えれば，それは当然だろう。同時に，対象者（ケアされる人，教育される人＝学習する人）は全く異なる背景や事情を抱えており，その個々異なる対象者にいかに関わるか，という課題も教育やケアにとって共通のものと考えてよい。本論で触れたメイヤロフも述べているとおり，「一般的な対象者」など存在しないのである。教育やケアに関わる者はこのこ

とを念頭に置く必要があるだろう。

課 題

1. (1)　本章で提起した教育の定義と，あなたが持っている教育に対するイメージには，どのような相違点があるだろうか。考えてみよう。
   (2)　人間が生まれてから死ぬまでの間には多くの場面でケアが必要とされる。具体的にどのようなケアが必要とされるか考えよう。
2. (1)　教育者（生涯学習関係職員を含む）にとって学ぶべきケアの要素があるとすれば，それはどのようなことだろうか。考えてみよう。
   (2)　教育者あるいはケアする人が自らの「善意」に陥らないためにはどのようなことを心掛ける必要があるだろうか。考えてみよう。

文献

教育思想史学会（2017）『教育思想事典（増補改訂版）』勁草書房。

ギリガン，キャロル（2022）『もうひとつの声で──心理学の理論とケアの倫理』（川本隆史・山辺恵理子・米典子訳），風行社。

廣松渉ほか編（1998）『岩波哲学・思想事典』岩波書店。

ブレイディみかこ（2019）『ぼくはイエローでホワイトで，ちょっとブルー』新潮社。

メイヤロフ，ミルトン（1987）『ケアの本質──生きることの意味』（田村真・向野宣之訳），ゆみる出版。

渡辺一史（2003）『こんな夜更けにバナナかよ──筋ジス・鹿野康明とボランティアたち』北海道新聞社。

（小川　崇）

コラム　ケアする人とされる人の距離感

　表題のようなことを考えるために，ひとつの映像を紹介したい。ドキュメンタリー映画監督の小林茂が監督・撮影した『ちょっと青空』（2000年）である。

　『ちょっと青空』は，札幌市で自立生活を送る脳性麻痺者のマサヒロさん（佐藤正尋）とその自立生活を支える介助者の日常を描いた，30分ほどのドキュメンタリーである。マサヒロさんは，指先は動かすことができるがそれ以外の部分を自由に動かすことはできず，普段は電動車椅子で移動する。また，若干聞き取りづらいところはあるが，他者とは会話でコミュニケーションを行っている。日常生活のほぼ全てに24時間介助が必要である。そのようなマサヒロさんの日常を支えるのは，週あたり延べ40人にものぼる介助者である。具体的には，公的支援を利用したヘルパーや専業の介助者，学生などのボランティアである。学生のボランティアはまだ若く，経験が少ないこともあってか，介助の様子やマサヒロさんとの関わりにもぎこちなさが見られるが，長期間にわたり介助のボランティアをしているベテランなどは，マサヒロさんとの関係はあたかも友人のようである。映像のキャプションでも「ともだち」と紹介され，泊まりのボランティア時にはマサヒロさんと酒を酌み交わす介助者もいるほどである。

　映像の中にマサヒロさんが自宅で母親と電話でやりとりするシーンがある。

　　　マサヒロさん：あのね，来る時に，コーヒーとシイタケと……
　　　マサヒロさん：シイタケ
　　　マサヒロさん：シイタケ！
　　　マサヒロさん：コーヒーとシメジ
　　　マサヒロさん：テレビの音低くして！
　　　マサヒロさん：シイタケ……

　定期的に自宅を訪れる母親に，ついでに電話で買い物を頼もうとした，そんなシーンなのだが，マサヒロさんが何度も言い直しているのは，電話の向こうの母親がテレビを見ながら話しており，それゆえにマサヒロさんの言葉が聞き

取りづらかったからだろう（聞き取りづらいのは、マサヒロさんの発語によるところもあったかもしれない）。結果として、マサヒロさんは、一旦はシイタケからシメジに注文を変更してしまう。筆者はこのシーンを初めて見た時に思わず吹き出してしまったのだが、次の瞬間考え込んでしまった。脳性麻痺者のマサヒロさんが電話のやりとりに苦労している姿を見て笑ってしまうというのは、とても失礼なことではないのかと思ったからである。例えば、路上で見ず知らずの白杖をついて歩いている人が電柱にぶつかった姿を見て笑うだろうか。しかし、もう少し考えてみると、マサヒロさんは撮影者の小林に対して自らの日常生活を撮影することを許可し、その素材を編集した映像を公開することにも同意しているはずである。また小林はマサヒロさんの日常生活を視聴者に届けるために意図を持って編集しているはずである。おそらくその意図とは、マサヒロさんは重度の脳性麻痺で24時間介助を必要としているが、家族や友人や介助者と関わりながら、介助があること以外はわたしたちが送るのとそう大きく変わらない日常を生きている、ということを示すことではないか。そうだとすれば、この電話でのやりとりのシーンは、ちょっとした行き違いであり、それを面白いと感じれば笑えばいいのではないか。それでは自分が心置きなく他者のちょっとした仕草を笑うとしたら、その相手との関係性はどのようなものだろうか。おそらく家族や気の置けない友人であろう。

　そこまで考えて気づいたのは、介助者は、当事者の友人になってしまえばいいのではないか、ということである。家族では近すぎて、職業的な介助者は金銭を媒介として成り立つ関係なのでまた違う立ち位置であり、おっかなびっくりの学生ボランティアではまだ少し疎遠である。この微妙な距離感を言語化するのは難しいが、そのような距離感を目指すのはひとつの方法ではないだろうか。ただし、誰が、どのような場面で、どのような当事者をケアするのかによって、この距離感が異なってくることが、ケアにおける距離感を考える難しさといえるだろう。

（小川　崇）

第15章

社会教育・生涯学習における評価と方法
——それぞれのあり方を，根本的に問い続けて——

　本章では，社会教育・生涯学習の評価と方法について考えていく。社会教育・生涯学習に限らず，教育における評価と方法というものは，多くの場合，何らかの目的・目標のための手段だったにもかかわらず，それ自体が自己目的化してしまうことによって，本末転倒したようにみえる学習の原因になりやすいといえる。そういった可能性についても視野に入れながら，それぞれについて考えてゆこう。

1　社会教育・生涯学習における評価
——「異世界」ジャンル確立の社会的背景をもとに

（1）「異世界」への憧れにみる現代日本社会とそこに生きる人々の学び

　小説・漫画・アニメにおいて「異世界」というジャンルが確立されて久しい。「異世界」とは，多くの場合，現実世界の主人公が，主として剣と魔法が支配する異世界に転移・転生し，かつての現実世界で培った知識や技術を活かして，異世界を生き抜くさまを描いた物語である。似たり寄ったりの作品が多いという縮小再生産に批判が向けられることもあるが，近年では，主人公が異世界から現実世界に戻ってきた後のエピソードを描いた作品や，現実世界と異世界を自由に往来できる設定になっている作品など，バリエーションの幅が広がっている。もはや「異世界」は一過性のブームではなく，ひとつのジャンルとして定着したといえる。

　では，なぜ「異世界」というジャンルは，これほどまでに多くの人々によって創作され，支持されつづけているのだろうか。その背景には，現実世界の生きづらさとそれゆえの異世界への憧れがあると考えられる。「異世界」作品の

主人公は，現実世界で不遇な人生を過ごし，もはや自己をとりまく社会環境（たとえば，学校でいじめられている，職場で苛酷な労働を強いられている，など）を変えることが困難な状況にあるケースが多々見受けられる。そして，現実世界の苦い経験を糧にして，異世界で人生をやりなおしていく主人公の姿が，人々の心を打つものになっている。そこが「異世界」の魅力であろう。

　言い換えれば，それだけ私たちが生きている現実世界が，やりなおしのきかない不可逆性に覆われていることを意味する。なぜ，現実世界では人生をやりなおすことが難しいのか。もし人生をやりなおせるならば，それを可能にする社会とはどのようなものだろうか。これらを考えるにあたって，本節では，「異世界」の観点から社会教育・生涯学習における評価の問題について検討してみよう。

　2006年に改正された教育基本法では，生涯学習の理念（第3条）として，「国民一人一人が，自己の人格を磨き，豊かな人生を送ることができるよう，その生涯にわたって，あらゆる機会に，あらゆる場所において学習することができ，その成果を適切に生かすことのできる社会の実現が図られなければならない」という条文が新設された。なぜ，生涯学習「振興」ではなく，生涯学習「社会」の実現が求められているのかといえば，そもそも，そこには学歴社会の打破という目的があったからである。

　1984年に当時の内閣総理大臣であった中曽根康弘のもとで設置された臨時教育審議会（1984-1987）は，その答申の中で「学歴社会の弊害を是正するとともに，［中略］学校中心の考え方を改め，生涯学習体系への移行を主軸とする教育体系の総合的再編成を図っていかなければならない」点を強調した（臨時教育審議会［1987］1988：279）。子ども・若者の時期にどれだけ受験学力を高めたかということが，その後の人生の社会的ステータスの大部分を決定する学歴社会では，大人になってからの学びが適切に評価されることが妨げられてしまう。だが子どものときよりも，むしろ様々な経験を積み重ねた大人になってから意欲的に学び始めることもあるだろう。

　かつてエーリッヒ・フロム（E. Fromm）は，そのような大人が学ぶ社会を次のように構想していた。

252

第15章　社会教育・生涯学習における評価と方法

　7歳から18歳までの年齢は，一般に考えられているほど学習に適した年齢ではない。もちろん，読み，書き，算数および言葉を学ぶにはもっともよい年齢だが，歴史，哲学，宗教，文学，心理学などの理解が，この若い年齢ではかぎられていることは疑いないことであり，じっさい，これらの課目が大学で教えられる20歳前後でさえ，理想的ではない。多くのばあいこういう分野の問題を本当に理解するには，大学生の年齢でもっているよりも，多くの生活の経験をもつべきなのだ。多くのひとびとにとって，30歳か，40歳の方が高校生や，大学生の年齢にくらべて，記憶するよりも，理解するという意味で学ぶのに，はるかに適しており，多くのばあい，一般的興味は嵐のような青年時代よりも，後の年齢の方が多いのだ。ひとが自分の職業を自由に完全に変え，したがって，ふたたび勉強する機会をもつのはこの年齢なのだ。それと同じ機会を今日われわれは青年にだけゆるしている。

　正気の社会は，今日，子供たちの教育にあたえられているのと同じ可能性を，成人教育にあたえなければいけない。（フロム 1958：385）

　この正気の社会とは，生涯にわたって学習機会が制度的に保障され，労働市場で学習成果が適切に評価されるとともに，その学習成果を活用する機会があるという意味において，まさに生涯学習社会そのものである。フロムは，大人の学びが軽視される社会を正気の沙汰ではないと考えていたといえよう。

（2）キャリア開発と地域づくりという2つの評価軸

　1992年の生涯学習審議会答申「今後の社会の動向に対応した生涯学習の振興方策について」では，生涯学習の成果について「リカレント教育における評価」と「ボランティア活動に対する社会的評価」という2つの評価軸が示された（生涯学習審議会 1992：40）。また，その後の1999年の生涯学習審議会答申「学習の成果を幅広く生かす――生涯学習の成果を生かすための方策について」では，生涯学習の成果を「個人のキャリア開発」「ボランティア活動」「地域社会の発展」に活用するという方向性が打ち出された（生涯学習審議会 1999）。これらを整理すると，生涯学習の成果を評価・活用する方法は，リカレント教育

253

によるキャリア開発と，ボランティア活動による地域づくりの2つに収斂される。

　だが，このような評価・活用の方法は決して一筋縄ではいかない。たとえば岡本薫は，「生涯学習社会とは，『いつでも，どこでも，だれでも学べる』と同時に，学習不足で他人より能力が劣った場合は『いつでも，どこでも，だれでもクビにされる』社会」であるべきとしたうえで，そのように労働市場を改革することを主張している（岡本 2006：154-155）。だがそれは同時に，絶えず苛酷な評価にさらされる生涯競争社会であるともいえよう。また，広田照幸が指摘するように，「どのような労働市場の構造になったとしても，最短・最速のトラックを進んだ人たちに追いつける者は，決して多くないはずである。生涯教育・生涯学習の機会の充実は，教育機会や職業機会の再配分の機能を持つだろうし，持つべきである。しかし，確率論的な側面からみると，それによって，チャンスの平等な配分が達成されるわけではない」ことに留意すべきであろう（広田 2004：13）。さらにいえば山田昌弘が述べるように，生涯学習が「あきらめを先送りする装置」として機能し（山田 2004：181），無謀な夢ばかりを追いかけるうちにキャリア開発の機会を逃してしまう危険性もはらんでいる。

　一方で，生涯学習における地域づくりでは，その担い手の多くがキャリア上の見返り（評価）を求めないボランティアで構成されている。たとえば，本書の第10章で取り上げている生涯学習奨励員や地域学校協働活動推進員が創設され，地域づくりの担い手としてのボランティアが制度化されたことで，確かに学習成果を活用する機会が開かれたであろう。だが，そのような地域づくりの担い手が恒常的に必要とされているにもかかわらず，その多くは職業化にはいたっていない。これは，生涯学習奨励員のルーツであるフランスのアニマトゥールにおいて職業化が進められていることと対照的である[*1]。同様に，2020年度に創設された社会教育士（称号）に関しても，少なくとも現時点ではキャリアパスとは程遠い状況にある。

　また波多野誼余夫と稲垣佳世子は，日本のように「人と人との結びつきを

---

*1　生涯学習奨励員の端緒は，1974年に秋田県で設置された生涯教育奨励員に遡る。当時の秋田県知事であった小畑勇二郎は，この生涯教育奨励員を「アニマトゥールの秋田県版ともいうべきもの」と位置づけている（小畑 1978：71）。

第15章　社会教育・生涯学習における評価と方法

大事に」し、「自分の達成とか自分の能力を発揮するということ以上に、他の人たちに喜ばれ、受け入れられることに価値をおく」とされる社会を「親和社会」とよび、そのような社会では受験競争は「将来長期にわたる能力競争を避ける機会として働いている側面が大きい」と指摘している（波多野・稲垣 1981：157-159）。結果的にそれは、キャリア開発という点において能力に基づく社会的地位の移動を阻み、学校教育修了後の主として成人期以降に高めた能力（学習成果）を適切に評価することを妨げる要因となっている。このような人生のやりなおしの困難さが、人々の異世界への憧れを強めているのではないだろうか。

（3）人間の存在様式──「持つ様式」から「ある様式」へ

　ところで、私たちは何をどのように学び、他者から何を評価されることを望んでいるのだろうか。たとえば、学校の試験やテレビのクイズ番組では知識量の多寡が争われる。だが知識とは、本来、他者と争うための道具ではないだろう。そもそも英語・数学・国語・理科・社会の平均点は、身長と体重を足して2で割った数字と同じくらい意味のないものである。

　これに関連してフロムは、人間の存在様式を「持つ様式」と「ある様式」の2つに区別したうえで、「持つ様式においては、幸福は他人に対する自己の優越性の中に、自己の力の中に、そして究極的には征服し、奪い、殺すための自己の能力の中にある。ある様式においては、それは愛すること、分かち合うこと、与えることの中にある」と述べている（フロム 1977：117-118）。たとえば、他者よりも多くの知識をもつことで優位に立とうとする「持つ様式」に支配された人間は、正々堂々と勝負しても試験で勝てないと悟ったときに、競争相手のノートや教科書を奪い取って学習を妨害するという暴挙に出るかもしれない。フロムは、そのような「持つ様式」から「ある様式」へと転換することを提唱し、人間であるための分かち合いを重視している。学習者同士の教え合いや学び合いは、まさにそれに相当するだろう。だが、そのような分かち合いをもとに個々の能力を評価するのはきわめて難しい。それゆえに学校の試験では、分かち合いがカンニングとみなされる特殊な空間が設定されたもとで、他者と断絶された個人を評価するのである。

255

だが，異世界に転移・転生された主人公の中には，剣や魔法が使えない代わりに，かつての現実世界で培った知識や技術で異世界住人たちとささえ合い，そこに現実世界では得られなかったやりがいを見いだしている者も多い[*2]。このように，人間の能力は必ずしも一個人のなかだけで完結するものではないのである。

（4）評価をめぐる葛藤──教育学（社会教育・生涯学習）の活用を例に

　他者から評価を受けることはきわめてアンビバレントであり，それゆえに様々な葛藤が生じやすい。金子郁容は，ボランティアを例に「自分ですすんでとった行動の結果として自分自身が苦しい立場に立たされるという，一種のパラドックス」を「自発性パラドックス」と呼んでいる（金子 1992：105）。自発的な行動への周囲の期待が高まるにつれて，それに際限なく応えようとすると，やがて引くに引けない状態に陥っていく。そのような葛藤は，みずからを無防備にさらすものである。

　これは学習者の自発的意思に基づく生涯学習においても同様である。梨本雄太郎は，「学習者とは，自らがまだ身につけていない知識や技術，あるいは自らのめざすべき目標との関係において自己の現状を否定の可能性にさらす，バルネラブルな存在である」と述べている（梨本 2003：16）。ある分野を究めて確たる社会的地位を得た者が，それとはまったく異なる分野を一から学ぼうとする行為は，不慣れな分野の中でみずからを弱さ（低評価）にさらすことも多いだろう。

　自己評価であれば，他者の評価に拘束されない反面，自由であるがゆえの孤独や物足りなさを感じることもあろう。また他者評価であれば，他者から認められる間は承認欲求が満たされるものの，絶えず高い評価を得つづけるためのプレッシャーにさらされ，それに拘束されていく。まさに評価とは，人間の弱さに起因する，自由と拘束をめぐるアンビバレントなものである。大槻宏樹は，「発達・発展，自立を錘としてきた従来の教育論への反逆」として「依存」を

＊2　その一例として，アニメ『便利屋斎藤さん，異世界に行く』の主人公のサイトウが挙げられる（一智和智・KADOKAWA刊／「便利屋斎藤さん，異世界に行く」製作委員会 2024）。

提起し，「依存の思想が，人々の間に，普通に素直に優しく気がねなく受容される世間が，人間らしい社会になりうるのだ」と述べている（大槻 2020：421,426）。このような社会変革にこそ，評価をめぐる葛藤をくぐり抜けるヒントがあるといえよう。

　では，本書を通して教育学（社会教育・生涯学習）を学べば，それを活かして社会を変えていくことができるだろうか。従来，この学問分野で重要視されてきたタームのひとつに「自己教育」がある。自己教育はきわめて多義的だが，なりたい自分になるために，ときとしてそれを阻もうとする社会をも変えることを視野に入れた教育という意味が含まれる。もしかすると，学習成果への適切な評価を得る場を異世界に求める前に，現実世界を変えてみることができるかもしれない。だが，ロバート・ハッチンス（R. M. Hutchins）が「教育改革は，社会的な展望を変化させる原因であるよりは，むしろ社会が変化したことの結果であるといえよう」（ハッチンス 1979：25）と述べているように，往々にして教育は社会の変化に追随しているにすぎない。

　では異世界であれば，どうであろうか。ゲームライターの山北篤は，転生先の異世界で権力者（王様など）として君臨する主人公が実行する教育政策について，読み書き算盤のような「国の平均教育レベルの底上げは，是非必要だ」としつつも，「ただし，教育程度が高まると，権利意識も高まるので，王になった人間にとっては，かえって損になるかも知れない。教育程度をそこそこで留めておくか，いっそのこと王ではなく資本家に転身するか，考えた方が良いだろう」と指摘している（山北 2017：354-355）。だが，大衆を支配して，みずからの権力を維持するために，人々の教育水準を操作することは，はたして教育学を学ぶ者の学習成果の活用として適切なのだろうか。また，それによって大衆から支持を集める権力者は，適切な評価を得ているといえるのだろうか。

　相互教育・相互学習を基本とし，学習者に対する教育者としての権力性をいかに脱ぎ捨てるかが問われる社会教育・生涯学習においては，王はその社会的地位（評価）を放棄することが「正解」なのかもしれない。いずれにせよ，異世界においても評価をめぐる葛藤は避けられないのである。それならば，現実世界に絶望して異世界に希望を見いだす前に，現実世界で何ができるかをもう少しだけ考えてみてもよいのではないだろうか。

（堂本雅也）

2　社会教育・生涯学習における方法

（1）社会教育・生涯学習の方法の選択

　社会教育・生涯学習の方法を考える際には，そもそもそこでいわれる「社会教育」・「生涯学習」とは何なのか（第1章でみたノンフォーマルな教育あるいは，インフォーマルな教育なのか等）によってイメージが変わってくる。ことばだけではイメージしにくい社会教育・生涯学習の方法を整理するために，まずはその学習形態からみていく。

　ノンフォーマルな教育を説明の中心にした場合，古くから「社会教育」の方法を「形態」から分類するものとして，人々が集まる「集合学習」と，個々人で進める「個人学習」に大きく分けて説明されてきた。前者の「集合学習」は，さらに，学習者間で組織化がなされていない講演会等の「集会学習」と，学習者同士の組織化がなされていて，そのような組織化自体に教育的意義があるとされる「集団学習」とに分類される（cf. 社会教育審議会答申 1971：34-38など）。もともとこれらの区別で多様な学習形態が全て明確に分類できるわけではなかったが，社会の変化に伴い，この区分による分類ではますます難しくなっていくだろう。

　例えば，インターネットを使用した対面会場とのハイブリッド通信，チャット機能やアバター使用による参加，後日オンデマンド配信による視聴など様々な技術の組み合わせが考えられる。これらの技術を駆使した際に想定されている学習を「講演」として「集会学習」に分類するのか，あるいは，相互に議論を行う「集団学習」なのか，それとも「個人学習」等に分類するのかということについては，着目点によって異なってくる。

　インターネットを使用したいわゆるオンライン教育（以下，オンライン）の普及は，従来からあった教育の方法としての形態の理解を大いに変えていく。しかも，オンラインと対面の学習について考えることも，単に教育方法として期待される学習が可能かどうかという問題にとどまらない。あなたは，オンラインと対面による学習のどちらを望むだろうか，また，対面の場合でも，「集会学習」のようなものと「集団学習」のようなもののどちらを望むだろうか。教

第15章　社会教育・生涯学習における評価と方法

育内容によって異なる場合もあるかと思うが，個々人のこれまでの経験や好みによっても異なってくるだろう。

　さらに，オンラインに限らず，様々な方法にもいえることだが，本人が望む方法が，必ずしもその望み通りの学習成果につながるとは限らないこともいうまでもないだろう。したがって本人の望む方法と，本人の望む学習成果のどちらが優先されるべきなのかという問題もある。また，仮に教育者の側が過去のデータ等を根拠に，何らかの学習成果につながると考えた方法であっても，一人ひとりが異なる人間の学習においては，結果はどうなるか分からない。

　結果に関する不透明性や責任を念頭においた場合には，何をどのような方法で学ぶのかということに関して，学習者がどの程度，主導できるのかということについても考えていくことこそが，問われてくる。次の節では，まずは，教育者が学習者に教えるといった，フォーマルやノンフォーマルな教育を考える技（art）及びそれを考える科学としての，ペダゴジー（pedagogy）とアンドラゴジー（andragogy）のモデル及びそれにかかわる議論を取り上げる。

（2）ペダゴジーとアンドラゴジー

　ペダゴジーは「教育学」，アンドラゴジーは「成人教育学」と訳されることがある。アンドラゴジーという名称自体は，もともとは，19世紀にヨーロッパで提唱されたものに由来するが，この名称をアメリカ合衆国を中心に有名にしたのはM. ノールズ（M. S. Knowles）である（ノールズ 2002）。ノールズのいう意味でのペダゴジーは，近代初頭における学校教育で，子どもを対象に読み書きを教える方法を主なモデルにしたものだといえる。すなわち，ペダゴジーでは，①依存的な学習者が，学ぶ内容や時期についても教育者に決定を委ねている。②経験の少ない学習者に代わり，教材作成者や教育者の経験が重視されている。③教育に適した時期というものが，おおよそ年齢によって異なりそれらに対応したものである。④教科中心的なものである（ノールズ 2002：39，図表4）。

　これに対して，アンドラゴジーは，人間の成熟に伴う次の4つの考えから成り立っている。簡潔に説明すると，①自己像（自己概念，self-concept）は，依存的なパーソナリティから，自己決定的，すなわち自分で自身を主導する人間となる。②学習の資源として，学習者自身の経験が果たす役割が大きくなる。③

259

学習に適した時期というものが，（年齢ではなく）社会的な役割に伴う発達課題にますますかかわるようになる。④知というものは，すぐに使用するもので，運用中心的なものになる。したがって，アンドラゴジーのモデルにおける学習は，学習者が自分のニーズに応じた学習を展開していく自己決定学習であり，アンドラゴジーとしての教育はそのような学習を支援する技や科学ということを意味している（ノールズ 2002：40）。

　当初ノールズはペダゴジーが子どもを対象とした技と科学で，アンドラゴジーは成人を対象としたものとして議論してきた。しかしながら，のちには子どもや成人といった対象の区分ではなく，学習内容や状況に応じた考え方の違いであるとしている（ノールズ 2002：513）。

　なお，ノールズのこのアンドラゴジーとペダゴジーをめぐる議論とは異なり，高齢者の教育を論じる際にはその他，ジェロゴジー（gerogogy，高齢者教育学）も提唱されている。ジェロゴジーにおける高齢者の自己像には，依存性の高まりがみられ「ペダゴジーの論理に近い」という指摘もある（堀 2018：138）。いずれにせよ，そもそも子ども・成人・高齢者を学習とのかかわりで区別することについても，年齢等にもとづく（学校や福祉をはじめ）近代的な社会制度の登場以降に構築されてきた側面がある。したがって，学習者の年齢的な属性にもとづいて，ペダゴジー，アンドラゴジーあるいはジェロゴジーに依拠した働きかけを機械的に割り当てられるようなことは，変化の激しい今日において人々の学習にかかわる個性やニーズを無視した支援につながってしまう。同様のことであるが，学習者に対して，この人は，自己決定的だとか，依存的だというラベルを固定していくこともまた学習者に適した支援にはならないであろう。したがって，ペダゴジーやアンドラゴジーそのものは，単なる「技」・「教育方法」というよりは，ノールズ自身がすでに示唆していることだといえるが，いま，どのような学習とその支援がなされていたり，なされるべきなのかという，両者の関係，すなわちコミュニケーションのあり方を考えるための参照規準として考えることがますます必要となってくるであろう。

（3）相互決定型の学習

　以上のように，自己決定的か依存的かということのかかわりで教育者の役割

第15章 社会教育・生涯学習における評価と方法

図15-1　教育者の役割
出所：クラントン（1999：94）より。

に着目した場合には，教育者が学習を主導するのかそれとも，学習者が主導していくのかという問題に言い換えることができ，ここにペダゴジーとアンドラゴジーの違いの基盤があるといえる。両者の違いは，「種類」の違いというよりは「程度」の違いであるといえるが，学習を主導していくのが「学習者」か「教育者」かという理解は単純すぎるといえる。これに対して，クラントン（P. Cranton）は，それらの区別には収まらない議論をしている。

　すなわち，クラントンは，まず教育者の役割としては，図15-1にあるように，「教授者」「ファシリテーター」「メンター」「共同学習者」など12のものを取り上げる（クラントン 1999：94）。なお，「ファシリテーター」とは，容易にする・促進するという意味での"facilitate"に由来することばである。論者によっては，「ラーニング（体験／学習）」，「タスク（課題解決／合意形成）」，人と人との「リレーション（関係性）」を，促進するという意味で使われているが（中村 2021：95-96），ここでは，それら3つのうちの1つの「ラーニング（体験／学習）」を主として促進すると考えるとよいだろう。なお，1人の教育者が12の役割のうちの1つを固定的に担うのではなく，1人の教育者がいくつもの役割を担うことになる（特に，省察的実践者の役割はすべての役割で可能だとしている）。

　その上で，これらの役割が想定している学習あるいは学習者を，ペダゴジーにみたような教育者決定型（教師決定型）の「他者決定型」，アンドラゴジーのような学習者決定型の「自己決定型」に加えて，「相互決定型」の3つの段階

261

に分けて議論している（図15－1）。ブーメランのような線上の位置が，左にあるほど他者（教育者）の決定する程度が高くなる。

　説明のために単純化された架空の話として，ある学習者が，自分の仕事が上手くいかないのは，移民が原因であると考えて，移民を制限する政策を実現するための学習ニーズをもち，社会教育・生涯学習の講座や施設を利用して学習をしようとしていることを考えてみよう。なお，以下，３つの区別もやや単純化されており，実際に「教育」の名で行われている諸実践は，もっと柔軟に行われていることであろう。

　他者決定型の学習者を想定した教育者の役割においては，そういった学習者のニーズが重視されずに教育内容や方法などが決定されていくことになる。そもそも，成人の個々人の経験に根ざし，個別性の高い学習ニーズの場合，他者決定型の教育（または学習）内容と一致させることは難しい面がある。ただし，学習者がどういう講座や施設等が自分のニーズに合っているかと考えて選んでいるのだとすれば，その点においては自己決定型ともいえる側面がある。

　そして自己決定型の学習者を想定した教育者は，学習者を自己決定的な存在とみなして，学習ニーズを可能な限りストレートに受け入れて支援していくことになる。もしも上記の例で，学習者決定型の「自己決定型」を文字通りに支援するならば，学習者の当初のニーズを尊重し，移民を制限する政策を実現するための学習ニーズを満たす支援をすることになる。架空の話とはいえこのような教育において，とりわけ，もしも教育者が学習者と大きく異なる考えをもっている場合には，それぞれの教育者が考える，自らの役割や教育観が問われることになる。

　このような他者決定型，自己決定型に対して，相互決定型の学習者を想定した教育者の役割においては，学習者自身が，なぜ，そのような政策を実現するための学習をすることを望むようになったのかといった経緯を反省したり，そもそも他の集団と自分が所属している集団の境界線のあり方といった前提を問い直したりするような支援を行うこと等が考えられる。

　例えば，第６章のコラムのショーンのいうような省察的実践者（コラムでは「省察的実践家」）ならば，学習者がどのような「理由」で移民を制限させるための学習をしたいと思うようになったかということについて，学習者と自分の

第15章　社会教育・生涯学習における評価と方法

関係などを様々な状況から見立てたり考えたりしながら対話し，学習者の抱いている理由自体を見つめ直す支援を行う場合もあるだろう（cf. ショーン 2007：70, 350）。そのような支援の結果，仕事が上手くいかないのは，移民に原因があるのではなく，例えば，社会全体にかかわる政治経済のあり方に原因があると理解したり，集団間の境界線のあり方や自分自身の移民に対する考え方を見つめ直すようになるかも知れない。

　このような支援を通じて，もしも学習者の根本的な考え方の変化といえるものが伴うものであるとすれば，第6章でみたメジローがいうような，変容的学習の支援を行う教育を見いだすこともできるかも知れない。また，こういった学習の結果，学習者が自らの仕事の問題に対して――移民を制限するのではない形での――社会の変革を通じて，取り組もうとすることになる場合もあるかも知れない。

（4）学習方法としての対話的なコミュニケーションへ

　実際の移民の制限をめぐっては，国内外の社会情勢の変動と無関係ではありえず，他の社会問題同様に様々な考えがこれからも存在し続けることはいうまでもない。教育者が，移民の制限に反対だからといって，本人の許可なく学習者に前提を問い直すことを求められてもいないのに，それを促したり，知らない間に学習者を誘導して特定の主義主張を放棄させたり採用させたりすることは "facipulation"（ファシピュレーション）と呼ばれること，あるいはそれに近い方法だといえよう。これは，先にファシリテーターのところでみた "facilitate"（容易にする・促進する）と，"manipulate"（操作する・ごまかす），それぞれの名詞形を組み合わせたことばである。

　フォーマルあるいはノンフォーマルな学習の場では，教育者あるいは学習者とされる人も，狭い意味での学習の場の外で，投票権をもち，同じ市民という立場であるならば，程度の差があるにせよ，それぞれ政策の影響を受けたり与えたりする存在である。なるほど，これまでの狭い意味での学習歴や移民に関する知識に違いはあるかも知れないが，議論を重ねていくうちに，学習者ではなく，教育者とされる側においてこそ，変容的学習と呼ばれてきたものが生じたり，知識や判断において問題があったと気づく場合が大いにある（cf. クラン

トン 1999：31）。

　そもそもクラントン（1999）の議論は，大人を教える「成人教育者」が自ら
の実践を考えるためのものであるため，（例えば「共同学習者」の役割を担う教育
者も含めて）「教育者」と「学習者」の区別を基本に組み立てられている。これ
に対して，我々がそれらの区別を基本にしなければ，例をあげた移民をめぐる
コミュニケーションにおいては，「教育者」と「学習者」がいるのではなく，
お互いの意見やことばを分かち合い，より妥当な政策を考えていく対等で対話
的なコミュニケーションをしている「学習者」しかいないと考えることもでき
る。そして，（学習内容にもよるが）このような政策についての学びの展開が
「教育者」のいる空間や関係を基本に生じていると考えるのは，今日の人間の
学びを考える際の設定としては，あまりにも狭いものになるだろう。

　なお，あえてそのような空間や関係を前提にした場合でも，そもそも学習者
自身が，ペダゴジー的な「教育者」と「学習者」という立場の区別を求めてい
て，対等で対話的なコミュニケーションという学習方法の他，「相互決定型」
の学習も求めていない場合もある。同一の学習者であっても，扱う内容の違い
によって方法が異なることもすでにノールズ自身も論じていたことであるし，
人によっては信頼する教育者に多くを委ね，「他者決定型」の学習を望む人も
いる。とりわけそのように教育者に依存するようにみえる学習者は，典型的な
ペダゴジー・モデルを期待した人のように単純化されて理解されるかも知れな
いが，「他者決定型」の学習を「自己決定型」によって選んで学んでいるとい
う側面も見いだせる。しかしながら，成人教育に限らず教育の「到達目標」と
して自己決定型の学習を重視する教育者等からは，このように教育者に依存し
た他者決定型にもみえそうな学習の方法を続けていくことには問題があると考
えられるであろう。

　この問題に関する評価は，我々の人間観・教育観における重点の置き方の違
いによって，異なってくることだろう。人は自己決定型の学習者に向かって成
長・発達していく存在だと考えて，そこに向かうための方法としての学習に重
点を置くのか。あるいは，人というものが，支えたり，支えられたりどちらに
もみえるような関係をつくりあげながら，対話的なコミュニケーションを通じ
て互いの意見やことばを分かち合っていく方法としての学習に重点を置くのか。

第15章　社会教育・生涯学習における評価と方法

両者は，相互に相容れない二者択一の人間観・教育観と考えるまではないにせよ，それぞれ自己目的化してしまうことにも留意しながら，そもそも何のための社会教育・生涯学習の方法だったのかということについても考え続けていくことが必要となるだろう。　　　　　　　　　　　　　　　　　　　　（林　美輝）

課　題

1．日常生活における人々の偶発的な学びを，社会教育・生涯学習における評価と方法の観点から，どのように支援することができるでしょうか。コラム「人間と空間をめぐるデモーニッシュな力——学習成果の活用とその適切な評価をおこなう場の再考」の内容をもとに，話し合ってみましょう。
2．現代の日本社会は学歴社会でしょうか。それとも生涯学習社会でしょうか。日本社会について様々な観点から調べたうえで，考えてみよう。
3．あなたにとって，どのような（内容等の）場合には，オンラインの授業の方がよくて，どのような場合ならば対面の授業の方がよいと思いますか。
4．「教育者」が適切だと考える教育方法と，「学習者」が希望する教育方法とが異なる（架空の）事例を考えて，その事例について理論的あるいは実践的に論じてください。

文献

一智和智・KADOKAWA刊／「便利屋斎藤さん，異世界に行く」製作委員会（2024）「TVアニメ『便利屋斎藤さん，異世界に行く』公式サイト」https://saitou-anime.com（2024年1月4日閲覧）。

大槻宏樹（2020）『「依存」の思想-——「生きる」ための支点』早稲田大学出版部。

岡本薫（2006）『日本を滅ぼす教育論議』講談社。

小畑勇二郎（1978）『秋田の生涯教育』全日本社会教育連合会。

金子郁容（1992）『ボランティア——もうひとつの情報社会』岩波書店。

クラントン，パトリシア A.（1999）『おとなの学びを拓く——自己決定と意識変容をめざして』（入江直子・豊田千代子・三輪建二訳），鳳書房。

社会教育審議会答申（1971）「急激な社会構造の変化に対処する社会教育のあり方について」広報資料62，文部省。

生涯学習審議会（1992）「今後の社会の動向に対応した生涯学習の振興方策について（答申）」https://www.bunka.go.jp/tokei_hakusho_shuppan/hakusho_nenjihokokusho/archive/pdf/93790601_03.pdf（2024年9月9日閲覧）。

————（1999）「学習の成果を幅広く生かす——生涯学習の成果を生かすための方策について（生涯学習審議会（答申））」https://warp.ndl.go.jp/info:ndljp/pid/9514

442/www.mext.go.jp/b_menu/shingi/old_chukyo/old_gakushu_index/toushin/131
5201.htm（2024年9月9日閲覧）。

ショーン，ドナルド A.（2007）『省察的実践とは何か——プロフェッショナルの行為
　と思考』（柳沢昌一・三輪建二監訳），鳳書房。

中村和彦（2021）「ファシリテーション概念の整理及び歴史的変遷と今後の課題」井
　上義和・牧野智和編著『ファシリテーションとは何か——コミュニケーション幻想
　を超えて』ナカニシヤ書房，93－119頁。

梨本雄太郎（2003）「生涯学習における教育と学習をめぐる問題」鈴木眞理・梨本雄
　太郎編著『生涯学習の原理的諸問題』学文社，7 -20頁。

ノールズ，マルカム（2002）『成人教育の現代的実践——ペダゴジーからアンドラゴ
　ジーへ』（堀薫夫・三輪建二訳），鳳書房。

波多野誼余夫・稲垣佳世子（1981）『無気力の心理学——やりがいの条件』中央公論
　社。

ハッチンス，ロバート（1979）「ラーニング・ソサエティ」（新井郁男訳），新井郁男
　編集解説『ラーニング・ソサエティ——明日の学習をめざして（現代のエスプリ
　146）』至文堂，22-33頁。

広田照幸（2004）『思考のフロンティア 教育』岩波書店。

フロム，エーリッヒ（1958）『正気の社会』（加藤正明・佐瀬隆夫訳），社会思想社。

―――（1977）『生きるということ』（佐野哲郎訳），紀伊國屋書店。

堀薫夫（2018）『生涯発達と生涯学習 第2版』ミネルヴァ書房。

山北篤（2017）『現代知識チートマニュアル』新紀元社。

山田昌弘（2004）『希望格差社会——「負け組」の絶望感が日本を引き裂く』筑摩書房。

臨時教育審議会（1987）「教育改革に関する第四次答申（最終答申）」。（再録：大蔵省
　印刷局（1988）『教育改革に関する答申（第一次～第四次）』大蔵省印刷局，265-
　316頁。）

コラム　人間と空間をめぐるデモーニッシュな力
──学習成果の活用とその適切な評価をおこなう場の再考

　戦後に獄死した哲学者の三木清は，「人間はデモーニッシュである。デモー
ニッシュなものとは無限性の，超越性の性格を帯びた感性的なものである。技
術が人間の知的性質に基くことは言ふまでもないが，それはまた人間のパトス
の一定の性質，そのデモーニッシュな性質に基いてゐる」と述べている（三木
1985：248）。これは，いったいどういう意味だろうか。それを考えるにあたっ
て，次のエピソードを紹介したい。

　　戦争中，英語を使いたくてたまらない14歳の中学生が神戸にいた。意を
　決して捕虜収容所を訪ねると，柵の向こうの「赤鬼青鬼みたいなやつばか
　り」の中の小柄で柔和そうな若者がほほ笑んできた。少年は話しかけた。
　What is your country ？（あなたの国は？）
　　[中略] 捕虜はさらに笑って一言，Scotland.（スコットランド）。「通じたッ
　ッ」。少年は欣喜雀躍，叫びながら家へ走った。運命の不思議か。英語に
　とりつかれた少年は長じて同時通訳の名手になる。その国弘正雄さんが84
　歳で死去した。（『日本経済新聞』2014.11.28 朝刊，１面）

　戦中という限界状況の中で，英語を話したいという抑えがたき衝動に駆られ
た国弘少年がとった大胆不敵な行動は，まさにデモーニッシュと形容するにふ
さわしい。そして，捕虜とのやりとりに手ごたえを感じた国弘少年が，何かに
とりつかれたかのように英語にのめり込み，同時通訳の名手にまで上り詰めた
のは，人間のパトスに秘められたデモーニッシュな性質によるところが大きか
ったのではないだろうか。
　だが仮に捕虜が，国弘少年の質問を無視したり，英語で罵詈雑言を浴びせた
りしていたら，はたして国弘少年は同時通訳の名手になっていただろうか。そ
の意味において国弘少年の行動は，まさに一か八かの大勝負であり，ハイリス
ク・ハイリターンの賭けである。結果的に国弘少年は，捕虜との英会話の中で
語学を活かし，「通じたッ」という評価を得るにいたったといえる。

社会教育・生涯学習においては，学習成果の活用とその適切な評価をおこな
う場をいかにしてつくりあげるかが課題となっている。だが，国弘少年が経験
したような躍動感に満ちた野性的な場面を人為的にセッティングすることは困
難である。むしろ，人の手が入れば入るほどに，学習成果の活用場面は予定調
和的でつまらないものになるだろう。また，英語が捕虜に「通じたッ」という
かけがえのない経験（評価）は，語学の試験による数値化・序列化された評価
によって代えられるものではない。

　その点に関連して，鈴木眞理は，「生活場面にはたくさんの学習資源がある
ことを理解することと，それを教育の機会として組織化していくこととは別」
だとしたうえで，「あまり『手を加えない』ことが望ましい」と述べている
（鈴木 2006：43）。確かに，日常生活に散りばめられた学習資源にむやみに「手
を加えない」ことが，功を奏する秘訣であろう。それは国弘少年のエピソード
からも明らかである。

　しかし，だからといって，社会教育・生涯学習関連事業に携わる者は，日常
生活がもたらす偶然性にすべてを任せて，ただ指をくわえて見ているわけには
いかないだろう。むしろ，自己教育や相互教育を大切にしてきた社会教育・生
涯学習においてこそ，人間のデモーニッシュな力を活かす方法を考えるべきで
ある。「人間はデモーニッシュである」という人間観に即して，学習成果の活
用とその適切な評価をおこなう場を再考することが求められよう。　（堂本雅也）

文献

鈴木眞理（2006）『学ばないこと・学ぶこと——とまれ・生涯学習の・ススメ』学文
　　社。
三木清（1985）「構想力の論理」『三木清全集 第8巻』岩波書店，1-509頁。
＊引用に際して，適宜，旧字体を新字体に改めている。

索　引

あ 行

愛知県地域婦人団体連絡協議会　229
愛知県婦人文化会館　229
アウシュビッツ・ビルケナウ博物館　89
青空文庫　96
足利学校　90
新しい公共　58
アニマトゥール　254
ある様式　255
アンコンシャス・バイアス　227
アンドラゴジー　259
生きがい　162
生きる力　55
育児休業取得率　233
移動図書館　94
居場所　119-121, 124, 126, 127, 131
居場所づくり　119-121, 124, 127, 128, 130, 131
インフォーマル（な）教育　10, 141, 258
インフォーマルな学び　141
インペアメント　207
ウィーン万国博覧会　84
ウェルビーイング　125, 168
浦河べてるの家　205
芸亭　90
エンパシー　244, 246
エンパワー　167
大阪市立学校活性化条例　175
大阪市立生涯学習センター　174
大阪市立総合生涯学習センター　174
大阪人権博物館　89
大阪府社会教育委員会議　173

か 行

外国人技能実習制度　186
外国人材　186
学社融合　169
学社連携　169
学習権　73
学習権宣言　24
学習支援　120-127, 130, 131
学習支援者　71
学習支援によるケア　124, 130
学習ニーズ　72
学歴社会　252
過剰居場所化　127
語りの獲得　206
学校運営協議会　170
学校化　32
学校協議会　175
学校支援　168
学校支援地域本部　170
学校支援ボランティア　171
学校図書館法　94
家庭科の男女共修　225
家庭教育　225
家庭教育学級　225
金沢文庫　90
家父長制　238
鎌倉アカデミア　93
カルチャーセンター　50
韓国独立記念館　89
キー・コンピテンシー　28
キャリア開発　55, 253
旧教育基本法　42
「急激な社会構造の変化に対処する社会教育の
　　あり方について」　49
教育基本法　56, 170
教育公務員特例法　172
教育コミュニティ　173
教育審議会　40
教育振興基本計画　168
教化総動員運動　39
共同学習　72

京都国立博物館　81
京都人文学園　93
京都博覧会　85
銀行型教育　194
グローバリゼーション　182, 183, 185, 192, 196
経験学習　140
結晶性知能　155
公共施設等総合管理計画　57
公民館　64, 223
公民館主事　71
公民館保育室活動　223
公民館三階建論　47
公立学校　170
高齢者大学　160
口話教育　217
国際共通言語　184
国際婦人年　222
国民所得倍増計画　45
国立国会図書館法　94
国立女性教育会館　225
国立歴史民俗博物館　88
個人学習　258
御大典事業　85
子ども食堂　120-122, 124-127, 130, 131
子どもの権利　128
子どもの参画　127
子どもの相対的貧困率　122
子どもの貧困　121-123, 125-127
子どもの貧困対策　121
コミュニティ・スクール　170
コミュニティセンター　47, 50, 68
コンヴィヴィアリティ　180
コンボイモデル　157

さ 行

サード・エイジ　166
サービスの貿易に関する一般協定　183
サウス・ケンジントン博物館　84
参画のはしご　127, 128
三多摩テーゼ　47
三位一体の改革　53
ジェロゴジー　260

ジェンダー　144, 220, 238
ジェンダーギャップ指数　230
ジェンダー平等　224
自己教育　4, 257
自己決定学習　194
自己実現　239, 240
自己責任論　124
シスジェンダー　231
持続可能な開発目標（SDGs）　145
持続可能な社会　168
自治会　222
実践コミュニティ　140, 141
実践知　141
指定管理者制度　53, 69
シティズンシップ　188
自発性パラドックス　256
社会関係資本　120, 121, 127, 131
社会教育　1, 12, 13, 34, 40
社会教育士　71, 172
社会教育主事　71, 172
社会教育主事講習　172
社会教育主事講習等規程　172
社会教育主事養成課程　172
社会教育調査　227
『社会教育の終焉』　50
社会教育法　1, 171
社会参加活動　161
社会的企業　145, 147
社会的孤立　121
社会的責任（CSR）　145
社会的排除　121
社会的役割　156
シャドウ・ワーク　32
集会学習　258
集合学習　258
集団学習　258
受験学力　252
出入国管理及び難民認定法　185
手話による教育（手話法）　217
生涯学習　19
生涯学習社会　180
生涯学習奨励員　171

索　引

生涯学習審議会　168
生涯学習センター　67
生涯学習に関する世論調査　221
「生涯学習について（答申）」　3, 49
生涯学習の振興のための施策の推進体制等の整
　　備に関する法律（生涯学習振興法）　3,
　　51, 52
障害疑似体験　210
生涯教育　18, 202
生涯教育奨励員　254
障害の医学モデル　207
障害の個人モデル　207
障害の社会モデル　207
「小学校区教育協議会―はぐくみネット―」事
　　業　173
正気の社会　253
状況的学習論　140
省察　110, 117, 140
職業訓練法　45
職業能力開発　51
書籍館　91
女性解放　230
女性学　223
女性活躍推進政策　226
女性活躍推進法　226
女性教育施設　227
女性差別撤廃条約　225
女性センター　226
女性問題学習　222
女性労働問題学習　223
庶民大学三島教室　93
自立生活　242
新自由主義　48, 185, 192
新自由主義経済　185
新自由主義的改革　49, 51
シンパシー　244, 246
生活記録運動　223
生活綴方　223
性自認（ジェンダー・アイデンティティ）　230
成人教育　180
性的指向（セクシュアル・オリエンテーション）
　　230

青年学級振興法　44
青年学校　39
青年団　37, 40
性別二分化　231
性別分業　221
性別役割分業　147
性別役割分担意識　227
『西洋事情』　90
世界貿易機関　183
セクシュアリティ　230
セクシュアル・リプロダクティブ・ヘルス＆ラ
　　イツ　226
専門的教育職員　172
相対的貧困率　122, 131
総力戦体制　87
ソーシャル・キャピタル　120

た　行

大英博物館　83
大教宣布運動　35
『脱学校の社会』　33
多文化共生　182, 185, 187, 189, 191, 196, 199
たまり場　76
男女共同参画　224
男女共同参画社会基本法　226
男女共同参画社会に関する世論調査　222
男女共同参画センター　226
地域課題　172
地域学校協働活動　168
地域学校協働活動推進員　172
地域学校協働本部　170
地域活動　222
地域教育　178
地域コーディネーター　171
地域コミュニティ　168
地域社会学校　181
地域女性史　223
地域づくり　170
地域とともにある学校　168
知的所有権の貿易関連の側面に関する協定
　　183
地方改良運動　37

271

地方教育行政の組織及び運営に関する法律 170

地方分権一括法 57

中央教育審議会 169

通俗教育 35, 36, 38, 92

帝国図書館 93

帝室博物館 83

ディスアビリティ 207

デフクラブ 218

デモーニッシュ 267

電子図書館構想 96

東京国立博物館 81

東京都美術館 96

当事者研究 205

特定非営利活動促進法 54

図書館令 93

トランスジェンダー 231

「ドロール報告書」 25

な　行

内国勧業博覧会 85

長岡戦災資料館 89

南京虐殺紀念館 89

日本語教育の推進に関する法律 187

日本博物館協会 87

ノンフォーマル（な）教育 10, 258, 264

は　行

博学連携 101

はぐくみネットコーディネーター 174

博物館事業促進会 86

博物館法 80, 93

パターナリズム 247

番組小学校 81

『被抑圧者の教育学』 194

枚方テーゼ 46

開かれた学校 168

ファシピュレーション 263

ファシリテーター 72, 261

フェミニズム 230

フォーマル（な）教育 10, 141, 263

「フォール報告書」 23

婦人学級 225

婦人教育 222

婦人教育政策 224

婦人問題学習 222

文政審議会 39

平成の大合併 53

ペダゴジー 259-261

ホロコースト記念館 89

ま　行

無意図的教育 4

持つ様式 255

紅葉山文庫 90

問題解決型教育 194

や　行

遊就館 87

湯島聖堂 84

ユネスコ 19

余暇 150

余暇時間 154

ら・わ行

ライフスタイル 153

リカレント教育 26, 49, 52, 137, 138, 140, 143, 253

リスキリング 138, 143, 233

リプロダクティブ・ヘルス 226

流動性知能 155

臨時教育会議 38

臨時教育審議会（臨教審） 49, 252

ルーブル美術館 84

労働者教育 142, 143

「ろう文化宣言」 218

ローカルな知 213

ワークライフバランス 136, 224

欧　文

CERI 19

CIE図書館 94

"Learning: The Treasure within" 25

"Learning to be" 23

索　引

MLA 連携　97
NPO　145
OECD　19, 137
PFI　53, 57
PPP　57
PTA　175, 222
SNS　61, 62
YouTube　1, 13

人　名

石上宅嗣　90
市川沙央　96
イリイチ，I.　32
植木枝盛　92
ウェンガー，E.　140
エリクソン，E. H.　106
小畑勇二郎　254
オルゼン，E. G.　181
ギリガン，C.　238
国弘正雄　267
クラントン，P. A.　261
コールバーグ，L.　238
コルブ，D. A.　140
ジェルピ，E.　21, 63, 193

ショーン，D. A.　117, 262
デューイ，J.　4, 11, 108, 237
寺中作雄　12, 66
中曽根康弘　252
ノールズ，M.　259
ハヴィガースト，R. J.　104
波多野完治　49
ハッチンス，R.　23, 257
羽仁五郎　177
福澤諭吉　12
ブレイディみかこ　199
フレイレ，P.　194
フロム，E.　252
ベイトソン，G.　112
堀薫夫　103
前平泰志　29
三木清　267
椋鳩十　95
メイヤロフ，M.　239
メジロー，J.　110, 263
吉田初三郎　98
ラングラン，P.　19, 48, 202
リンデマン，E. C.　109
レイヴ，J.　140

273

《監修者紹介》

広岡義之（ひろおかよしゆき）　神戸親和大学教育学部・同大学院教授

《執筆者紹介》所属，執筆分担，執筆順，＊は編者

＊林美輝（はやしみき）　編著者紹介参照：第1章，第15章第2節

奥村旅人（おくむらたかひと）　京都大学大学院教育学研究科講師：第2章

倉知典弘（くらちのりひろ）　吉備国際大学社会科学部准教授：第3章

池田法子（いけだのりこ）　足利大学教職課程センター講師：第4章

生駒佳也（いこまよしや）　四国大学・畿央大学非常勤講師：第5章

安川由貴子（やすかわゆきこ）　柴田学園大学生活創生学部准教授：第6章

長澤敦士（ながさわあつし）　京都大学大学院人間・環境学研究科博士後期課程：第7章

種村文孝（たねむらふみたか）　東洋学園大学人間科学部准教授：第8章

佐伯知子（さえきともこ）　常葉大学教育学部准教授：第9章

堂本雅也（どうもとまさや）　京都橘大学非常勤講師：第10章，第15章第1節

飯田優美（いいだまさみ）　京都女子大学非常勤講師：第11章

鈴木伸尚（すずきのぶひさ）　大阪公立大学国際基幹教育研究院講師：第12章

亀口まか（かめぐちまか）　龍谷大学文学部教授：第13章

小川崇（おがわたかし）　新潟中央短期大学幼児教育科教授：第14章

《編著者紹介》

林　美輝（はやし　みき）

龍谷大学文学部教授。主著・訳書に『語りを生きる——ある「障害」者解放運動を通じた若者たちの学び』（晃洋書房，2023年），『教職論』（共著，津田徹・広岡義之編著，ミネルヴァ書房，2021年），『調査研究法ガイドブック——教育における調査のデザインと実施・報告』（共訳，S. B. メリアム・E. L. シンプソン原著，堀薫夫監訳，ミネルヴァ書房，2010年），『生涯学習と計画』（共著，上杉孝實・前平泰志編著，松籟社，1999年）など。

新しい社会教育・生涯学習論

2025年4月30日　初版第1刷発行　　　〈検印省略〉

定価はカバーに
表示しています

編 著 者	林　　　美　輝
発 行 者	杉　田　啓　三
印 刷 者	中　村　勝　弘

発行所　株式会社　ミネルヴァ書房

607-8494　京都市山科区日ノ岡堤谷町1
電話代表（075）581-5191番
振替口座　01020-0-8076番

© 林美輝ほか，2025　　　中村印刷・新生製本

ISBN978-4-623-09824-8
Printed in Japan

新しい教育原理［新版］　広岡義之　熊田凡子　編著　Ａ５判二二四頁　本体二四〇〇円

はじめて学ぶ教育の制度と歴史　広岡義之　津田徹　著　Ａ５判二四〇頁　本体二四〇〇円

絵で読む教育学入門　広岡義之　北村信明　著・絵　Ａ５判一六〇頁　本体二三〇〇円

教職をめざす人のための教育用語・法規［改訂新版］　広岡義之　編　四六判三八四頁　本体二三〇〇円

──────── ミネルヴァ書房 ────────
https://www.minervashobo.co.jp/